El nacimiento del liberador, un sueño mesiánico

Año 2012

Editorial SEBILA
Universidad Bíblica Latinoamericana

Comité Editorial:
Dr. José Enrique Ramírez (director)
Dra. Genilma Boehler
M.Sc. Ruth Mooney
M.Sc. Violeta Rocha
Damaris Alvarez

El nacimiento del liberador, un sueño mesiánico
Estudio literario de Mateo 1,18-2,23

Juan Esteban Londoño B.

Departamento de Publicaciones, UBL

Edición: Elisabeth Cook

Diagramación / Diseño portada:
Damaris Alvarez Siézar

Ilustración portada:
Moisés, de Frida Kahlo (1945)
http://www.fridakahlofans.com/c0490.html

ISBN: 978-9977-958-54-5

Universidad Bíblica Latinoamericana
Apdo 901-1000
San José, Costa Rica
Tel.: 2283-8848 / 2283-4498
Fax: 2283-6826
ubila@ice.co.cr
www.ubila.net

A mi abuela Marina (Tita Maína),
que me enseñó a sobrevivir en esta tierra de sombras,
y a amar el estudio.

Contenido

Prefacio

Esta obra tiene como base mi tesis de Maestría en Ciencias Bíblicas, realizada en la Universidad Bíblica Latinoamericana durante los años 2009-2010. Para esta publicación, se ha leído la materia prima, y ha sido revisada y modificada, sobre todo en el aspecto reflexivo. El paso del tiempo, el acceso a nueva bibliografía, la distancia suficiente, y la intención de que sea leída por personas no-especialistas, confluyen en la composición de este escrito final.

Recordando el prólogo y las notas de Julio Cortázar en *Rayuela*, invito al lector y la lectora a que tomen el papel del "lector rebelde", que sean irreverentes frente al libro que tiene al frente, creadores de sentido en su propio camino de lectura. Con esto, no pretendo dar una ruta de lectura, sino todo lo contrario, señalando más bien las puertas por las que se puede ingresar al libro, dependiendo de los intereses de quien interpreta. La obra puede ser abordada desde cualquier lugar, dependiendo de los intereses en la lectura que se haga.

Evidentemente, el texto está construido como un pequeño edificio de cuatro pisos, cuya base es fundamental para sostenerlo. La introducción, el capítulo 4 y las conclusiones se concentran en una lectura hermenéutica, reflexiva, del texto bíblico. El capítulo 1 es en un acercamiento literario, enfocado en la relación que hay entre el texto y la audiencia original, en la crítica de la respuesta del lector "original", y en las circunstancias sociales y culturales en las que está enmarcado el mensaje del nacimiento de Jesús, tal como lo cuenta Mateo. El capítulo 2 aborda las relaciones textuales de Mateo 1,18-2,23 con otros textos y relatos de la Biblia. El capítulo 3 se concentra en las relaciones extrabíblicas que tiene la narrativa de la infancia de Jesús, respecto a relatos previos; y realiza una breve historia de su interpretación, basada en el motivo literario que aparece en la pintura y en la literatura. Para un interés en la situación histórica y en el origen y la composición del texto, ver el Apéndice.

Este texto ha sido escrito en su mayor parte en Costa Rica, pero pensado desde la realidad colombiana, donde muchos niños y niñas mueren, cientos de personas viven un constante exilio a causa de la violencia, y otras deben nacer y crecer en medio del zumbido de las balas y los llantos de las madres y los padres. En este sentido, es el relato del nacimiento de Jesús leído desde América Latina. De allí el deseo de pensar la fe no desde la muerte y la cruz, sino desde la simbólica del nacimiento en medio de las adversidades.

Mi experiencia de vida también responde a una serie de pesadas situaciones, donde encontré el refugio y el cuidado de personas que decidieron valorar mi existencia, y me enseñaron el sentido de ir en contravía de la cultura de la muerte. De allí la dedicatoria a mi abuela. También por supuesto, un reconocimiento al cuidado de mi madre, mi hermana, mi tío, la familia de mi padre, y toda mi familia en general.

A Natalia, le agradezco por ser mi "compañerita", mi interlocutora, con quien construimos una base relacional lo suficientemente amplia para erigir sobre ella pequeñas obras de arte, como la música, el pensamiento crítico y la escritura; en ese espacio de "manada" en el que vivimos con nuestros perros, que son otra fuente de enseñanza donde se manifiesta lo Divino. Tan bello espacio se lo debemos a mi abuela Morelia ("Pepa"), a mi tía More y a Juancito.

Agradezco al profesor José Enrique Ramírez por tomarse mi investigación y mis logros como algo personal. A Elisabeth Cook por impulsar mi trabajo, y abrir la posibilidad de la publicación de este escrito. A Daniel Gloor, por ser mi amigo durante este tiempo, además de mi "juez implacable" en la evaluación y la defensa de lo que fue la tesis. A Violeta Rocha, por su apoyo y sugerencias, siempre esperando "algo más" del texto, lo que me ha hecho volver constantemente sobre él para pensarlo desde distintos ángulos. A los eméritos José Duque, Elsa Tamez y Guido Mahecha, que han apoyado mi trabajo. A los y las estudiantes con quienes he dialogado sobre mi trabajo, por sus ricos y diversos puntos de vista. A toda la UBL en general, por ser para mí una casa con las puertas abiertas.

También agradezco a la ya menguante PROMESA en Colombia. Su impulso y su inspiración liberadora me han mantenido siempre del lado de la fe, y me han mostrado un rostro alternativo de lo Sagrado. Que esta muerte sea un camino para el encuentro con la resurrección.

Introducción

Este niño soy yo, sos vos, somos todos.
(E. Cardenal, El evangelio en Solentiname)

El relato del nacimiento de Jesús instituye en la cultura cristiana el inicio del ciclo anual de las fiestas sagradas, celebradas por católicos, protestantes, religiones sincréticas en Latinoamérica y el mundo, e incluso por personas declaradas no-creyentes. Con el relato, vuelve a comenzar la vida, pues se celebra en el fin del año y el inicio de un año nuevo. En este sentido, se trata de un mito fundante, una inagotable fuente de sentido.

Esta narración ha tenido importantes recepciones en la literatura y la pintura, y la historia de su interpretación es riquísima en cuanto a nuevas reconfiguraciones y reinterpretaciones en diferentes contextos. Desde la pintura de Rubens y Rembrandt hasta las obras de Frida Kahlo y las pinturas primitivistas latinoamericanas; desde los relatos medievales del nacimiento de Jesús hasta *El evangelio en Solentiname* de Ernesto Cardenal; tal historia, contada en la Biblia por Mateo y Lucas, invita a asistir a un nacimiento, no sólo de un personaje histórico del primer siglo, sino también de una cultura y un ser humano que vuelven a él para ver allí un símbolo de su propio nacimiento.

La importancia de la narración sobre el nacimiento de Jesús se debe no sólo a su carácter artístico, sino sobre todo a su carácter mítico. Al hablar del relato como mito, nos referimos a una categoría literaria que iremos explorando. Con esto, no se pretende descartar al texto como falso, ni mucho menos intentar quitarlo o borrarlo de la Biblia. Todo lo contrario, lo que buscamos es explorar su fuerza espiritual, su simbólica cultural y su potencial liberador[1].

Los mitos, como señala Paul Ricoeur, son grandes relatos que tratan del origen de la vida y del mal, generalmente personificados en arquetipos, personajes que recogen en sí el ser de la cultura y reflejan su relación con el mundo y la comprensión que se tiene de éste:

> En ellos se introducen personajes ejemplares (como Prometeo, Anthropos y Adán), que nacen de generalizar la experiencia humana al nivel de un universal concreto, de un paradigma -o un arquetipo-, en el cual leemos nuestra condición y nuestro destino; además, gracias a la estructura del relato que cuenta acontecimientos ocurridos "en aquellos tiempos", nuestra experiencia recibe una orientación temporal, un impulso tendido entre un comienzo y un fin; nuestro presente se carga de una memoria y de una esperanza"[2].

---

[1] C.S. Lewis, en su ensayo "El mito se hizo realidad" (En: *Dios en el banquillo*. Madrid: Rialp, 2002), hace ver las riquezas que tiene el hecho de que la proclamación cristiana se fundamente en un mito. En vez de negar su valor dentro de la fe, la comprensión de la vida de Jesús como mito le da un alcance profundo al cristianismo, pues refleja los ciclos de nacimiento, muerte y renacimiento dentro de la naturaleza, y permite un encuentro con las demás creencias que albergan este motivo literario –como por ejemplo, el mito nórdico de la resurrección de Balder en comparación con la de Jesús-, y lo muestra como una manifestación del actuar divino en las diferentes culturas (ver también C.S. Lewis *Sorprendido por la alegría*. Santiago de Chile: Andrés Bello, 1994).

[2] Paul Ricoeur. *Freud: una interpretación de la cultura*. México: Siglo XXI, 1973, p. 37

Los mitos proponen modelos de vida, arquetipos y paradigmas, que sirven para definir al ser dentro de cada cultura. En ellos, las culturas se encuentran, pues aunque cada mito es diferente, todos vuelven a la explicación del ser humano con su mundo, basado en la fundamentación de la existencia de la comunidad. Los mitos pueden ser promotores del *Status Quo* y las voces oficiales, pero también se erigen muchas veces como imágenes narrativas que llaman a robar el fuego de los dioses para entregarlo a los seres humanos. En palabras de Lluis Duch:

> La función más importante que asumen los mitos consiste en el hecho de que son los modelos de todo aquello que normativamente ha de pensar y ha de hacer el ser humano. Casi nos atreveríamos a afirmar que las "historias" que *solamente dicen*, forzosamente adaptan una variedad de temas que resultan irreconciliables entre sí. Las narraciones que, además de decir, quieren decir, siempre y en todo lugar se refieren al fundamento último (o a la base primordial) de la existencia humana[3].

El mito, por lo tanto, es un símbolo narrativo que confiere a nuestra autocomprensión la posibilidad de la universalidad, la temporalidad y el alcance ontológico. Refleja las experiencias, luchas y contradicciones de los grupos sociales. Pero el mito no se agota en su desciframiento historiográfico, sino que va más allá de la historia de una comunidad concreta para tocar la historia del ser humano mismo. Como señala Manfred Lurker:

> Los verdaderos mitos no sólo cuentan, los símbolos auténticos no sólo señalan, sino que actualizan, hacen presente y permiten que participen quienes están familiarizados con ellos... Los mitos contienen una verdad que sobrepasa el tiempo, porque en sus contenidos y episodios late la posibilidad de un retorno duradero. Así como Prometeo,

---

[3] Lluis Duch. *Mito, interpretación y cultura*. Barcelona: Herder, 2002, p. 58

que robó a los dioses el fuego como símbolo de la luz y la iluminación, se identifica de continuo con cada uno de los hombres que han venido después y que en las rocas del tormento y de la angustia se alzan como los dioses[4].

En este sentido, el texto bíblico de Mateo 1,18-2,23 es un mito fundante. Se redacta después de la muerte de Jesús y de los relatos de su pasión, y retoma los motivos de la muerte-resurrección para contarlos en una narrativa de la infancia. Así pues, en el nacimiento de Jesús se condensa el nacimiento de la comunidad y la propuesta que los creyentes hacen de una existencia humana en medio de las circunstancias en que viven.

Como mito, este relato del nacimiento de Jesús crea la base para la vida social, religiosa y cultural del grupo mateano, y ha tenido un largo alcance en la cultura cristiana a lo largo de la historia, y en sus diferentes re-interpretaciones. En este relato, el ser humano se reconoce a sí mismo. Como reflexiona Lurker, "Los símbolos de los mitos y de los cuentos populares no están tomados simplemente de la naturaleza, sino que están enraizados también en el mundo figurativo arquetípico del inconsciente"[5]. Y en cuanto a la profundidad que hay en el argumento del cuento, citando a Friedel Lenz, entiende que el argumento del cuento toma sus imágenes del mundo exterior objetivo, pero tiene que entenderse como un acontecimiento interno, como un paisaje del alma: "cada paisaje es en cada caso un observatorio interior"[6].

El mito fundante que aparece en Mateo 1,18-2,23 está emparentado con el mundo de los sueños. Es un mito onírico. En la perspectiva de la hermenéutica filosófica, y siguiendo la orientación de la psicología, se ha considerado que el sueño es

[4] Manfred Lurker. *El mensaje de los símbolos. Mitos, culturas y religiones*. Barcelona: Herder, 1999, pp. 48-49

[5] Ibíd., p. 50

[6] Ibíd., p. 52

la mitología privada del durmiente, y que el mito es el sueño despierto de los pueblos[7].

Frente a Mateo 1,18-2,23, la mayoría de los comentaristas se centran en la historia de la formación del texto y la historia de la cristología que se esboza en él. Prestan su mayor atención a las funciones pre-literarias o a las fuentes del relato. Raymond Brown lo enfoca de una manera histórica, Warren Carter lo aborda desde un punto de vista sociológico, y Xabier Pikaza lo trata desde una perspectiva cristológica.

Brown[8] compara la narrativa bíblica con las fuentes históricas, y señala que, históricamente hablando, el relato de los magos orientales en Jerusalén es improbable, y el censo de Herodes y la matanza de los niños son inexactos. Ulrich Luz dice al respecto que "no se detecta, en suma, un núcleo histórico; en cambio, las numerosas tradiciones paralelas en la historia de las religiones hacen más comprensible la elaboración del relato"[9].

Bultmann menciona que la leyenda sobre el nacimiento de Jesús ya existía en la fuente utilizada por Mateo. Un relato originalmente semítico sirvió de base a la narración, pero con fuertes influencias helenísticas: "Este relato no pudo contener todavía el motivo del nacimiento virginal, inaudito en terreno judío. Este nacimiento virginal se habría añadido en la refundición helenística, porque en terreno helenístico se halla muy difundida la idea de que el rey o el héroe es engendrado por la deidad del seno de una virgen"[10]. La base judía original sería la anunciación del ángel y la imposición del nombre al niño antes de su nacimiento, elementos típicos en relatos de

---

[7] Cf. Ricoeur, *Freud*, Op. Cit., p. 9

[8] Raymond E. Brown. *El nacimiento del Mesías: comentario a los relatos de la infancia*. Madrid: Cristiandad, 1982, p. 31

[9] Luz, Ulrich. *El evangelio según Mateo I*. Salamanca: Sígueme: 2002, p. 160

[10] Rudolf Bultmann. *Historia de la tradición sinóptica*. Salamanca: Sígueme, 2000, p. 354

nacimiento del Antiguo Testamento (Gen 17,19; 1 Cro 22,9; 1 Re 13,2), y la huida a Egipto, que es un motivo tradicional judío. Además, Bultmann ve en el relato mateano un motivo literario proveniente del Antiguo Oriente y el Mediterráneo, donde el héroe corre peligro en manos del rey villano que ahora gobierna: "el motivo, con variaciones, aparece en los cuentos"[11], y está latente en la mitología egipcia de Hathor y Horus, y en el mito griego del nacimiento de Apolo.

En su *Teología del Nuevo Testamento*, Bultmann elabora una reflexión histórica sobre el concepto *Hijo de Dios*, desde la perspectiva helenística, que era la base conceptual de muchos pueblos del mundo mediterráneo del siglo I:

> No es en absoluto sorprendente que el anuncio de Cristo como υἱός τοῦ θεοῦ (hijo de Dios) haya sido entendido en este sentido; la figura del hijo de Dios era familiar a la concepción helenística, donde se encuentran diversas matizaciones, por un lado como herencia de la tradición griega, que aplica a los hombres la idea mitológica de la concepción por medio de Dios; se trata entonces de hombres que por sus acciones heroicas, por sus aportaciones espirituales o por sus obras de beneficencia, superan a los hombres vulgares. El tiempo helenístico conoció una serie de tales θεοὶ ἄνδρες (hombres divinos) que pretendían ser υἱόι τοῦ θεοῦ (hijos de Dios) o que fueron tenidos por tales y que, en parte, fueron venerados como tales. En estos casos rara vez se subraya la paradoja de la manifestación de lo divino en figura humana; esto no representa en absoluto problema alguno para el pensamiento común griego, toda vez que para ellos el espíritu del hombre era algo divino. El interés no radica, por tanto, en el hecho paradójico de la humanidad del hijo de Dios, sino en la βίος (vida) del hijo de Dios marcada por fenómenos carismáticos y por acciones milagrosas. Por otro lado, encontramos la concepción de la filiación divina que se había extendido en el helenismo oriental como herencia de la antigua mitología oriental: la concepción de divinidades-hijos, que tenían derecho a recibir veneración cultual y a las que se atribuyó

---

[11] Ibídem.

una significación soteriológica. De tales divinidades, a las que se rendía culto en los misterios, contaba el mito que habían padecido el destino mortal humano, pero que habían resucitado de nuevo de la muerte. Pero justamente en el destino de estas divinidades, según la fe de sus veneradores, se fundaba la salvación de la que participaban aquellos que revivían en la iniciación mistérica la muerte y resurrección de la divinidad[12].

El título de "hijo de Dios" designaba en perspectivas judías al rey mesiánico, pero la teologización helenística –que también era la de la mayoría de los cristianos de la tercera generación, que cada vez se iba haciendo más gentil y menos judía– va hacia la comprensión de Jesucristo en línea cada vez más griega. "No es, por tanto, de extrañar que despuntara muy pronto en el cristianismo helenístico la leyenda del nacimiento virginal de Jesús concebido por el πνεῦμα ἁγίου (Espíritu Santo) (Mt 1,20) o por la δύναμις ὑψίστου (Fuerza de lo alto) (Lc 1,25)"[13].

Tales datos permiten corroborar que el relato de Mateo 1,18-2,23 se trata de una interpretación literaria del Antiguo Testamento, con el fin de presentar retóricamente un encomio de la persona de Jesús de Nazaret como alguien honorable. Y es allí donde está nuestro interés. A partir de estos testimonios, esta investigación intenta elaborar una reflexión literaria del texto, tomando como fundamento la crítica histórica, pero buscando otras vías de exploración para el texto, en diálogo no sólo con la historia sino también con la filosofía, la hermenéutica, la antropología y la psicología profunda.

Toda narrativa bíblica permite un encuentro del lector consigo mismo. Toda teología es una antropología. Limitarse a destacar lo que hubo *detrás* del texto, nos hace quedar cortos de vista ante lo que puede significar para nosotros. De allí

---

[12] Rudolf Bultmann. *Teología del Nuevo Testamento*. Salamanca: Sígueme, 1987, pp. 180-181

[13] Ibíd., p. 181

que se requiera una primacía del lenguaje y la literatura sobre la historia; sin desconocer la historia, pero sin desconocer tampoco que el texto es más que historia, es *significación*.

Es en esa línea que se pretende investigar la dimensión del texto: su sentido literario y su significación humana al momento de leerlo y celebrarlo no sólo en la liturgia sino en esa fiesta fundante en América Latina y muchos otros lugares del mundo, como es la Navidad . Se necesita no sólo ver el texto en *su* mundo externo sino en *sí mismo* como mundo, y en el universo de sentido que despliega ante la infinidad de lectores a lo largo de la historia. De esta manera se puede avanzar para leer el texto desde *nuestro* mundo, en su pluridimensionalidad –pues el símbolo no se agota cuando el lector se lee a sí mismo en el texto, sino que prosigue a otras dimensiones que también se abren, como la social y la política-, buscando no sólo una liberación interna sino también una liberación externa de las amenazas y peligros que se ciernen hoy sobre las personas en América Latina y muchos otros lugares.

La interpretación del texto bíblico como mito fundante oscila entre la metodología exegética y la reflexión filosófica, esto es lo que se comprende por hermenéutica. No se trata de develar meramente el segundo sentido que hay detrás del primer sentido, como se hace con la interpretación de los símbolos. Como propone Ricoeur, con la hermenéutica "se trata de tematizar esta universalidad, esta temporalidad, esta exploración ontológica implicadas en el mito"[14].

Por ello, en esta obra se procura elaborar una exégesis sobre el texto, y con ello una exégesis sobre el ser humano y su mundo. Si al Edipo de Sófocles y al Hamlet de Shakespeare le corresponde la misma interpretación que al sueño, lo mismo ha de hacerse con un relato marcado por experiencias oníricas y revelatorias, que se remontan hasta el vientre materno del cristianismo: la concepción virginal y el nacimiento de Jesús.

---

[14] Ricoeur, *Freud*, Op. Cit., p. 37

Dentro del conflicto de las interpretaciones, se va de la interpretación como recolección de sentido a la interpretación como ejercicio de la sospecha. La primera, parte de la voluntad de escucha, es fenomenológica, primordialmente exegética. Concibe el trabajo bíblico como el intento por restaurar el sentido originario y encontrar el *Kerygma* en el texto. La segunda, siguiendo a los maestros de la sospecha Nietzsche, Freud y Marx, parte de la voluntad de cuestionar, intentando ver qué hay detrás del discurso, tratando de encontrar al ser humano y sus relaciones detrás de los sistemas de palabras, y también al mensaje divino que hay en la configuración literaria.

Un aporte sustancial a la interpretación de los relatos bíblicos desde la hermenéutica de la sospecha la ha realizado en los últimos tiempos el teólogo y psicólogo Eugen Drewermann. Con fuertes influencias de Kierkegaard, Drewermann recuerda que la existencia humana navega entre la angustia y la esperanza. Ante estas experiencias se erigen las narraciones míticas como una palabra con poder sanador. Los mitos no sólo son significativos en el "contexto original" en que se formaron, sino que son imprescindibles para la buena salud del ser humano. Contienen una significación simbólica que trasciende los espacios concretos. La verdad del mito no descansa en su historicidad, sino en su poder de sanación y reconciliación. En él hay que buscar lo que actúa en forma sanadora para los hombres y las mujeres, e incluso para el cosmos[15]. Cada mito puede transformarse en una señal de salud y libertad, o también en un signo de perdición y de maltrato. Los textos sagrados, al convertirse en textos "oficiales" y "canónicos" tienden a perder su potencial liberador, y se convierten en instrumentos de enfermedad en la sociedad y

---

[15] Drewermann (En: Duch, Op. Cit.) señala también que los mitos pueden transformarse en señales salutíferas o de perdición. Los textos sagrados, al convertirse en textos "oficiales" y "canónicos" tienden a perder su potencial liberador, y se convierten en instrumentos de enfermedad en la sociedad y la cultura.

la cultura. El criterio para pensar los mitos es, siguiendo a Lluis Duch, es el de la liberación: "El mito será verdad si, efectivamente, cumple una función reconciliadora en lo más profundo del ser humano"[16].

Esta obra pretende leer el texto bíblico en una doble vía, entre la hermenéutica recolectora de sentido, fenomenológica, y la hermenéutica como ejercicio de sospecha, crítica. Ricoeur señala que en la dimensión simbólica de las narrativas bíblicas hay dos tendencias: la *regresión* y la *progresión*. La *regresión* permite adentrarse en la arqueología del texto y del ser humano mismo en su encuentro con el texto, con sus experiencias, su historia, su pasado, y también con sus pulsiones, sus arquetipos y su inconsciente. La *progresión* conecta al texto y al lector con el presente, la actualización, la praxis social y política, y también con sus deseos, esperanzas y orientaciones futuras.

Mateo 1,18-2,23 es un texto a la vez progresivo y regresivo. Viaja hasta el vientre de la madre y apunta a la salvación del pueblo. En él se halla no la encarnación del *Lógos* sino la encarnación de la liberación mesiánica. El relato del nacimiento del mesías es símbolo de nuestra propia alma, mesiánica y marginal, en los bordes del imperio; y es mito del peregrinar humano. Aquí no sólo hay datos de una recopilación de tradiciones premateanas, sino que están descritos los estadios que hay que recorrer en la vida de todo ser humano para su propia liberación y la de la comunidad. Se trata entonces del relato-modelo de toda persona que marcha hacia propia humanización, en la senda de la guianza divina.

Esta dimensión encarnacional no está aislada de la realidad social y política, pues es evidente que el texto presenta una fuerte confrontación entre lo pequeño y lo grande, entre lo marginal y lo central, entre Jerusalén y Belén, entre el niño y Herodes. En el texto está latente la dimensión mesiánica, que no se agota en la vida y muerte de una persona, sino que es la

---

[16] Duch, Op. Cit., p. 322

iniciativa antigua –desplegada especialmente en el judaísmo– de inconformidad con las relaciones sociales insuficientes para hacer justicia a todas las personas. Como reflexiona Juan José Tamayo[17], el mesianismo no es una mera utopía racional de mejoramiento del mundo; más bien insiste en la revolución, en el cataclismo, y mantiene una esperanza de transición desde el presente hacia el futuro. Con aquel, no se busca la simple mejoría de este mundo, sino la creación de nuevas configuraciones de las relaciones. De allí que nuestra perspectiva de lo mesiánico no sea una perspectiva de mero cambio interno –aunque de allí debe partir- sino también de cambio histórico y real, pues tanto el mesías como su pueblo están llamados a "salvar a su pueblo de sus pecados" (Mt 1,21).

El texto bíblico que se estudia aquí propone un estilo de vida al margen de los valores de la política romana y de la interpretación judía de las Escrituras. Como señala Carter, "El escrito mateano legitima una identidad y un modo de vida marginales para la comunidad de discípulos"[18]. Esto generará fuertes conflictos con su entorno, y fuertes conflictos para los miembros de la comunidad. Frente a estos conflictos subyace la pregunta de cada creyente por su existencia en el mundo y papel en la historia. La estrategia retórica mateana consiste en re-crear un mito fundante, que ya ha sido pre-elaborado por tradiciones previas. En este mito, se enmarca una identidad para la comunidad, un modo de ser, y una profundidad existencial en la que descansará la posteridad. En Jesús nace la comunidad, y en este nacimiento marginal, que es un nacimiento heroico, nace el ser humano para la vida y la liberación de su pueblo. En este sentido, podemos decir que el relato del nacimiento de Jesús es un mito fundante. Pero también, y ante todo, es un mito liberador.

---

[17] Juan José Tamayo-Acosta. *Para comprender la escatología cristiana.* Estella (Navarra): Verbo Divino, 1993

[18] Warren Carter. *Mateo y los márgenes.* Estella (Navarra): Verbo Divino, 2006, p. 89

Esta obra está diseñada de manera concéntrica, desde afuera hacia adentro, de lo textual a lo humano. En el primer capítulo se trata el texto como textil, su textura literaria y social, en tanto composición final, como una retórica que tiene el propósito de pastorear a una comunidad en una situación de crisis de identidad.

En el segundo capítulo, se investigan los materiales "locales" con que se ha elaborado el texto, y el grupo de texturas a que pertenece; es decir, su relación con otros textos bíblicos que tratan motivos similares a los que aparecen en la narración mateana, como el motivo del niño abandonado y salvado, y los anuncios de nacimiento del héroe, que se presenta en las historias del Antiguo Testamento.

El tercer capítulo ubica la narración mateana dentro de los estantes de una biblioteca más amplia, universal, que trata el mismo motivo, el del nacimiento del niño-héroe, que es abandonado al peligro, pero es salvado por la Divinidad para que cumpla su cometido de salvar a su pueblo y cultura. Se intenta mostrar la relación que hay entre el texto mismo, sus antecedentes narrativos, y la posteridad que toma el texto bíblico o su motivo literario, y los re-interpreta desde nuevos contextos, y con diversos pretextos.

En el cuarto capítulo, se busca elaborar una reflexión interdisciplinaria sobre la aparición de este motivo en tan diversas y tantas culturas, y volver al texto de Mateo para interpretarlo desde una perspectiva hermenéutica de la sospecha. Con todo ello, no se busca tanto pensar qué es lo diferente en el mensaje cristiano, sino todo lo contrario: qué es lo que une a los seres humanos en diferentes épocas y culturas; no con el propósito de universalizar el cristianismo, sino de hallar lugares de encuentro, donde todas las personas buscan vencer a sus propios demonios personales, morales y sociales, y levantar voces creativas y transformadoras que experimenten la experiencia del Dios liberador con su pueblo, del "Dios con nosotros" (Mt 1,23).

Debe decirse que esta obra hace parte de una investigación más amplia, que se ha venido realizando desde tiempo atrás. Un trabajo previo ha reflexionado otro texto bíblico desde la perspectiva del símbolo, especialmente en perspectiva fenomenológica[19]. Esta investigación busca dar continuidad a tal proceso, ahora analizando un texto desde una perspectiva del mito. Una breve síntesis de lo que refleja la generalidad de esta obra aparece en las profundas palabras del campesino Oscar, en la isla de Solentiname, que recogió el poeta Ernesto Cardenal en este evangelio latinoamericano y revolucionario: "Quiero decir que el nacimiento de que aquí nos habla la Escritura no es como el de un niño de estos que aquí están retozando en la iglesia, no, sino este niño soy yo, sos vos, somos todos"[20].

[19] Juan Esteban Londoño. *La construcción simbólica de una resistencia. Exégesis de Apocalipsis 15 y 16. Tesis de Licenciatura en Ciencias Bíblicas.* San José: Universidad Bíblica Latinoamericana, 2009

[20] Ernesto Cardenal. *El evangelio en Solentiname.* San José: DEI, s.f., p. 48

1
Crítica socio-retórica
de Mateo 1,18-2,23

Mateo 1,18-2,23 presenta un relato biográfico que sigue el modelo retórico de la literatura greco-romana de su época, a finales del Siglo I d.C.[1] La retórica se exhibe no sólo en los discursos deliberativos, sino también en la elaboración de narraciones sobre personajes importantes, como lo registran las biografías o *vitae* elaboradas por autores contemporáneos al Nuevo Testamento como Plutarco (50-120 d.C.) y Suetonio (70-140 d.C.).

Es por esto que en este capítulo se analiza la *Narratio* presentada por Mateo como una elaboración retórica. Se presta atención a la forma y al contenido exhibidos en el

---

[1] Las coordenadas del evangelio remiten a un texto escrito en Siria por un judeo-cristiano de lengua griega, en los años 80 d.C. Es una composición múltiple que retoma a Marcos y a Q, y elabora una narrativa propia con intenciones retóricas particulares. (Cf.. Brown, *Nacimiento*, Op. Cit., 1982). Las notas críticas se ampliarán en el capítulo 5 de esta investigación. (Ver también Raymond Brown. *Introducción al Nuevo Testamento* I. *Cuestiones preliminares, evangelios y obras conexas*. Madrid: Trotta, 2006)

texto, y a los significados comunicativos que tienen entre la audiencia. Seguidamente, se utilizan los recursos de la antropología moderna y la sociología para interpretar las múltiples texturas o códigos retóricos del texto, en relación con la realidad humana y el mensaje teológico presentados en la narración. Para autores como Vernon Robbins y Gerd Theissen[2], la crítica socio-retórica es un acercamiento a los valores propios y las realidades sociales que reflejan los textos bíblicos, que se construyen a partir de un discurso para orientar a una audiencia particular, como es el caso de los evangelios. La retórica es el arte de influir en los oyentes con el fin de que alcancen una determinada manera de pensar, sentir y vivir. En este sentido, tiene una función social, ya que el auditorio posee una experiencia religiosa particular, como el cristianismo del siglo I, y hace parte de una realidad cultural y socio-económica determinada[3].

---

[2] Este trabajo investigativo se nutre de las investigaciones de diversos autores y autoras como Gerd Theissen, David Aune, Bruce Malina, Jerome Neyrey y Elsa Tamez. En este trabajo, se retoman metodológicamente algunos elementos de la obra de Vernon K. Robbins (*Exploring the Texture of Texts: A Guide to socio-rhetorical interpretation*. Valley Forge, Pennsylvania: Trinity Press International, 1996), con adecuaciones y contextualizaciones propias.

[3] Como señala Gerd Theissen (*La redacción de los evangelios y la política eclesial*. Navarra: Verbo Divino, 2002), los escritores de los evangelios eran ante todo pastores, los cuales intentaban dar una orientación para sus comunidades. Estas orientaciones son llamadas por Theissen "política eclesial", y consisten en los siguientes puntos-tomados de la sociología de la religión-, en los cuales debe insistir todo dirigente de la comunidad: a) compartir las convicciones de su grupo, y justificar cuando va más allá de ellas; b) ofrecer a su grupo una orientación dentro y sobre el mundo que los rodea; c) definir los límites con relación a la religión de origen, que es el judaísmo; d) resolver los conflictos internos de su propia comunidad; y e) dar forma a la estructura de autoridad de la comunidad y dejar sucesores. Además, debe recordarse que las comunidades cristianas del siglo I escuchaban los evangelios, leídos en la liturgia por parte de una persona encargada, por eso se les llama la "Audiencia" y no los "Lectores".

1.1 Textura interna

1.1.1 Género literario

El texto de Mateo 1,18-2,23 es una *Narratio* sobre la infancia de Jesús, a la manera de los *bioi* (*Vitae*, en latín) de la antigüedad. La clase de construcción retórica a la que responde es a la epideíctica, que consiste en relatar la historia de una persona honorable, fundante o significativa para una cultura[4]. En su *Institutio Oratoria*, el escritor romano Quintiliano (39-95 d.C.), explica lo que es la retórica epideíctica: "género que consiste en alabar y vituperar"[5]. Y destaca la manera en que se compone la biografía de una persona, particularmente dentro de las categorías culturales del honor y la vergüenza:

a. **Antes del nacimiento:** se elogian el país, los padres y los antepasados de la persona.

b. **Vida:** se elogian el carácter, el físico y la fortuna de la persona.

---

[4] Según George A. Kennedy (*Retórica y Nuevo Testamento*. Madrid: Cristiandad, 2003, pp. 44-45) la retórica epideíctica busca convencer a la audiencia para que reafirme un punto de vista sobre el presente, o también para que celebre o denuncie a alguna persona o alguna cualidad de esa persona. La estructura de la retórica epideíctica consiste en tres partes: (a) *Proemium*: inicio para mantener la atención del público y la simpatía hacia el orador; (b) *Narratio*: narración de los hechos o información básica necesaria para validar la tesis a defender; (c) *Peroratio*: un resumen de la argumentación, suscitando emociones en el auditorio, para que este emita un juicio o tome una decisión frente al punto de vista que se está presentando. En este caso, el texto de Mateo 1,18-2,23 hace parte de la *Narratio* que inicia en 1,2 y termina al final del evangelio, siendo Mateo 28,18-20 la *Peroratio*, que recoge el sentido de todo el texto, para invitar a seguir propagando la obra de Jesús.

[5] Marco Fabio Quintiliano. *Instituciones oratorias*. Traducción directa del latín por Ignacio Rodríguez y Pedro Sandier. Disponible en Internet: http://www.cervantesvirtual.com/servlet/SirveObras/246161411010389 42754491/index.htm

c. Muerte: se elogian la muerte honorable, la actitud de la persona a la hora de enfrentar la muerte, y lo que sucede después de ella, en particular la forma en que los dioses recompensan a la persona, y en que la comunidad honran al muerto.

Quintiliano explica cómo se lleva a cabo la descripción de los momentos antes del nacimiento de la persona homenajeada:

> Antes de la existencia del hombre consideraremos su patria, padres y antepasados, y esto de dos maneras. Porque o manifestaremos que correspondieron a la nobleza heredada o que, habiendo nacido en las malvas, se la ganaron por sus puños. Al tiempo antes de su existencia pertenecen los pronósticos y oráculos que anunciaron su fama venidera. Así dijeron éstos que el hijo de Tetis sería mayor que su padre[6].

En el relato mateano de la vida de Jesús, el narrador recoge las tres dimensiones del elogio biográfico. En los capítulos 1 y 2 del evangelio se destaca la primera parte, correspondiente al origen, donde se elogia al país en que Jesús nace (Belén) y crece (Nazaret), a los padres (José y María), y se hace una lista exhaustiva de sus antepasados, destacando entre ellos al patriarca Abraham y al rey David.

El lenguaje del elogio y el vituperio ya tiene una larga tradición para la época en que se escriben los textos del Nuevo Testamento. Desde entre Aristóteles (384-322 a.C.) hasta Quintiliano (39-95 d.C.), los pensadores del mundo greco-romano han dejado obras importantes para comprender el lenguaje de la oratoria dentro del contexto del honor y la vergüenza.

Aristóteles[7], heredero crítico de Platón, ve en la retórica una de las técnicas necesarias en el complejo arte de regir

---

[6] Quintiliano, Ibíd., Capítulo VII, 3

[7] José Ferrater Mora. *Diccionario de Filosofía*. Retórica. Madrid: Alianza, 1983, pp. 570-573

la Ciudad, un instrumento político. Es un arte útil para el ciudadano en el ejercicio de las relaciones dentro de la *polis*, logrando convencer a los demás de determinado punto de vista. El filósofo define la retórica como "la posibilidad de descubrir teóricamente lo que puede producir en cada caso la persuasión"[8]. El ejercicio retórico debe apoyarse en el conocimiento de la verdad, elogiando la virtud (*arethé*) de la persona homenajeada, y el valor de la propuesta que se expone ante la audiencia. Pero, señala Aristóteles, la retórica no consiste en una transmisión pura y simple de la verdad, porque en ella no se presta atención *principal* a la audiencia a la cual se comunica. Se deben enfatizar los aspectos que deben ser alabables de la persona en cuestión. En esto, se debe tener en cuenta la personalidad del oyente, con el fin de que se produzca el efecto deseado, ya sea el del reconocimiento del honor o la vergüenza de quien se está hablando.

Mateo, por su parte, refleja un estilo biográfico greco-romano de carácter popular, diferente a la literatura culta greco-romana clásica, y marcado con fuertes influencias midrásicas judías. El relato incorpora formas preliterarias, correspondientes a la tradición oral de las comunidades cristianas, y con la intención persuasiva de convencer a la audiencia de que Jesús crucificado y resucitado es el Mesías, y su nacimiento es leído a la luz de este profundo significado religioso. Como señala David Aune:

> Un análisis de los rasgos literarios constitutivos de los evangelios los sitúa cómodamente entre los parámetros de los convencionalismos biográficos antiguos de forma y función. Constituyen un subtipo de biografía greco-romana principalmente determinada por el contenido, que refleja supuestos judeo-cristianos. Los evangelios (y otros tipos de literatura cristiana primitiva) están vinculados con tradiciones literarias tanto judías como greco-romanas. La literatura helenística judía y cristiana primitiva manifiestan

---

[8] Aristóteles. *Retórica. 1* 2, 1355 b. Madrid: Gredos, 1994

invariablemente varios grados de sincretismo literario. La adaptación, no la copia total, era la norma"[9].

1.1.2 *Traducción*[10]

Ahora bien, el nacimiento de Jesús fue de esta manera: Estando su madre María prometida en matrimonio a José, antes de venirse a vivir juntos, ella se encontró embarazada por obra del Espíritu Santo. Pero José, su prometido, era un hombre justo y no quería denunciarla, y determinó secretamente abandonarla. Esto ya lo tenía decidido, cuando un ángel del Señor en sueños se le apareció diciendo:

-José hijo de David, no temas recibir a María tu prometida, porque lo que en ella es concebido es por obra del Espíritu Santo. Y dará a luz un hijo, y lo llamarás Jesús: porque salvará a su pueblo de sus pecados.

Y todo esto sucedió para que se cumpliera lo dicho por el Señor a través del profeta diciendo:

MIRA, LA VIRGEN ESTÁ EMBARAZADA Y DARÁ A LUZ UN HIJO, Y LLAMARÁN SU NOMBRE EMMANUEL, LO QUE ES TRADUCIDO: DIOS ESTÁ CON NOSOTROS.

Se levantó José de su sueño, e hizo lo que le ordenó el ángel del Señor y recibió a su prometida. Y sin haber conocido a su prometida, ella dio a luz un hijo. Y le puso por nombre Jesús.

Y Jesús nació en Belén de Judea, en tiempos del rey Herodes. Sucedió que unos magos del oriente arribaron a Jerusalén diciendo:

---

[9] David Aune. *El Nuevo Testamento en su entorno literario*. Bilbao: DESCLEE DE BROUWER, 1993, p. 62

[10] La traducción detallada, con observaciones gramaticales y crítica textual, aparece en el Apéndice de este libro.

-¿Dónde está el que ha nacido, el rey de los judíos? Porque vimos su estrella en el oriente y vinimos a adorarle.

Y oyendo esto el rey Herodes se aterrorizó, y con él toda Jerusalén. Y reuniendo a todos los sumos sacerdotes y escribas del pueblo, les preguntó dónde nace el Mesías.

Y ellos le respondieron:

-En Belén de Judea, como está escrito por el profeta: Y TÚ BELÉN, TERRITORIO DE JUDÁ, DE NINGUNA MANERA ERES INFERIOR EN LOS GOBIERNOS DE JUDÁ, PORQUE DE TI SALDRÁ UN JEFE, QUE PASTOREARÁ A MI PUEBLO ISRAEL.

Entonces Herodes, silenciosamente, llamando a los magos, les preguntó por el tiempo en que había aparecido la estrella. Y los envió a Belén diciendo:

-Al ir, investiguen cuidadosamente acerca del niño. Y cuando lo encuentren, anúncienmelo, de manera que yo vaya a adorarle.

Y habiendo escuchado al rey, partieron. Y de pronto la estrella, la que vieron en el oriente, iba delante de ellos hasta detenerse sobre el lugar donde estaba el niño. Y viendo la estrella, se alegraron con un profundo y excesivo deleite. Y entrando en la casa, vieron al niño con María su madre, y postrándose lo adoraron, y abriendo sus tesoros le ofrendaron regalos: oro, incienso y mirra.

Entonces, instruidos a través de sueños de que no volvieran a Herodes, partieron por otro camino hacia el país de ellos.

Y cuando partieron, sucedió que un ángel del Señor se apareció en sueños a José diciendo:

-Levántate, toma al niño y a su madre, y escapa a Egipto, y quédate allá hasta que te diga. Porque Herodes está buscando al niño para matarlo.

Entonces él, tomando al niño y a su madre en la noche, partió hacia Egipto, y estuvo allí hasta la muerte de Herodes, para que se cumpliera lo dicho por el Señor a través de su profeta diciendo: DE EGIPTO LLAMÉ A MI HIJO.

Entonces Herodes, al verse ridiculizado por los magos, se enfureció muchísimo, y envió a matar a todos los niños de dos años para abajo que estaban en Belén y la región, según el tiempo que había averiguado por los magos. Entonces se cumplió lo dicho por Jeremías el profeta diciendo: SE OYE UNA VOZ EN RAMÁ, MUCHOS LLANTOS Y LAMENTOS. RAQUEL LLORA A SUS NIÑOS, Y NO DESEA SER CONSOLADA, PORQUE YA NO ESTÁN.

Cuando murió Herodes, el ángel del Señor apareció en sueños a José en Egipto, diciendo:

-Levántate, toma al niño y a su madre, y ve a la tierra de Israel, PUES HAN MUERTO LOS QUE BUSCABAN LA VIDA DEL NIÑO".

Así que él tomó al niño y a su madre y entró a la tierra de Israel. Y oyendo que Arquelao reinaba en Judea, en lugar de su padre Herodes, tuvo miedo de ir allí. E instruido de acuerdo a sueños, partió hacia la provincia de Galilea. Y llegaron a vivir en una ciudad llamada Nazaret, para que se cumpliera lo escrito por el profeta: SERÁ LLAMADO NAZAREO.

1.1.3 Análisis sintáctico de la construcción retórica

A continuación se presentan las principales relaciones gramaticales del texto, y se hacen anotaciones de la construcción retórica que elabora el narrador[11].

1,18: La frase central de la que se derivará el resto del bloque narrativo es Ἰησοῦ Χριστοῦ ἡ γένεσις, acompañada por

---

[11] El diagrama estructural en griego aparece en el Apéndice.

las partículas Τοῦ δέ que se puede traducir "ahora bien", y que indica una continuidad con la genealogía antes narrada, la cual usa una palabra similar (γένεσις) en 1,1. El sujeto es María, quien estaba comprometida con José. El verbo μνηστευθείσης se introduce inicialmente rescatando la importancia de que ella esté comprometida, y lo que traerá la crisis de José, pues ella resulta encinta siendo su prometida. Se aclara que la criatura no es de José, y tampoco de otro hombre, sino del Espíritu Santo. La función de la preposición ἐκ junto a la palabra siguiente en caso genitivo denota origen, causa y razón. El Espíritu Santo es presentado como la explicación del embarazo de María, más que como progenitor o "padre".

1,19: Se destaca a José como prometido de María (ἀνὴρ αὐτῆς); justo (δίκαιος), y que no desea difamarla (μὴ θέλων). Esto puede ser tanto un paralelismo sinonímico como un paralelismo antitético. Por una parte, puede ser un paralelismo sinónimo, comprendiendo que el ser *justo* equivale a no difamarla. Por la otra, puede referirse a un paralelismo antitético, ya que siendo justo a la vez no quiere difamarla; entonces lo que hace para ser justo –entendido en este caso como cumplidor de la ley judía– es dejarla en secreto. Una observación detenida le da más peso al primer argumento. Pues la partícula καὶ funciona como enlace entre la justicia y el no querer difamarla, mientras que la decisión de dejarla en secreto no está mediada por ninguna partícula, y por lo tanto hace parte tanto de la justicia como de no querer difamarla. En este caso, estaríamos hablando de una continuidad en la justicia y no de una ruptura: *su justicia es no difamarla*. Se trata de otro tipo de justicia, la que se fundamenta en la compasión y la gracia, más que en la ley, que es un tema recurrente en el evangelio de Mateo: "Si vuestra justicia no es mayor que la de los escribas y fariseos, no entraréis en el Reino de los Cielos" (Mt 5,20 BJ).

1,20: El enlace de la frase afirma la decisión de José, pero el llamado de atención del narrador (ἰδού) presenta un giro en el que un ángel habla a José, y usa el sueño como medio (κατά). Le llama "José hijo de David" (Ἰωσήφ, υἱὸς Δαυίδ) ligando el verso 20 con el verso 1 (Ἰησοῦ Χριστοῦ υἱοῦ Δαυὶδ), haciendo ver que Jesús es hijo de David por medio de José, quien lo adopta. Hay un imperativo que llama a José a no temer (μὴ φοβηθῇς) recibir a su mujer –lo que señala ya el lazo de compromiso, pues José para María es ὁ ἀνὴρ αὐτῆς (lit. el hombre de ella). María para José es τὴν γυναῖκά σου (lit. la mujer de él). La razón (partícula explicativa γάρ) para cumplir este cometido es que el niño proviene del Espíritu Santo, señalado con el uso de la preposición ἐκ y el genitivo πνεύματός ἁγίου, con el que se indica un genitivo causal, dando razón de la preñez.

1,21: El sujeto del que se habla en la primera partícula es María, y se alinea con la descripción que ha hecho el ángel de su estado de preñez (1,20). Se dice de ella que dará a luz un hijo (τέξεται δὲ υἱόν), con lo que se reitera lo sabido, a manera de aprobación divina. La orden para José es llamarlo Jesús (Ἰησοῦς – del Heb. יְהוֹשֻׁעַ), y se da una razón (γάρ) teológica de su nombre: salvará (σώσει – del Heb. יָשַׁע) a su pueblo. Se comprende que el primer paso para liberar a una comunidad es salvarla de sí misma, de sus propios pecados (ἀπὸ τῶν ἁμαρτιῶν αὐτῶν), lo cual no excluye el paso consecuente que es el de la salvación social y política, que está implícita en el contexto de la persecución de Herodes contra el niño.

1,22: El narrador interrumpe su relato para reflexionar teológicamente sobre el acontecimiento. El propósito (ἵνα) es que se cumpliera (πληρωθῇ) la profecía. Esta última frase es el estribillo que acompaña toda la narración de Mateo, donde se ve en la vida de Jesús la plenitud o cumplimiento de las Escrituras Hebreas. Tal es el sello editorial del autor del evangelio quien, como señala Brown[12], manifiesta una continuidad con el uso de las Escrituras que hacían los primeros predicadores judeo-cristianos, y que es utilizado a lo largo del evangelio como una fórmula didáctica para edificar a la comunidad cristiana a la que se dirige.

1,23: La cita bíblica es presentada como una partícula subordinada a la frase anterior. El texto llama la atención (ἰδοὺ) de la audiencia señalando que la virgen (ἡ παρθένος) está en embarazo y tendrá un hijo. Y no sólo eso, sino que señala también el significado del nombre teológico del niño: Ἐμμανουήλ, explicando que significa "con nosotros (está) Dios" (μεθ' ἡμῶν ὁ θεός).

1,24: El narrador vuelve a despertar al público de la dimensión onírica junto con José (ἐγερθεὶς ἀπὸ τοῦ ὕπνου). Entonces se resuelve la primera crisis del relato de infancia, ya que José hace (ἐποίησεν) lo que el ángel le ha mandado, y así recibe a su mujer (καὶ παρέλαβεν τὴν γυναῖκα αὐτοῦ). Esto vuelve a confirmar su justicia, y que es un fiel hijo de David.

1,25: Este comentario editorial del narrador –a manera de *excursus*- tiene la intención de aclarar que José NO (καὶ οὐκ) la "conoció" (γινώσκω, eufemismo para referirse a tener relaciones sexuales) hasta (ἕως) que dio a luz a Jesús. Con esto, no aclara si después tuvieron relaciones sexuales, pues la conjunción temporal ἕως señala que la acción va hasta el momento del nacimiento de Jesús, y después puede cambiar la acción como su efecto. Finalmente, se reitera que el niño es llamado Jesús –lo cual se hace sentir como una glosa marginal, incorporada después-.

---

[12] Raymond Brown. *The Birth of the Messiah. A commentary on the Infancy Narratives in the Gospels of Matthew and Luke.* New updated Revition. New York: Doubleday, 1999, p. 99

2,1: Se introduce el nacimiento de Jesús mediante el artículo definitivo Τοῦ y la partícula adversativa δε, que juntos son una señal de tiempo, y traduce "Y cuando", o "entonces". El narrador sabe que tiene un preámbulo explicativo con respecto al nacimiento virginal, y que esto generó la primera crisis en el relato de infancia. Ahora va a dar las coordenadas del espacio: en Belén de Judea (ἐν Βηθλέεμ τῆς Ἰουδαίας), y del tiempo: en días del rey Herodes (ἐν ἡμέραις Ἡρῴδου τοῦ βασιλέως). Luego se enfoca en una señal importante y honrosa en el nacimiento de Jesús: al introducir a los magos de oriente (ἰδοὺ μάγοι ἀπὸ ἀνατολῶν) yendo hacia Jerusalén (παρεγένοντο εἰς Ἱεροσόλυμα). La palabra ἀνατολῶν puede traducir tanto el lugar de donde proviene la estrella como el lugar de donde proviene el sol, pues es una palabra es muy genérica, y se puede referir a lugares tan variados como Persia, Babilonia o el sur de Arabia (BJ Mt 2,1).

2,2: Hablan los magos que ya fueron presentados en la frase anterior. Ellos preguntan por el rey los judíos (βασιλεὺς τῶν Ἰουδαίων) en Jerusalén. Hay una marcada contraposición de lugares dentro de la zona montañosa de Judea: Belén y Jerusalén. El narrador y los lectores saben esto. Los magos van a descubrirlo, cuando se les indique que el lugar al que apunta la profecía es Belén y no Jerusalén. Los magos explican que se han enterado de esta noticia porque (γὰρ) vieron su estrella. Y el dativo final indica el propósito de su visita: adorar al niño (προσκυνῆσαι αὐτῷ).

2,3: Se vuelve a presentar la contraposición entre el Rey Herodes (ὁ βασιλεὺς Ἡρῴδης) y el Rey de los judíos recién nacido (ὁ τεχθεὶς βασιλεὺς τῶν Ἰουδαίων). Toda Jerusalén está con el rey Herodes (πᾶσα Ἱεροσόλυμα μετ' αὐτου). El rey davídico, Jesús, es presentado como un personaje marginal a Jerusalén, con su poder político y religioso. De su lado, sólo se mencionan a su padre y su madre, y a los magos paganos.

2,4: Al utilizar el verbo "reunir" (συναγαγὼν), el narrador usa una palabra que suena similar a "sinagoga", y puede tener un doble sentido al ser leída por comunidades que han roto su relación con la sinagoga. Herodes llama ante sí a la totalidad (πάντας) del personal del templo (τοῦ λαου), que son los sacerdotes (ἀρχιερεῖς) y los escribas (γραμματεῖς). El campo semántico denota una fuerte relación entre Jerusalén, el templo, los sacerdotes, los escribas y el rey, todos en oposición al niño y su familia, que están en Belén.

2,5: La pregunta por el lugar de nacimiento del Mesías es respondida con las Escrituras hebreas, citando al profeta (γέγραπται διὰ τοῦ προφήτου). Se continúa con la fórmula de citas de cumplimiento, tan importante en Mateo, especialmente en nuestra perícopa. De esta manera se pone gramaticalmente en boca de los sabios la palabra del profeta, para confirmar lo que el narrador ha venido insinuando: que la vida de Jesús es una corroboración (οὕτως γὰρ) de las Escrituras.

2,6: La cita del Antiguo Testamento pone un fuerte énfasis en la geografía, pues en estas líneas poéticas se habla cuatro veces de lugares: Belén (Βηθλέεμ), tierra de Judá (γῆ Ἰούδα), clanes de Judá (ἡγεμόσιν Ἰούδα), el pueblo de Israel (τὸν λαόν τὸν Ἰσραήλ) –en el último caso al pueblo que vive en determinado lugar-. Belén aparece como un paralelismo sinonímico de la tierra de Judá, representada metonímicamente, a quien se habla en segunda persona (καὶ συ), para afirmar ese NO enfático (οὐδαμῶς) con respecto a su cuestionado honor en comparación con las otras tierras. La razón (γὰρ) de la honorabilidad de esta tierra es que de allí saldrá el que pastorea a Israel, pueblo de Dios.

2,7: La consecuencia de las palabras de los sabios de Jerusalén provoca la acción de Herodes (Τότε). Esta consiste en llamar en secreto a los magos. La palabra griega para "secreto" es λάθρᾳ, que también es usada para hablar de la acción que iba a ejercer José al abandonar a María. Este llamado tiene el propósito de preguntarles por el tiempo (τὸν χρόνον), pues ya ha averiguado el lugar, y de esta manera se ubica de nuevo en la intención espacio-temporal del narrador con que inicia 2,1.

2,8: No sólo Herodes llama a los magos, sino que los envía (πέμψας) a Belén, con el deseo engañoso de seguirlos para adorar al niño, de la misma manera (ὅπως κἀγω) que ellos. Se usa el verbo "arrodillarse ante él" (προσκυνήσω αὐτω) como en 2,2, con el sentido de una muestra física de la actitud espiritual de adorar a un ser especial.

2,9: Es central la acción de partir, de irse (ἐπορεύθησαν), después del participio "habiendo escuchado" (ἀκούσαντες). El narrador llama la atención de la audiencia con el ἰδου, señalando la estrella que aparece en oriente. Y se llega entonces al lugar prometido desde 2,1, Belén. Es interesante que se hable del lugar donde estaba el niño, y no se mencione a su madre todavía.

2,10: El indicativo aoristo ἐχάρησαν pone el énfasis en lo que sintieron los magos, apoyado por el participio aoristo (ἰδόντες) de haber visto la estrella. De lo que se llenan o son llenados, ya que es un pasivo (ἐχάρησαν), es de una alegría grande (χαρὰν μεγάλην, en acusativo, que indica objeto directo), y, reitera el narrador, excesiva (σφόδρα).

2,11: El personaje que más resalta es el niño (τὸ παιδίον), siendo señalado en caso genitivo (αὐτου) como hijo de María, en caso dativo como el objeto de la contemplación de los magos (αὐτῷ), y de nuevo en dativo como el receptor de los regalos de los sabios orientales (αὐτῷ). Ahora hay una indicación específica del lugar, una casa (τὴν οἰκίαν), y de una persona, María (Μαρίας); pero son parte del escenario, ya que lo central es la actitud de los magos hacia el niño.

2,12: Se destaca la dimensión de la advertencia, otra vez por el medio (κατα) del sueño (ὄναρ), con una negación (μη) a tomar el camino de Herodes, y más bien con la presentación de la contrariedad (δια), con el fin de tomar otro camino (ἄλλης ὁδου) para regresar a la tierra de los magos.

2,13: La fórmula que usa el narrador para indicar señales importantes en la naracción es la partícula ἰδου (1,20.23; 2,1.13.19), luego viene el fenómeno, y se indica el medio (κατα) de la revelación como es el sueño (ὄναρ). Las órdenes a José van seguidas una tras otra de la conjunción και, y son presentadas en imperativo, en el mismo plano de importancia: levantarse, tomar al niño y a la madre, llevarlos a Egipto, y quedarse allí hasta nueva orden. La razón de la orden (γὰρ) está señalada por la procura (ζητεῖν) de Herodes de matar al niño, enfatizado en el artículo genitivo y el verbo en infinitivo aoristo.

2,14: De nuevo José cumple exactamente con todo lo ordenado en el v. 13: se levanta (ἐγερθεὶς), y toma al niño (παρέλαβεν τὸ παιδίον) y a la madre (τὴν μητέρα αὐτου), y los lleva a Egipto (εἰς Αἴγυπτον). El narrador hace ver a su audiencia la precaución e iniciativa que tuvo José al cumplir las órdenes en la noche (νυκτὸς).

2,15: De nuevo se enfatiza el espacio (ἐκει) y el tiempo (ἕως), recordando que es una narración que pretende dar explicación de otros episodios que se verán a lo largo del evangelio, y a la vez dar razón de la infancia de Jesús desde una perspectiva teológica. A esta descripción de Egipto como lugar de refugio se da de nuevo la explicación de cumplimiento, siguiendo la fórmula ἵνα πληρωθῇ, poniendo un énfasis especial en que el niño que fue a Egipto es hijo de Dios (τὸν υἱόν μου).

2,16: Semánticamente, el adverbio Τότε está ligado a Herodes (2,7.16.17). Ante una acción cometida y omitida, el rey reacciona de manera astuta, y no muy aprobada por el narrador. Lo que hace esta vez es llenarse de ira (ἐθυμώθη λίαν), y mandar a matar a todos los niños menores de dos años en Belén y sus alrededores. De nuevo aparecen el lugar (ἐν Βηθλέεμ) y el tiempo (ἀπὸ διετοῦς καὶ κατωτέρω, κατὰ τὸν χρόνον).

2,17: El adverbio τότε sirve ahora como conexión entre lo ocurrido y la interpretación de cumplimiento (ἐπληρώθη) que ve el narrador, siguiendo el estribillo de la narración. Debe notarse que ya no aparece ἵνα ("para que se cumpliera"), sino τότε ("entonces se cumplió"), lo cual demuestra un giro en las citas de cumplimiento. Esto se explica debido a la violencia de lo narrado. No es propósito de Dios que estos niños mueran masacrados, pero con su muerte llega a cumplimiento algo que antes había sido prefigurado en la experiencia del exilio israelita.

2,18: Hay una indicación de lugar (ἐν Ραμὰ) como espacio donde se da el clamor de los infantes. Hay un paralelismo progresivo entre la voz (φωνὴ), el lloro (κλαυθμὸς) y el lamento (ὀδυρμὸς), los cuales pueden ser calificados los tres con el adjetivo de muchos, o en demasía (πολύς). Subordinada a esta indicación, está la identificación del sujeto que lamenta: es la matriarca Raquel, la manera inconsolable en que lo hace (οὐκ ἤθελεν παρακληθῆναι), y también cuál es la causa: *porque* sus niños ya no están (ὅτι οὐκ εἰσίν).

2,19: El narrador retoma los asuntos que había dejado sueltos en 1,14. José está en Egipto. Allí se informa que murió Herodes (Τελευτήσαντος δὲ τοῦ Ἡρῴδου). Y se retoma el estribillo para el anuncio de una señal importante en el relato (ἰδου), seguido de la aparición del ángel por el medio ya conocido, los sueños (κατ᾽ ὄναρ), y las palabras que vendrán a continuación.

2,20: El verbo inicial (λέγων) es continuación del verso anterior. Habla el ángel. Se repite la orden que aparece de

2,13, con la misma estructura: levantarse (ἐγερθείς), tomar al niño (παράλαβε) y volver (se cambia el verbo φεύγω por πορεύου, ya que el primero daba tiene la connotación de escapar mientras que el segundo, la de regresar), pero ahora indica el camino inverso: de Egipto a Israel (εἰς γῆν Ἰσραήλ). La razón (γὰρ) se da en virtud también de una cita bíblica implícita.

2,21: De nuevo, como en 2,14, José es obediente y cumple paso por paso con lo que le ordena el ángel: se levanta (ἐγερθείς), toma al niño y la madre (παρέλαβεν), y los lleva (εἰσῆλθεν) a su tierra natal. Aunque toda la narración gira en torno al niño, José es el protagonista, el sujeto que tiene el rol actancial principal. María cumple con el rol clásico narrativo de princesa a ser protegida y rescatada. Es una figura silenciosa y silenciada en el relato, a la luz de las acciones de José.

2,22: La primera conjunción δὲ funciona de forma coordinativa, en la que el narrador enlaza la obediencia con el miedo (ἐφοβήθη). Esto se da al escuchar acerca del nuevo rey que hay en Judea, Arquelao, en lugar (ἀντι) de su padre. La segunda δὲ funciona como conjunción adversativa, ya que es avisado por el mismo medio que se ha venido hablando de que se vaya a Galilea.

2,23: El narrador trata de vincular las circunstancias narradas con el "cumplimiento" de una profecía o esperanza popular. José se establece en Nazaret, y esto se explica mediante la conjunción subordinada ὅπως que indica propósito, relacionando el hecho de vivir en Nazaret con el cumplimiento de la Escritura, de que será llamado Nazareno –algo que no aparece en forma explícita en las Escrituras Hebreas-[13].

---

[13] El uso de las citas de cumplimiento será explicado en el capítulo 2.

1.1.4 *Marco literario (contexto inmediato)*

Los capítulos 1 y 2 de Mateo son el prólogo al evangelio[14], y están unidos entre sí mediante una familia de palabras que hacen alusión al origen de Jesús. El comienzo del evangelio y la perícopa de 1,18-2,23 presentan una coincidencia terminológica en la palabra γενέσεως (γένεσις, generación, linaje, origen), con la que inicia Mateo 1,1. Este comienzo tiene una ligazón con 1,18, que se va a referir con la misma palabra (γένεσις) al nacimiento de Jesús. El capítulo 1 se centra en las raíces del vástago mesiánico, mientras que el capítulo 2 narrará el nacimiento como tal. El verso 2,1 se referirá de nuevo a la misma raíz, pero ahora en su forma verbal (γεννηθέντος), en participio aoristo, voz pasiva de γεννάω, especificando aún más las coordenadas espacio-temporales en las que se da el fenómeno descrito.

La genealogía de Jesús (1,1-17) está dividida en tres grupos de personas, cada uno de 14 generaciones, los cuales parecen indicar que el tiempo de Jesús es el período de perfección y cumplimiento, desde una perspectiva apocalíptica. El número 14, como señala John P. Meier[15], es un número simbólico en hebreo del nombre de David, con lo que se está reforzando la afirmación de que Jesús es hijo de David. La presentación de José (1,18-25) mantiene esta continuidad de línea davídica, al llamarlo "hijo de David". La *propositio* que guiará el evangelio es esta: "Libro de la genealogía de Jesús, Mesías, hijo de David" (1,1a). La narración se arraiga en la fuerza de esta proposición retórica para desplegarla literariamente.

Jesús es descrito además como "hijo de Abraham" según el título del evangelio (1,1b). A Abraham se le promete que en él serán benditas todas la familias de la tierra (Gen 22,18), y el evangelio pretende mostrar que es mediante Jesús, la presencia de Dios

---

[14] Cf. Brown, *Nacimiento*, Op. Cit., 1982.

[15] John P. Meier. "Gospel of Matthew". En: Freedman, David Noel (ed.). *The Anchor Bible Dictionary*. New York: Doubleday, 1997

en medio de su pueblo, en quien se cumplirá está bendición. Esta promesa se cumple al final del evangelio, con la misión a las naciones (28,16-20). Muestra inicial de esta bendición es la adoración de los magos paganos (2,11). Mientras que las cabezas principales del judaísmo rechazan a Jesús (los principales sacerdotes, los escribas, y toda Jerusalén junto a Herodes), los gentiles siguen las señales de su religión natural para adorar al rey de los judíos y llenarse de alegría frente a él.

Es importante notar en esta genealogía la presencia de cuatro mujeres –cinco con María- que indican la universalidad, la inclusión y la humanidad de la identidad mesiánica y el reinado de Dios a lo largo de la historia de la salvación. Como señala Kenneth E. Bailey[16], en las genealogías de Medio Oriente solamente se nombran varones, especialmente varones famosos. Incluso Lucas elabora en su genealogía una lista de setenta y seis hombres, sin incluir ninguna mujer (Lc 3,23-38). Brown también hace notar que la presencia de estas mujeres en una genealogía "es inusual de acuerdo a los patrones bíblicos"[17].

Las mujeres mencionadas son Tamar (1,3; Gen 38,29s), Rahab (1,5a; Jos 2,1), Rut (1,5b; Rut 4,12-22) y Betsabé "la mujer de Urías" (1,6; 2 Sam 12,24); además de María. Lo que une a estas cinco mujeres es lo extraordinario e irregular en la unión física con sus compañeros y en la concepción de sus hijos, destacado como algo escandaloso para los valores de la cultura. Las cuatro mujeres de la genealogía son gentiles, o asociadas con gentiles; María es la excepción, pues es judía. Esta es una preparación para la concepción de Jesús, que es irregular y fuera de lo normal[18].

---

[16] Kenneth E. Bailey. *Jesus through Middle Eastern Eyes. Cultural studies in the Gospels*. London: SPCK, 2009, p. 42

[17] "Their presence in a genealogy is unusual according to biblical patterns". Brown, *Birth*, p. 71(Traducción nuestra).

[18] La teóloga Jane Schaberg (*The illegitimacy of Jesus. A feminist theological interpretation of the Infancy Narratives*. San Francisco:

Mateo, al incluir a estas mujeres, sigue la actitud que tuvo Jesús durante su ministerio frente a las mujeres –algunas de ellas despreciadas por la cultura-, incluyéndolas entre sus discípulos y discípulas. Este es un signo literario de mucho peso a lo largo del evangelio, pues Mateo intenta demostrar en su narración cómo dentro del reinado de Dios ("de los cielos", según Mateo) caben judíos y paganos. La presencia de estas mujeres demuestra que en la genealogía mesiánica caben los santos y los pecadores, tanto hombres como mujeres, "de casa" y extranjeros/as; quienes están dentro de los márgenes de las normas culturales y también quienes están afuera, particularmente siendo mujeres condenadas por la cultura pero aceptadas y dignificadas por Dios. Esta es una muestra de la amplitud de la gracia extendida por Jesús y proclamada por la comunidad de fe.

La geografía del capítulo 2 inicia en Belén, mira de soslayo a Jerusalén, se va a Egipto, y se instala finalmente en Nazaret de Galilea, dando razón a las tradiciones del ministerio público de Jesús en tal región (3,13; 4,13). De esta manera, presenta una ligazón con el capítulo 3 del evangelio, donde se salta a la vida adulta de Jesús para ubicarlo junto al río Jordán, siendo bautizado por Juan, en un espacio teofánico donde se confirma

---

Harper & Row, 1987), fundamentada en la relación literaria que tiene el texto de Mateo 1-2 con Deuteronomio 22, 13-29, afirma que detrás del embarazo de María pudo haber un caso de seducción de una virgen o de violación por parte de un hombre desconocido. Según ella, la gran paradoja de Mateo es que la virgen seducida o violada es la virgen quien concibe y porta al niño que será llamado Emmanuel (Schaberg, p. 73). Esto, desde el punto de vista teológico es bastante llamativo, pues está dignificando a las mujeres violadas o maltratadas por la cultura por tener un hijo fuera del matrimonio. Incluso es algo que, históricamente, podría haber sido posible –entre muchas otras posibilidades, igual de plausibles y también debatibles-. Sin embargo, desde el punto de vista literario, es una afirmación que tiene muchos problemas, ya que el evangelio lo que pretende afirmar es la partenidad de Dios sobre la criatura, dentro de un contexto epideíctico de nacimiento de un héroe para la cultura, y no deja espacio para una lectura entre líneas en la que se pudiera sospechar que Mateo y Lucas hacen un guiño a sus lectores dando a entender que Jesús es hijo de una violación o una seducción.

que Jesús no sólo es hijo de David y de Abraham, sino que también es hijo de Dios (3,17b). Esta filiación con Dios es explicada por Mateo –a diferencia de Marcos (1,11)- ya no a partir del bautismo, sino a partir de la misma concepción por el Espíritu Santo (1,18-25).

El comienzo del evangelio está relacionado, a su vez, con el final del evangelio. El relato de infancia de Mateo es reflejo no sólo del nacimiento de Jesús, sino también del relato de su pasión. En 2,3-4, los sacerdotes y letrados de Jerusalén están de parte de Herodes y tiemblan junto a él, que quiere matar al mesías (2,13.16). En el relato de la pasión, los jefes de Jerusalén procuran la muerte de Jesús, hasta lograrla (26,3-5). Sin embargo, en ambos casos Dios rescata a su hijo de la muerte, y su resurrección es anunciada por un ángel (28,5).

1.1.5 Estructura de la trama

La trama que guía el relato tiene una estructura en la que las escenas están acompañadas de un fenómeno sobrenatural y/o el cumplimiento de una profecía. El narrador intercala la narración y el comentario, deteniéndose al final de cada escena, para indicar que con cada episodio en la vida del niño se cumplen las Escrituras hebreas.

a) Articulación por escenas

Escena 1. Anuncio a José en sueños y nacimiento de Jesús (1,18-25). Se confirma con el *cumplimiento de la profecía* (22-23).

Escena 2. Encuentro de los magos con Herodes (2,1-9a). Se anuncia que el niño debe nacer en Belén, *para el cumplimiento de la profecía* (5-6).

Escena 3. Encuentro de los magos con el niño (2,9b-12), *cumpliendo* implícitamente con un texto de Números 24,17.

51

Escena 4. El niño y sus padres huyen a Egipto ante la matanza de niños inocentes por parte de Herodes (2,13-18). Tanto la matanza como la huída suceden *para que se cumpliera la profecía* (2,15. 17-18).

Escena 5. El niño y sus padres regresan a Palestina, a vivir en Galilea (2,19-23), *para que se cumpliera la profecía* (23).

b) Articulación por esquema quinario

Estas cinco escenas son un ensamblaje final -narrativamente hablando- de dos relatos, cada uno divisible en un esquema quinario, que marca un problema y una respuesta divina como solución al conflicto. Con ello se logra observar que el nacimiento de Jesús está cargado de adversidades y adversarios, como aconteció a lo largo de su vida y ministerio:

(i) Mateo 1,18-25

Situación inicial (18): Se describe una situación inicial sencilla, presentando a los personajes fundamentales. Por una parte, María estaba comprometida con José. Por la otra, se dice que ella quedó encinta por obra del Espíritu Santo.

Nudo (19): Se anteponen dos complicadas situaciones ante José, pues es justo –según la ley implica denunciarla para que sea lapidada (Dt 22,23)-, pero a la vez quiere abandonarla en secreto –para que no sea lapidada. No se pasa por su cabeza la idea de quedarse con ella, aunque la criatura que espere no sea suya. El personaje no sabe que la preñez es obra del Espíritu Santo -conocimiento al cual tiene acceso la audiencia pero no el personaje-.

Acción transformadora (20-23): Se destaca la partícula demostrativa ἰδού, indicando un giro por la intervención de otro personaje sobrenatural, un ángel. Este llama a José a elegir una tercera opción, que consiste en tomar a María como esposa, y le explica que el niño es obra del Espíritu Santo. Le indica el nombre con que será llamado. Luego, el narrador interrumpe abruptamente (22-23) para dar una cita de cumplimiento y atribuirle otro nombre al niño.

Desenlace (24-25a): José se despierta del sueño y hace lo contrario a lo que iba a hacer en el momento del nudo. Decide hacer lo que el ángel le ordenó, mostrando una nueva significación de lo que es la justicia, pues opta por la compasión y la obediencia a la voz divina antes que por la obediencia a la ley.

Situación final (25 b): Se cumple lo esperado del embarazo y del anuncio del ángel, pues María da a luz un niño. De nuevo, el narrador interrumpe para explicar que sin haber tenido relaciones sexuales, ella dio a luz un hijo.

(ii) Mateo 2,1-23

Situación inicial (1-12): Se dan las coordenadas del nacimiento de Jesús, en Belén, en tiempos del rey Herodes. Estos datos tienen una función importante dentro del relato, pues aparecerán en la masacre de los niños de Belén a manos de Herodes. Luego se dice que unos magos van a Jerusalén buscando al rey de los judíos, lo que igual se desarrollará a lo largo del relato, en el encuentro de los magos con Herodes y luego con el niño, y en la contraposición entre Herodes y el niño. Estos preguntan en Jerusalén, y obtienen las respuestas de los sabios religiosos: el niño nacerá en Belén. Van a buscarlo, y lo encuentran, lo adoran, le traen presentes, y se llenan de inmensa alegría.

Nudo (13-18): el narrador mezcla varias escenas que cada vez se van complejizando. El nudo va creciendo en forma dramática hacia un clímax. Desde la situación inicial, Herodes y toda Jerusalén con él se asustan. Manda a los magos a que le den noticias sobre el niño, cuando lo hallen. Esto se contrapone con el encuentro de los magos con el niño, que lo adoran y le traen presentes, y se llenan de inmensa alegría. Luego de esta escena tierna con que cierra la situación inicial, un sueño premonitorio les anuncia a los magos que tomen otro camino. Se aprieta más este nudo con un anuncio por parte del ángel a José, de huir a Egipto, porque Herodes quiere matar al niño. Ellos escapan, y Herodes, burlado por los magos, se llena de ira y manda matar a todos los niños menores de dos años en Belén. Así se llega al clímax trágico, donde los niños son masacrados. El lamento de las madres por sus hijos e hijas contrasta con la alegría de los magos al encontrar al niño. Casi se puede escuchar la música triste que contrasta con la alegría del encuentro con el niño.

Acción transformadora (19-20): la muerte de Herodes marca un cambio en el ritmo y el tiempo de la narración. José y su familia están en Egipto, y allí oyen esta palabra liberadora –que recuerda la voz anunciada a Moisés en Ex 4,19-20-. La muerte de Herodes marca el inicio del regreso del niño a su tierra. Con ello se allana el problema para proceder a su desenlace.

Desenlace (21-22): José, obediente como siempre a la voz del ángel, toma a su familia y regresa a la tierra de Israel. Sin embargo, la situación no es tan fácil, e implica un desvío hacia Galilea, porque el hijo de Herodes es rey en Judea, y existe el miedo de que pueda hacer lo mismo que su padre. José recibe otro sueño, y se va la provincia de Galilea.

Situación final (23): La familia se establece por fin en Nazaret de Galilea, donde no se mencionan más persecuciones y problemas como los que tuvo cuando vivían en Belén. Es la primera vez que se menciona este lugar, y no se supone –como en Lucas (1,26)- que la familia viviera antes en Nazaret. Este es un lugar nuevo para ellos, y allí residirá el niño con su familia durante el resto de su vida. Así, se permite el narrador interrumpir y decir que por esto se cumple la profecía de que será llamado Nazareno.

1.1.6 *Articulación de sentido*

El narrador compone un relato que proviene de las tradiciones de la comunidad mateana, y de influencias cristianas a través de tradiciones previas sobre Jesús. Mateo[19] ensambla esta leyenda dentro de la estructura de su evangelio para producir un efecto en su audiencia: demostrar que Jesús es hijo de Dios, y por lo tanto es honorable; y, con ello, demostrar que la comunidad de sus seguidores es también honorable. Lo que presenta el texto es una alabanza literaria, diferente de las celebraciones hímnicas que aparecen en otros textos (Jn 1,1-18; Fil 2,5-11; Col 1,15-30), y con el uso de las convenciones de la retórica epideíctica del encomio. Como señala Jerome Neyrey,

> Mateo juzga esencial para honrar apropiadamente a Jesús que sus lectores conozcan su "sangre", esto es, su enraizamiento en ciertas familias ancestrales. Si estas son nobles y honorables, así lo serán sus descendientes. Y ¡quién puede aventajar a la familia de Abraham y de David, y mucho menos a la de Dios!... Jesús está siendo presentado a los lectores de aquella cultura como una persona única y ensalzada. La audiencia general podía enorgullecerse de su noble héroe, y la propaganda negativa de los enemigos de Jesús podía ser contrarrestada a través de la presentación encomiástica de sus virtudes y su dignidad[20].

Bultmann[21] opina que el relato del nacimiento de Jesús ya existía con sus citas en la fuente utilizada por Mateo. Sin embargo el argumento no es muy fuerte, ya que en el texto

---

[19] Cuando hablamos de "Mateo" lo hacemos en sentido técnico. La discusión por la autoría de este evangelio concluye que no hay probabilidad de que haya sido el Mateo mencionado en 9,9 (Ver Apéndice). Sin embargo, aplicamos este nombre al texto completo y a su redactor final para efectos técnicos, al saber que estamos hablando del evangelio llamado tradicionalmente por este nombre.

[20] Jerome H. Neyrey. *Honor y vergüenza: lectura cultural del evangelio de Mateo*. Salamanca: Sígueme, 2005, p. 166

[21] Bultmann, *Historia*, Op. Cit.

mateano las citas son las que dan coherencia y unidad al ensamblaje final de la narración que, al parecer, proviene de distintas fuentes pre-mateanas. Con una inclinación opuesta a la de Bultmann, Brown[22] piensa que el uso de las citas se debe a la creatividad del autor, quien las usa para apoyar su teología, en la cual la vida de Jesús está predeterminada por Dios a partir de los oráculos antiguos y las señales naturales y cósmicas. Lo que hace el redactor final del evangelio con las diversas narraciones no es una recopilación, sino una recepción creativa con un propósito retórico.

Según Brown[23] El relato primitivo sobre el nacimiento de Jesús que reibió Mateo –y lo modificó- sería el siguiente:

María, estaba comprometida con José, y un ángel del Señor se le apareció en sueños y le dijo: "Llévate a María como esposa tuya, pues la criatura que espera salvará a su pueblo de sus pecados". Cuando José se despertó del sueño, recibió a María como esposa y ella dio a luz un hijo.

Jesús nació en Belén de Judea, en tiempos del rey Herodes. Al enterarse (en sueños), el rey Herodes comenzó a temblar, y lo mismo que él toda Jerusalén. Entonces, reuniendo a todos los sumos sacerdotes y letrados del pueblo, les preguntó en qué lugar debía nacer el Mesías. Le contestaron: "En Belén de Judea". Luego mandó (secretamente) gente a Belén con este encargo: "Averigüen con precisión lo referente al niño". Entonces, después de hacer esto Herodes, un ángel del Señor se apareció en sueños a José y le dijo: "Levántate, toma al niño y a su madre, huye a Egipto y quédate allí hasta que te avise, porque Herodes va a buscar al niño para matarlo". Se levantó, todavía de noche, tomó al niño y a su madre y partió hacia Egipto, donde residió hasta la muerte de Herodes.

[22] Brown, *Nacimiento*, Op. Cit., p. 97

[23] Cf. Brown, *Nacimiento*, Op. Cit., p. 106. Citas bíblicas tomadas y adaptadas de *La Biblia de Nuestro Pueblo. Biblia del Peregrino América Latina*. Texto: Luis Alonso Schökel. Adaptación del texto y comentarios: Equipo internacional. Bilbao: EGA/ Ediciones Mensajero, 2006 (Citada como BNP).

Entonces Herodes, al verse burlado, se enfureció mucho y mandó matar a todos los niños menores de dos años en Belén y sus alrededores (calculando la edad por lo que había sabido en sueños).

A la muerte de Herodes, el ángel del Señor se apareció en sueños a José en Egipto y le dijo: "Levántate, toma al niño y a su madre y regresa a Israel, pues han muerto los que atentaban contra la vida del niño". Se levantó, tomó al niño y a su madre y se volvió a Israel. Pero, al enterarse que Arquelao había sucedido a su padre Herodes como rey de Judea, tuvo miedo de ir allí. Y avisado en sueños, se retiró a la provincia de Galilea y se estableció en una población llamada Nazaret, para que se cumpliera lo anunciado por los profetas: Será llamado Nazareno.

En este relato primitivo, reconstruido por Brown, sobran todas las reflexiones textuales del Antiguo Testamento y también la historia de los magos. Ya desde sus orígenes, se pensaba en el nacimiento y la infancia de Jesús sobre la base narrativa central del nacimiento de Moisés y el viaje del patriarca José a Egipto.

La articulación de sentido por parte del narrador mateano no consistió simplemente en dar un toque final al cuerpo completo del material. Mateo más bien reorganizó los diferentes materiales que se mezclaron, y volvió a narrar la historia con su propio lenguaje, ubicándolo dentro de su visión teológica. Sus aportaciones principales fueron[24]:

- La adición de cinco citas de reflexión que daban un nuevo aspecto al relato, especialmente como un cumplimiento de profecías de las Escrituras: Isaías 7,14; Miqueas 5,1-2; 2 Samuel 5,2; Oseas 11,1; Jeremías 31,15.

- La adición de la cita "será llamado nazareno" –la cual no aparece directamente en algún texto del Antiguo Testamento hasta ahora conocido- que aparece en 2,23.

---

[24] Brown, *Nacimiento*, Op. Cit., p. 192

- Toques redaccionales a la adición de las citas a la narrativa.

- Toques redaccionales a la incorporación del relato reelaborado, con una introducción (1,18).

El relato de los magos también es premateano, construido sobre el relato de Balaam. Herodes cumple el papel de rey Balac, y se encuentra con que los magos (Balaam) profetizan en favor del rey de Israel, del hijo de la promesa, y no del falso rey. El propósito teológico de Mateo es mostrar cómo algunos gentiles aceptan y bendicen a Jesús desde su religión natural, mientras que muchos judíos rechazan a Jesús incluso teniendo a las Escrituras de por medio, y justificados en ellas.

La redacción mateana del nacimiento de Jesús podría ser comprendida como una recopilación de diversas fuentes, que se fueron uniendo entre sí en diversas etapas, según Brown[25]:

a. *Kerygma* de la iglesia: Jesús como hijo de Dios, concebido por obra del Espíritu Santo.
b. Tradición de anunciación angélica del nacimiento del Mesías davídico.
c. Incorporación pre-evangélica de la tradición de anunciación a la formulación cristológica del Hijo de Dios por obra del Espíritu Santo.
d. El evangelista aporta al esquema pre-evangélico su coherencia narrativa y su tinte teológico.

Un relato originalmente semítico sirvió de base a la narración, pero con fuertes influencias helenísticas. La base judía original sería la anunciación del ángel y la imposición del nombre al niño antes de su nacimiento, elementos típicos en relatos de nacimiento del Antiguo Testamento (Gen 17,19; 1 Cro 22,9; 1 Re 13,2), y la huida a Egipto, que es un motivo tradicional judío. Según Bultmann, el motivo del nacimiento

---

[25] Ibíd., p. 161.

del niño-héroe en un contexto de amenaza de muerte proviene de Antiguo Oriente y el Mediterráneo. Según este motivo, el héroe corre peligro en manos del rey villano, pero es salvado con el fin de salvar a su pueblo en el futuro.

1.1.7 Estrategia retórica

La tesis (o *propositio*) que intenta defender el narrador a lo largo del evangelio es esta: "Jesús (es) Mesías, hijo de David, hijo de Abrahán" (1,1), y de ello se desprenderá que es hijo de Dios (1,20; 2,14-15). Culturalmente, esto tiene como significado que Jesús es una persona honorable, y por lo tanto, la comunidad que lo sigue es una comunidad honorable, aunque sienta que haya perdido la honra y el respeto por sus hermanos judíos. En 1,1-14 se ha demostrado que Jesús es hijo de Abraham, y que es hijo de David. En nuestra perícopa (1,18-2,23), lo que se pretende demostrar es que Jesús es hijo de Dios, el mayor símbolo honorífico que se podía a dar a alguien en el mundo mediterráneo del Siglo I d.C.

Como señala Neyrey, una persona era considerada honorable debido a su honor adscrito, por un lado, y a su honor adquirido, por el otro. El honor adscrito consiste en el respeto dado a una persona por nacer en una determinada familia. El honor adquirido consiste en la reputación que gana una persona por sus propios méritos. Además del parentesco, el honor adscrito reclama la aprobación de la persona por parte de Dios o de los dioses, y los fenómenos maravillosos que puedan aparecer en su nacimiento, con el fin de confirmar su estatus. Es importante la confirmación del nacimiento del personaje en profecías u oráculos significativos para la comunidad, como es el caso del uso del Antiguo Testamento en el relato mateano. Esta perícopa resalta el honor adscrito de Jesús, mientras que el resto del evangelio enfatizará otros aspectos de su honor, con el fin de mostrar que tanto la comunidad como su maestro son personas honorables.

El honor adscrito se remonta a los orígenes de Jesús. Para comenzar, el narrador establece una geografía importante en la narración, destacan los lugares que la cultura menos privilegia y los presenta como los lugares más honorables. Belén es un lugar honorable porque allí ha nacido David y ha sido ungido como rey (cf. 1 Sam 16,1-13; 17,12-15), aunque la cita hace notar que ha sido un lugar olvidado. Nazaret de Galilea, un lugar poco privilegiado y hasta visto con deshonor (cf. Jn 1,46; 7,52) es convertido retóricamente por el narrador en un lugar honorable. Éste busca identificarlo con el término *Nazir*, y de esta manera lo hace lugar santo para Dios. Como señala Neyrey[26], Galilea en general era conocida como la "Galilea de los gentiles", y no era considerada como parte de la Tierra Santa. Sin embargo, hace que el lugar que andaba en tinieblas vea la gran luz, que en este caso es la luz del Mesías, retomando la frase de Isaías 8,23-9,1. Egipto es visto como espacio de exilio y de nuevo éxodo, y se convierte en refugio ante el peligro que representa Jerusalén, y en espacio de éxodo para retornar a la tierra prometida. Por el contrario al rescata de estos lugares poco valorados, Jerusalén, el lugar tradicionalmente reconocido como privilegiado, es puesto en duda, y presentado como una cuna de muerte.

La genealogía conecta a Jesús con Abraham y David (1,1.14), mostrando que Jesús desciende de los fundadores más antiguos de su país, y es heredero de ellos, y que pertenece a la tribu de los reyes, Judá, teniendo por lo tanto el derecho a reclamar el trono. Su padre José es hijo de David (1,20), y es hombre justo, obediente a las señales divinas (1,24). Este lo reconoce como hijo, y lo inserta en la familia mesiánica[27]. Su madre,

---

[26] Neyrey, Op. Cit., p. 153

[27] Debe notarse que es parte de la cultura mediterránea el reconocimiento de un padre para mantener el honor. En Mc 6,3 se hace un señalamiento a Jesús, que puede provenir de un apelativo previo con que sus adversarios se refirieran a él, como "hijo de María", lo cual era un insulto, ya que se duda sobre quién sea su padre. Mateo trata de legitimar a Jesús como persona digna, por un lado, señalando que su nacimiento es por obra

es presentada como una mujer con un honor puesto en duda, ya que está embarazada antes de consumar el matrimonio (1,19). De allí que se relacione su estado de *embarazo* con la *denuncia pública* o el *abandono*[28]. Sin embargo, el artificio narrativo la convierte en mujer honorable, virtuosa, pues su hijo proviene del Espíritu Santo (1,18-21), es visitada por Dios, y el hijo que nacerá será un libertador, a la manera de las narraciones clásicas mediterráneas y orientales.

El nacimiento de Jesús está acompañado de acontecimientos maravillosos, que son comprendidos como señales divinas para indicar un futuro valioso y una vida honorable. La primera señal son los sueños. José recibe en su primer sueño el anuncio del ángel de que el hijo es obra del Espíritu Santo (1,20-24). De esta manera, el honor de Jesús es salvado mediante la reivindicación de la pureza sexual de su madre[29]. Este honor es apoyado en la profecía interpretada de Isaías 7,14. Es interesante que el nombre de Jesús no sea el nombre ni de su padre ni de su abuelo, pero la explicación que ofrece

---

del Espíritu Santo; y, por otro, señalando que José lo acoge como padre. Con esto hace de la persona marginada de Jesús una persona legítima, mediante la aprobación de Dios (legitimación teológica), y también mediante la aprobación de José (legitimación patriarcal, típica de la cultura mediterránea).

[28] Bruce Malina y Richard Rohrbaugh (*Los evangelios sinópticos y la cultura mediterránea del Siglo I: Comentario desde las ciencias sociales.* Estella: Verbo Divino, 1996) hacen notar que la situación de las mujeres en esta cultura de honor y vergüenza era precaria, particularmente en lo referente al honor sexual: "Mientras que el honor masculino es flexible y a veces puede ser recuperado, el honor femenino es absoluto; una vez perdido, desaparece para siempre. Es la contrapartida emocional-conceptual de la virginidad. Cualquier ofensa sexual por parte de la mujer, por mínima que sea, no sólo destruirá su honor, sino también el de todos los varones de su grupo paterno de parentesco" (p. 406).

[29] Señala Neyrey (Op. Cit.) que "En la antigüedad la dignidad de las mujeres se apoyaba en su exclusividad sexual. Su embarazo, que no es por José, les coloca a ella y a su hijo en una posición vergonzosa" (p. 157).

el ángel conecta el nombre del personaje con la función que se le atribuye en su vida, como salvador del pueblo de sus pecados (1,21). Como señala Neyrey, "Este primer sueño cumple la expectativa general de que los sueños anuncian el nacimiento de un héroe y reclaman una gran dignidad y un alto estatus para el niño que nacerá"[30]. Los otros dos sueños que tiene José (2,13 y 2,19-20) indican un constante interés de la Divinidad para salvar al niño de manera preferencial, tanto para escapar de la muerte como para regresar a su tierra.

El otro acontecimiento maravilloso es la aparición de la estrella a los magos (2,7-10). Estos personajes hacen parte de esta dimensión de lo maravilloso. Son lectores de las estrellas, sabedores del poder que hay en aquella señal, y su visita indica el encuentro con los paganos, y la adoración (προσκυνέω 2,2) de éstos a la persona que ha nacido, a la cual le dan categoría de rey (2,2). Estos le ofrecen regalos que indican el estatus del niño como alguien importante, merecedor de tributos. La estrella que siguen los magos anuncia la dignidad de la persona nacida, según la interpretación misma de los magos: "el rey de los judíos... hemos visto su estrella" (2,2). Este fenómeno, que se sale de control humano, indica que esta señal sólo la pudo haber dado la Divinidad en razón de la preferencia que tiene por este niño recién nacido en contraposición a Herodes, quien tiembla de miedo (2,3).

Un indicador final del honor adscrito de Jesús es que toda su vida, incluida su infancia, está testimoniada en el libro Nacional del pueblo de Israel. Las profecías funcionan como el cumplimiento no sólo de las expectativas del pueblo sino de los anuncios del mismo Dios, comprendidas estas como una serie de señales que se venían dando en el pasado, y que ahora tienen su pleno cumplimiento en el presente de Jesús. De allí el estribillo que se repite en toda la narración –y que acompañará todo el evangelio-: "para que se cumpliera lo

---

[30] Ibíd., p. 158

anunciado por el profeta" (τότε ἐπληρώθη τὸ ῥηθὲν διὰ τοῦ προφήτου).

En síntesis, este encomio de Jesús presentado en Mateo 1-2 recoge el modelo retórico de la antigüedad, y destaca:

- **Generación del personaje:** Desciende de los patriarcas Abraham, Isaac y Jacob. Pertenece a la tribu de Judá, de los reyes de Israel, es hijo de David, el rey idealizado de la cultura hebrea.

- **Geografía:** nace en Belén de Judea, ciudad de los reyes. Con su presencia llena de luz la tierra de Galilea, con lo cual se explica porqué se le llama "Nazareno".

- **Fenómenos maravillosos que acompañan su nacimiento:** magos de oriente que ven en una estrella que ha nacido el rey, aparición en sueños a José, cumplimiento de oráculos antiguos.

1.1.8 Análisis semiótico

El texto presenta un juego de palabras entre Linaje - Origen - Nacimiento (γενέσεως - γένεσις -γεννηθέντος) es una manera de relacionar al personaje con su sangre, su origen inmediato, y las coordenadas de su nacimiento. No sólo proviene de una familia respetable, sino que también tiene un origen divino[31].

Por otro lado, se evidencia un juego de oposiciones, en el que se participan personajes y lugares, y evidencia por lo menos dos grupos en seria oposición en torno a la persona y rol del niño dentro de Israel.

---

[31] Al respecto del honor y la sangre, dice Neyrey: "La retórica antigua afirmaba que el honor se reproducía en la sangre (es decir, el parentesco)... reconocía que la genealogía de uno y su engastamiento en la etnia, la ciudad o la familia eran fuentes de honor" (Op. Cit., p. 137).

Periferia (fuera de la ley cultural)	Centros de poder (dentro de la ley cultural)
Niño	Herodes
Belén/Nazaret	Jerusalén
Egipto	Judea
Magos paganos	Sumos sacerdotes y escribas
Ángel/sueños/estrella/ Oráculos proféticos	No hay señales que los apoyen, más que las Escrituras, que están de parte de la periferia.

Este cuadro comparativo evidencia una oposición entre la periferia y los centros de poder. La periferia se da con respecto a la ley cultural. Todo lo que respecta al niño es marginal frente a la religión institucional y a la política pro-romana. Sin embargo, y paradójicamete, las Escrituras Sagradas apoyan a la periferia y no a la institución. Dios está de parte de la marginalidad. Los ángeles, la estrella, las profecías, los sueños funcionan para poner al oyente de parte la periferia, y a identificarse con lo subversivo. Las acciones malas corresponden al centro de poder, tales como temblar, buscar para matar, y acabar con los infantes. José y María funcionan como agentes, y protectores del niño, siendo éste el centro del conflicto. El niño es rey de Judea, en oposición a Herodes, el rey usurpador que busca matar al verdadero rey. La marginalidad es la que tiene la aprobación narrativa y teológica, y no la oficialidad.

1.2 Intertextura

El texto, además de sus relaciones internas y literarias, tiene también relaciones sociales. En este apartado se reflexionan tales relaciones, y los códigos retóricos o las texturas socioliterarias en que están enmarcadas. Se hace uso de las ciencias sociales, tales como la antropología, la historia y la sociología para interpretar los universos de sentido con los que se conecta la *Narratio* mateana.

1.2.1 *Intertextura oral y escritural*

El relato se mueve entre la retórica del elogio (la *Vita* y el encomio) y la perspectiva cultural judía (Midrash de grandes personajes, como Moisés o Abrahám). Refleja en sí mismo dos mundos: greco-romano y el judío, helenístico y el oriental, y evidencia una interesante simbiosis cultural que da cuenta de una comunidad diversa, plural, y a la vez con fuertes raíces judías[32].

a) Procedimiento retórico

La intención retórica de Mateo es presentar a Jesús como paradigma para la ética y la fe de una comunidad en nacimiento. Un procedimiento que está inmerso en la lógica greco-romana, la cual no distingue entre acontecimiento y lenguaje, tal como lo hace el mundo moderno[33]. Para los griegos y los romanos, el lenguaje funda el acontecimiento.

---

[32] Varios autores, como Theissen y Aune apoyan esta postura, en la que se asume que no sólo el mundo judío sino también el mundo greco-romano ha tenido injerencia en la composición del relato. Al respecto Larry Hurtado (*Señor Jesucristo: la devoción a Jesús en el cristianismo primitivo*. Salamanca: Sígueme, 2008) dice: "resulta cada vez más claro que los evangelios pueden ser justamente comparados con un amplio y variado género de escritos que son conocidos como biografías antiguas o *bioi*" (p. 322).

[33] Como se ha dicho, la mayoría de los eruditos categoriza los evangelios como un subtipo de biografía antigua del mundo greco-romano, llamada *bios* ó *Vita*. Pero la particularidad del Nuevo Testamento, estas biografías reciben influjos también de la ficción popular helenística, las narrativas biográficas del Antiguo Testamento, la novela judía, la tragedia griega y el tinte retórico de la apocalíptica (cf. Powell, Op. Cit.). Es decir, se trata no de narraciones oficiales, sino de relatos de gente sencilla que se anteponen a los relatos institucionales.

Como señala Aune:

> Afirmar que los evangelistas escribieron una biografía con intenciones históricas no garantiza, pues, que preservaran uno solo de los hechos históricos. Esto sugiere de que se restringía el grado de la invención para adecuarla a la tarea biográfica de la forma en que se entendía popularmente... Añadiendo material de fondo, genealogías y narrativas de nacimiento al principio y las apariciones de la resurrección y otros materiales al final, Mateo y Lucas se han acercado más a las expectativas biográficas e historiográficas de los lectores paganos[34].

Un ejemplo del encomio se halla en las biografías greco-romanas contemporáneas al Nuevo Testamento, como las de Plutarco y Suetonio. En su obra biográfica sobre los doce Césares (121 d.C.)[35], el escritor romano Cayo Suetonio Tranquilo recoge el modelo literario heredado de los griegos, y elabora una historia de los personajes fundamentales del imperio, desde Julio César hasta Domiciano. Se vale del género del encomio para resaltar el honor y la vergüenza de los doce Césares.

Al inicio de la *vita* de Octavio Augusto, Suetonio elabora un relato de infancia del personaje, siguiendo uno a uno los pasos de la retórica encomiástica:

• **Lugar de origen de Augusto:** señala la ciudad de Vélitres, y la familia Octavia como una familia honorable, ya que uno de sus ancestros celebró un culto al Dios Marte y venció en la guerra. Y señala que incluso un barrio de Vélitres es llamado Barrio Octavio, testificado esto por muchos monumentos en esta ciudad romana (I)[36].

• **Familia de Augusto:** Suetonio presenta a sus ancestros como patricios, que luego pasaron a Plebeyos,

---

[34] Aune, Op. Cit., p. 85

[35] Suetonio. *Los Doce Césares*. México: Porrúa, 2007, pp. 39-88

[36] Ibíd., p. 39

y con Julio César pasaron de nuevo a ser patricios. Inciden en su genealogía personajes importantes como Rufo, Cneo y Cayo, con puestos públicos de importancia en la ciudad, y también de la orden ecuestre (I). Su padre, Octavio, gozó desde joven de considerables bienes y de honor. Fue educado en la opulencia. Cuando era magistrado destruyó a los restos de los esclavos rebeldes de Espartaco, y gobernó con equidad (III)[37].

• **Nacimiento de Augusto:** Suetonio lo ubica en la época del consulado de Cicerón y Antonio. Y destaca que su casa para la época en que escribe las *Vidas* es un lugar de culto.

• **Significado del nombre Augusto:** para el narrador es incluso importante destacar lo que significa su nombre, en relación con su gobierno sobre Roma, desde un punto de vista político-religioso, ya que los monarcas eran interpretados desde una simbólica cultural también religiosa (VII):

En su infancia, y en memoria del origen de sus mayores, se le dio el nombre de Turino... Tomó más adelante el de CÉSAR y al fin el de AUGUSTO: uno en virtud del testamento de su tío paterno, y el otro a propuesta de Munacio Planco, aunque algunos senadores deseaban que se le llamase Rómulo, por haber sido, en cierto modo, el segundo fundador de Roma. Prevaleció, sin embargo, el nombre de Augusto, porque era nuevo, y sobre todo porque era más respetable; en efecto, los parajes consagrados por la religión o por el ministerio de los augures se llamaban augustos, ya sea que esta palabra derive de *auctus* (acrecentamiento), ya que procede de *gestus*, o de *gustus*, empleadas las dos en los presagios de las aves, según dice Ennio en este verso: *Augusto augurio postquam ínclita conditia Roma est* (Después de que es fundada la ínclita de Roma gracias a un augusto augurio)[38].

---

[37] Ibíd., p. 40

[38] Ibíd., p. 41

Suetonio tiene sumo cuidado en defender el honor de su personaje ante las vituperaciones que se han levantado sobre su origen. Algunas personas decían que su padre era corredor y hasta agente para la compra de votos en las asambleas[39]. Casio acusa a su familia materna de ser de una familia de panaderos y cambistas: "no se contenta con llamar a Augusto nieto de panadero, sino también nieto de un corredor de dinero, diciéndole: *la harina que vendía tu madre salía del peor molino de Aricia, y el cambista de Nerulum la amasaba con sus manos ennegrecidas por el cobre*"[40]. Marco Antonio se burla de su nombre Turino, y dice que su bisabuelo fue un liberto[41]. Suetonio defiende a Augusto de todas estas acusaciones, con la intención de salvar el honor de su personaje, demostrando que su origen es tan honorable como la vida que llevó, e incluso como su muerte que se convirtió en una apoteosis.

Si se relaciona este escrito con Mateo 1 y 2, se observa que Mateo sigue la misma estructura, atendiendo al lugar de nacimiento de Jesús (Belén como tierra honorable), a sus antepasados (los patriarcas y reyes de Israel y Judá), su padre como un hombre justo y su madre como una mujer virgen y virtuosa, su nacimiento bajo el gobierno de Herodes, el significado de sus nombres (Emmanuel y Jesús). Mateo, a diferencia del historiador de profesión –que también da cuenta de los presagios y profecías sobre el nacimiento de este emperador[42]-, recoge las creencias con las que identifica la comunidad a su personaje fundante, y con las que se identifica a sí misma en su personaje. Con ello combina la biografía greco-romana con las tradiciones judías, para construir una imagen teológica de Jesús.

---

[39] Ibíd., p. 40

[40] Ibídem.

[41] Ibídem.

[42] Véase el Capítulo 3, donde se hace un análisis en conexión con el motivo literario del nacimiento del héroe.

b) Procedimiento hermenéutico

Por otra parte, el relato presenta una fuerte carga escritural y oral proveniente del judaísmo. Agustín del Agua Pérez señala que los relatos canónicos de la infancia recurren a la exégesis derásica para narrar la vida de Jesús:

> A semejanza de los personajes relevantes de la historia bíblica, el nacimiento de Jesús fue tratado también por los evangelistas y la primera comunidad cristiana como un nacimiento fuera de serie. Para ello, recurrieron a las categorías de pensamiento y expresión clásicas en la tradición veterotestamentaria. Es decir, expusieron la infancia del Mesías según los presupuestos y procedimientos peculiares de la hermenéutica derásica, su medio natural de expresión, y en paralelismo (imitación) con los relatos de nacimiento e infancia de otras figuras de su historia antigua[43].

La manera de leer las Escrituras en la sinagoga del siglo I seguía el procedimiento midrásico. Charles Perrot define el Midrash como "una reflexión sobre la Escritura y una actualización del dato bíblico en función de la situación presente"[44]. La pregunta clave que guía la lectura midrásica es: "¿Cómo y hasta dónde me interpela y concierne la palabra de Dios que se lee en los textos de Moisés actualmente, a mí personalmente y a todo Israel conmigo?"[45]. Lo que se busca con este tipo de lectura es descubrir en las Escrituras las reglas de comportamiento moral, social y religioso (*Halaká*), y también actualizar las narrativas de las Escrituras, combinando los textos escritos y las tradiciones orales (*Haggadá*).

Del Agua Pérez señala por lo menos diez casos en los que se evidencia una lectura derásica (midrásica) en el relato de nacimiento de Mateo 1-2:

---

[43] Agustín del Agua Pérez. *El método derásico y la exégesis del Nuevo Testamento*. Valencia: Biblioteca Midrásica, 1985, p. 103.

[44] Charles Perrot. *Los relatos de la infancia de Jesús*. Cuadernos bíblicos. 4ª edición. Estella: Verbo Divino, 1985, p. 11

[45] Ibídem.

- **Derash de gematría:** en Mt 1,17, se presenta a los antepasados de Jesús en tres grupos de catorce personas, donde se refleja el valor numérico de las consonantes de David (*dwd* 6+4+6= 14). Así, por tres veces se proclama el nombre de David, y consiguientemente Jesús es hijo de David.

- **Derash de cumplimiento:** se establece una conexión directa entre el acontecimiento ("todo esto sucedió") y cumplimiento de un texto bíblico ("lo dicho por el profeta").

- **Derash etimológico:** se interpreta el nombre de Emmanuel como "Dios con nosotros". El sentido derásico consiste en que Emmanuel ya no se trata simplemente del nombre del hijo que tendrá la joven de Isaías 7,14, sino que expresa la condición de Jesús como hijo y presencia de Dios.

- **Derash de actualización:** la narración de la estrella vista por los magos proviene de la lectura del Targum de uno de los oráculos de Balaam (Nm 24,15-24). Con la actualización derásica se trata de identificar al verdadero rey de los judíos mediante la aplicación de tipo *Pesher*, leída la profecía de la estrella en clave mesiánica[46].

---

[46] El Targum palestinense, en la versión Neophyti I lee a Nm 24,17 de la siguiente manera: "Yo le veo, pero (no está aquí) ahora; yo le contemplo, pero no está cercano. Un *Rey* surgirá de los de la casa de Jacob, y un *Redentor* y un jefe de los de la casa de Israel. Y matará a los poderosos de los moabitas, y exterminará a todos los hijos de Set y vaciará a los detentores de las riquezas" (Citado por: Del Agua Pérez, Op. Cit. p. 107).Con esto, asegura Del Agua Pérez, la tradición targúmica es unánime en atribuir sentido mesiánico al texto donde se menciona la estrella. En este sentido, se trata de una interpretación derásica por medio de actualización por sustitución de dos término del TM: *kwkb* (estrella) es traducido por rey, y *sbl* (cetro) es traducido por redentor y jefe. De modo que hay una conexión directa entre estrella y rey, por ello se puede leer como "la estrella del rey".

• **Derash haggádico implícito:** los magos proceden de la historiografía creadora, basado en la figura del mago Balaam quien, como ellos, viene de oriente (Nm 23,7) y ve salir la estrella de David, según el Targum palestinense. Además, es implícita la historia de los magos Janes y Jambres al servicio del faraón en el Targum de Pseudojonatán, mirada ahora en su manera inversa, ya que estos magos adoran y protegen al niño.

• **Derash por cambio de consonantes:** la cita que hace Mateo de Miq 5,1 cambia la lectura consonántica hebrea *allufey* (príncipes –grandes ciudades) en vez de *alfey* (millares o clanes, según el TM y la LXX). De esta manera, se presenta a Belén como una gran ciudad por ser patria del mesías. En este sentido, también Mateo lee la frase afirmativa del TM ("tú, Belén Efrata, eres pequeña") de manera interrogativa ("tú, Belén Efrata, ¿acaso eres pequeña"?).

• **Derash tipológico de Éxodo y Génesis:** la historiografía creadora del narrador lee la vida de Jesús a la luz de las narraciones de Moisés, tanto en el libro canónico del Éxodo, como en sus variantes targúmicas. Dios salva la vida de Jesús, el liberador, ante Herodes, de la misma manera que salvó la vida de Moisés, el liberador, ante Faraón. Además, hay una fuerte conexión entre el José que sueña y desciende a Egipto, en el libro del Génesis, con el José que sueña, y desciende a Egipto, en el relato de la infancia.

• **Derash por analogía verbal:** el narrador conecta la huída a Egipto con el texto de Oseas 11,1, "de Egipto llamé a mi hijo" a través de esta técnica judía. Mateo transpone el sentido original del texto referente al éxodo de Egipto y a Israel como hijo, descubriendo un sentido nuevo y escatológico –a modo de *Pesher*-, en Jesús, quien ahora es el hijo llamado de Egipto.

• **Derash por analogía de hechos y palabras:** se lee el texto de Jeremías 31,15 a la luz de los acontecimientos narrados, la masacre de los infantes. Así se da al texto un sentido escatológico. El lamento que aparece en Jeremías remite al exilio, ayudando a Mateo en su ensamblaje narrativo a establecer una conexión entre el éxodo y el exilio.

• **Derash por paranomasia:** Mateo 2,23 relaciona el hecho de que Jesús viva en Nazaret, con ser llamado nazareno, presentando un juego de palabras entre Nazaret-Nazareno. A la vez, se oye el eco de la narrativa de Sansón en Jesús, como un *Nazir*, un consagrado. Y se lee a su vez que Jesús es el *Néser* (el retoño) mesiánico de Isaías 11,1.

En este caso, hay una intencionalidad pedagógica de autoafirmación, en la que la comunidad busca encontrar literariamente en sus personajes arquetípicos su propia identidad y sus esperanzas de salvación. Siendo un procedimiento hermenéutico, en que hay un intercambio de mundos, o una fusión de horizontes, la lectura que hace Mateo consiste en un retorno narrativo al pasado, o de una lectura del presente a la luz de los arquetipos del pasado. Como señala Perrot,

> La piedad y el respeto de los hombres de la sinagoga para con el niño Moisés y para con los otros niños milagrosos se prolongará, naturalmente, en el Emmanuel. También se meditaba en las sinagogas en la misión del niño predestinado, portador del destino de su pueblo, en su obra liberadora y en los obstáculos que debía vencer. Todas estas reflexiones, presentadas en forma de relatos, ofrecen de antemano la clave de la interpretación del hombre y de su obra futura. Se trata sencillamente de un metalenguaje (=lenguaje sobre un lenguaje ya existente) traducido en imágenes plásticas y proyectado a los orígenes de la historia del héroe, constituyendo un prólogo que ilumina el mensaje esencial del libro"[47].

---

[47] Perrot, Ibíd., p. 15

1.2.2 Intertextura cultural

La narración de Mateo 1,18-2,23 presupone un mundo judeo-palestino de finales del siglo I a.c. y comienzos del siglo I d.c. Las costumbres que trata son principalmente judías, entremezcladas a su vez con tradiciones literarias paganas, tanto orientales como helenísticas, como la visita de los magos y su lectura de las estrellas. Como señala Bruce Malina[48], el concepto de lo judío señala a una persona que ha nacido y vive en Judea, pero a la vez comparte la cultura mediterránea. Respecto a las influencias culturales, Kenneth Bailey[49] dice que son influencias del mundo mediterráneo oriental, en una estrecha relación con la cultura de Medio Oriente, pues el mundo romano tiene profundas relaciones comerciales y culturales con Oriente.

Entre las costumbres que recoge el texto, reluce el énfasis en el linaje de Jesús y el asunto de los esponsales entre José y María, y el nacimiento del niño dentro de una sociedad donde la vida era valorada porque implicaba el honor y la

---

[48] Malina y Rohrbaugh (Op. Cit., p. 392) establecen una distinción entre "judío" y "judeo". Judío es quien posteriormente se conocerá como perteneciente a la religión judía, diferente a la cristiana. Mientras que "judeo" es la persona que vive en Judea (*Ioudaia*), segmento de un grupo étnico más amplio, llamado Israel en Mateo, entre los que se inserta también a los galileos y pereos. Estos autores insisten en que todavía no existía ese concepto de "judío" en el mundo mediterráneo, y que Mateo, por lo tanto no proviene de este humus que luego caracterizará al judaísmo rabínico. Sin embargo, a nuestro juicio, esta separación que hace Malina y Rohrbaugh es algo artificial, porque al hablar de "judío", se está hablando de una tradición de personas que no sólo vive en Judea, sino también en diversas partes del mundo, como Alejandría y Roma, y que comparte una cultura en relación con el mundo mediterráneo, pero diferenciada de éste, en el sentido de su estricto monoteísmo, las leyes de Moisés, el Templo de Jerusalén, y el Sábado. Lo que sí es indiscutible del análisis de estos autores, es que tanto judíos como no-judíos compartían los valores de esa gran mancomunidad del mundo mediterráneo antiguo.

[49] Bailey, Op. Cit.

sobrevivencia de la familia. Desde un análisis a la luz de la cultura mediterránea oriental, se pueden establecer las siguientes conexiones antropológicas:

a) Linaje y estereotipos

En el mundo mediterráneo antiguo, los asuntos humanos eran pensados en términos de comunidad[50]. El marco de referencia para la realidad era siempre la comunidad. Las personas no eran descritas en términos psicológicos introspectivos sino en estereotipos externos, dentro de los que se trataba de encajar a los diferentes ejemplos de la conducta humana. Por esto, el linaje o la genealogía de una persona dirán mucho de quién es la persona, y en qué marco social se inscribe. Jesús se inscribe en la línea de los patriarcas (Abraham), de los reyes (David), y en el arquetipo de los sabios (José hijo de Jacob, como arquetipo narrativo) y justos (José es presentado como justo). La genealogía es una guía de información social, que destaca el honor y la credibilidad de la persona.

Según Malina[51], la sociedad israelita que aparece en el Nuevo Testamento responde a un tipo religión catalogado como *ancestral* (*ancestrism*). Ésta consiste en el hecho de que el parentesco es la institución social más importante de la comunidad, y la *religión ancestral* es su expresión religiosa. La pertenencia al grupo se simboliza en la pertenencia a los ancestros y en la adoración al Dios de los patriarcas. Por esto, la relación que se establece entre Jesús y los patriarcas y reyes es fundamental para destacar su legitimidad, y también para demostrar que sus seguidores se enlazan también con los ancestros mediante la vinculación con el maestro.

---

[50] Malina y Rohrbaugh, Op. Cit., p. 363

[51] Bruce J. Malina. "Social-Scientific Approaches and the Gospel of Matthew". In: Mark Allan Powell (Ed.). *Methods for Matthew*. Cambridge: Cambridge University Press, 2009

b) Esponsales y matrimonio

Malina afirma que en el mundo mediterráneo, los matrimonios eran preparados por las familias extensas, con el fin de unir familias de igual estatus, con intereses políticos y económicos. "Visto en su proceso, el matrimonio es la desimplicación de la futura esposa de su familia de origen y su implicación en el honor de su nuevo esposo"[52]. El matrimonio inicia con una propuesta ritual por parte del padre del novio hacia el padre de la novia. En esta instancia, se firma un contrato matrimonial, pero los novios aún no viven juntos, están separados pero prometidos el uno al otro. En esta etapa de separación, una relación sexual fuera de la pareja –particularmente en el caso de la mujer- es considerada adulterio.

Cuando se celebra oficialmente la boda, que es la celebración oficial ante la comunidad, el esposo toma a su esposa y la lleva a vivir con él a casa de sus padres. La esposa se mantiene en la periferia de la familia de su esposo, tenida por una "extranjera". Sólo con el nacimiento de un hijo adquiere el estatus reconocido, y esto la hará a sentir "parte" de la familia, en cierto sentido limitado, particularmente porque ha dado a luz al heredero, que la sostendrá con su herencia

El caso de María es bastante difícil, ya que es la prometida de José, pero no se ha ido a vivir con él. Queda en embarazo, y la criatura no es de José, por lo que su honor está en entredicho, y las relaciones entre familias pueden generar conflictos. José tiene el derecho a divorciarse, y también el deber de denunciarla para que sea lapidada, siguiendo el principio legal de justicia, hasta que es interpelado por el ángel, para seguir un tipo de justicia superior, que valora la vida por encima de la legalidad.

---

[52] Malina y Rohrbaugh, Op. Cit., p. 347

c) Honor y vergüenza

Según Malina, el relato de nacimiento responde a la estructura cultural no sólo de relatos de nacimiento hebreos, sino también a la intención de resaltar la cualidad de Jesús como una persona significativa. "En la Antigüedad, la descripción del nacimiento y la infancia de personajes notables se basaba siempre en los estatus y roles de adultos poseídos, por tales personas"[53]. Si Jesús había tenido una vida y una muerte notables, culturalmente era necesario que también hubiera tenido un nacimiento y una infancia notables. Por tanto, el relato mateano no tiene una intención histórica sino una intención retórica, en la que el nacimiento sirve como preámbulo para presentar a ese personaje notable ante una comunidad que lo ha experimentado como tal. El relato de la infancia de Mateo –y también el de Lucas - es una retroproyección del Jesús resucitado en lo que pudo haber sido cuando era niño.

La *Narratio* es una presentación de un personaje importante en un mundo mediterráneo conformado de sociedades basadas en el honor y la vergüenza. Jesús es presentado con todos los honores, y la audiencia del evangelio se siente también honorable. Como señalan Malina y Rohrbaugh: "Podemos definir con más precisión el honor como el estatus que alguien reclama en la comunidad, junto con el necesario reconocimiento de tal pretensión por parte de los demás. El honor sirve así de indicador de la posición social, que capacita a las personas para tener tratos con sus superiores, iguales o inferiores en los correctos términos definidos por la sociedad"[54].

1.2.3 Intertextura histórica

El evangelio de Mateo es un texto escrito entre los años 80 y 90 d.C, probablemente en Siria, por un autor judeo-cristiano

---

[53] Ibíd., pp. 388-399

[54] Malina y Rohrbaug, Op. Cit., p. 404

de nombre desconocido[55]. Es una obra preponderantemente urbana. La palabra πόλις (ciudad) aparece 26 veces, contra 4 menciones de κώμη (pueblo o aldea). Carter señala que "Antioquía de Siria era quizá la ciudad más grande del Imperio romano después de Roma y Alejandría"[56]. Era la capital de la provincia romana de Siria, con una población de entre 150.000 y 200.000 habitantes, separada esencialmente entre dos grupos: la élite (un 5% de los habitantes) y el resto de la población, formado por un espectro de gente, desde la muy pobre hasta las personas relativamente acomodadas[57]. La ciudad acogía a tres o cuatro legiones, entre quince y veinte mil soldados, y fue lugar de estacionamiento de tropas durante la guerra romana del 66-70 d.C. contra Jerusalén. Las comunidades judías y cristianas de Siria vieron cómo la gran urbe servía de abastecimiento militar contra la Ciudad Santa.

La comunidad mateana, según Carter, era pequeña en número -siguiendo las indicaciones de Mt 10,42 que habla de los discípulos como "pequeños" (τῶν μικρῶν)-. Sin embargo, no era una comunidad exclusiva de la gente más pobre de la ciudad, sino que tenía una muestra representativa de la sociedad, con personas muy pobres, otras relativamente pobres, algunas acomodadas, y unas pocas de la clase alta[58]. Vinculaba tanto a judíos como a gentiles.

En el texto hay una referencia a la guerra, reflejada en el relato del asesinato de los infantes. Los eruditos no han encontrado argumentos suficientes para afirmar que hubo una

---

[55] Especialistas como Bonnard (*El evangelio según San Mateo*. Madrid: Cristiandad, 1983), Theissen y Merz (*El Jesús histórico*. Salamanca: Sígueme, 2000) Brown (*Introducción I*, Op. Cit., p. 295), Luz (Op. Cit., p. 101) y Carter (Op. Cit., p. 49), lo ubican en este período debido a que es citado por Ignacio y la Didajé, en la primera mitad del Siglo II d.C. (Cf. Apéndice).

[56] Carter, Op. Cit., p. 50

[57] Ibíd., p. 51

[58] Ibíd., p. 65

muerte sistemática de infantes ordenada por Herodes[59]. Ha sido más bien su vergonzosa fama como asesino de "niños"/ hijos la que ha corrido por el mundo mediterráneo y ha dado origen a la leyenda[60]. Como han puesto en evidencia varios académicos, se sabe que, en su vejez, Herodes hizo asesinar a algunos de sus hijos que codiciaban el trono y el título de "rey de los judíos":

> A partir del año 40 antes de nuestra era, Herodes el Grande reinó en Judea, por obra y gracia del senado romano. De origen extranjero, Idumeo…, se impuso a los judíos por la fuerza después de suplantar y exterminar a la dinastía real de los judíos asmoneos. La lucha por el poder le era de sobra conocida. Sus policías, muy eficaces, dejaron tristes recuerdos. Incluso en su vejez se negó constantemente a abandonar el trono, no teniendo escrúpulo alguno en asesinar a algunos de sus hijos demasiado ambiciosos para su gusto. Por ello, era más que imposible que aceptase la existencia de descendientes de David pretendientes al trono. El relato de Mateo 2 es como un eco y su transposición de esta situación conflictiva. El gran rey, del que todavía se guardaba vivo recuerdo a finales del siglo I de nuestra era, se convertía en el adversario del verdadero rey; él era el faraón perseguidor del Nuevo Moisés y por tanto el símbolo de los poderes amenazadores de este mundo. Por ello, la situación histórica de la época de Herodes aclara en cierto modo el texto de Mateo[61].

También Raymond Brown testifica el suceso perpetrado por Herodes y lo relaciona con la composición de la narración mateana:

> Su desconfianza hacia posibles rivales le llevó a edificar fortalezas inaccesibles… y a asesinar a algunos de sus propios hijos. La crueldad brutal, o mejor la virtual insania de los últimos años del rey, dio origen al relato mateano del

---

[59] Brown, *Nacimiento*, Op. Cit.

[60] Cf. Apéndice.

[61] Perrot, Op. Cit., pp. 29-30.

propósito de Herodes de degollar a todos los niños varones de Belén hasta los dos años como parte de su deseo de acabar con Jesús[62].

Lo que hace el narrador de nuestro texto es valerse de eventos *históricos* –es decir, que tenían cierta correlación histórica- para reconstruir experiencias narrativas, que respondían a su vez al sentimiento de desprecio por parte de las autoridades judías, y la hostilidad por parte del imperio romano. En este sentido, la comunidad se ve como perseguida y amenazada de muerte, poniendo al Jesús naciente como su arquetipo personalizado.

La muerte de los infantes es un reflejo de la muerte de cientos de judíos, durante la guerra del 70. Como indica Gerd Theissen:

> En esta leyenda encontraron expresión experiencias de la guerra judía. En dicha guerra, niños judíos inocentes fueron víctimas de los poderosos que se sintieron amenazados por las esperanzas mesiánicas de los judíos. La historia de la orden de Vespasiano de matar a todos los descendientes de David en aquellos días puede ser históricamente exacta o inexacta (Eusebio *Hist. Eccl.* 3,12), pero en cualquier caso pone de manifiesto temores existentes por aquel tiempo[63].

En el relato de Mateo, cambian algunas circunstancias, pero la situación humana es la misma. No es un emperador romano sino un rey de los judíos que lucha contra las esperanzas mesiánicas. Herodes es presentado como un faraón no sólo por su parecido con el perseguidor de Moisés y los niños israelitas del Éxodo, sino también por su simpatía con el emperador romano que condena a los judíos. De hecho, en el relato tiene más peso la imagen imperial romana que la egipcia, pues Egipto es visto como un lugar de salvación para el niño y su familia, mientras que Jerusalén representa un peligro.

---

[62] Raymond Brown. *Introducción*, Op. Cit., p. 111.

[63] Theissen, *Redacción*, Op. Cit., p. 66

Por otra parte, la ruptura definitiva con el naciente judaísmo rabínico, en Yamnia, demarca límites para judíos y cristianos, que se evidenciarán en los evangelios, particularmente en Mateo y Juan. Esto es lo que demuestra Brown:

> En el período posterior al 70, los maestros rabínicos, los sabios de Israel, consiguieron gradualmente el reconocimiento como guías del pueblo. Los rabinos reunidos en asamblea en Yamnia (Yabne), en la costa palestina, fueron tratados por las autoridades romanas como los portavoces de los judíos. Desde los años 90-110 Gamaliel II, hijo y nieto de famosos intérpretes de la Ley, presidió el sínodo de Yamnia. Los escritos cristianos del período posterior al 70 cuando hablaban del judaísmo pensaban probablemente cada vez más en ese judaísmo rabínico naciente. En algunas zonas el conflicto entre los que creían en Jesús y los dirigentes de las sinagogas judías eran muy agudos, como lo atestiguan los relatos fuertemente antifariseos (Mt 23), las referencias a "sus sinagogas" como algo extraño y como lugares en los que los discípulos de Jesús serían flagelados (Mt 10,17), y el anuncio de la expulsión de la sinagoga de "los discípulos de ese individuo" (Jn 9,28.34)[64].

Así, Mateo presenta una doble lectura. Por un lado, identificándose con el pueblo judío, con sus niños perseguidos, con sus esperanzas heridas. Por el otro, identificándose más bien con el pueblo cristiano, distanciándose del judaísmo rabínico, y valorando a los paganos, pues sabe que la comunidad cristiana ha tomado un camino diferente. En la versión del narrador, Jesús es presentado como un tipo de Mesías diferente, perseguido incluso por el rey y las autoridades religiosas de su propio pueblo. Con ello está presentando a la comunidad, y probablemente los propios sentimientos de la comunidad mateana, de origen judío-cristiano, que se siente despreciada, pero que es acogida por los paganos en la formación de una nueva *Ekklesía* mesiánica.

---

[64] Brown, *Introducción*, Op. Cit., p. 139

1.3 *Textura social y cultural*

El texto refleja un intercambio entre el mundo del narrador y el mundo narrado en el texto. Manifiesta el dolor de sentirse perseguido por las autoridades religiosas del pueblo judío. Y a la vez trae un mensaje esperanzador, en que el crucificado-resucitado ha nacido, y con él ha nacido la comunidad de sus seguidores afuera de Jerusalén, compuesta de judíos justos y también de gentiles sensibles a la revelación divina por medios diferentes a la Escritura.

La separación mencionada de las comunidades con el judaísmo, provoca un conflicto social que se evidencia en el texto[65]. Theissen confirma esta lectura social cuando menciona: "El cristianismo mateano se puede considerar paralelo al judaísmo de Yamnia y de la restauración del judaísmo tras la catástrofe del 70 d.C. Dado que los rabinos empezaron a interpretar la Torá de manera nueva, también Mateo presentó a Jesús como el verdadero intérprete de Israel"[66].

Según Carter, los judíos tenían una importante presencia en Antioquía, lugar situado para la composición de Mateo y la vida de la comunidad mateana. Las sinagogas funcionaban como una especie de centro comunitario, utilizado principalmente para la organización política, en la forma de autorregulación comunitaria e interacción social y educativa[67]. Que la

---

[65] Aunque Bruce Malina afirma que no había todavía una concepción de lo "judío" tal como se conociera más tarde, y que Mateo no puede ser un evangelio de corte "judío" (p. 408), es evidente que en Mateo ya hay una tajante separación entre la iglesia y la sinagoga. Brown, (*Nacimiento*, Op. Cit.) hace notar la dimensión polémica del evangelio de Mateo, incluso ya en el relato de infancia, particularmente debido a la separación del judaísmo y el inicio de dos rumbos diferentes de las dos vertientes sobrevivientes del judaísmo del primer siglo a la destrucción del templo. Theissen (*Redacción*, Op. Cit.)también apoya este punto de vista.

[66] Theissen, *Redacción*, Op. Cit., p. 55

[67] Carter, p. 71

comunidad mateana estuviera en tensión con la sinagoga significaba la separación de la etnia y comunidad a la que se pertenecía, con una ruptura en la identidad de las personas, que se basaba en la identidad del grupo. Por ello es que el relato de infancia de Jesús intenta reconstruir a su personaje modélico, con el fin de dar una nueva identidad a la naciente iglesia.

Mateo, ubicado entre los escritos cristianos del período posterior al 70, refleja un marcado distanciamiento del judaísmo[68]. Como destaca Brown:

> El rechazo mateano del título "rabbí" (23,7-8) es único. Davies, *Setting*, ha presentado fuertes argumentos en defensa de que Mateo fue escrito como respuesta cristiana al judaísmo que emergía después del 70 en Yamnia, en el que los rabinos eran reverenciados como intérpretes de la Ley. Quizá los cristianos de Mateo vivían a la sombra de una comunidad judía más amplia que los odiaba. Si los dos grupos compartían las mismas Escrituras y muchas convicciones idénticas, sus diferencias debieron ser sobre todo motivo de disputa. Todo esto cuadra con la situación de Antioquía, de modo que la iglesia de Mateo pudo ser plausiblemente el antecedente de la iglesia antioquena, que dos o tres décadas más tarde tendría a Ignacio como obispo"[69].

El resultado final del conflicto entre la iglesia y la sinagoga en Antioquía es la separación. Mateo escribe mientras la tensión está vigente, y aún no hay una ruptura completa, pero poco a poco se va perfilando el fin de esta relación estrecha entre comunidades hermanas. Según Carter:

> Al parecer, los jefes de la sinagoga encontraron inaceptables esas afirmaciones. En la narración evangélica los dirigentes consideraban blasfemas las palabras con que Jesús dice perdonar los pecados (9,3). Atribuyen al diablo sus

---

[68] Brown, *Introducción*, p. 139

[69] Ibíd., p. 300

aseveraciones sobre el imperio de Dios (9,34; 10,25; 12,24). Al señalar su asociación con "recaudadores de impuestos y pecadores", lo tachan de ser "un glotón y un borracho" (11,19). Consideran que merece la muerte por quebrantar el sábado (12,14). Cuestionan su autoridad y la fuente de ella (21,23-27) y, por supuesto, les molesta que denuncie sus orígenes (15,13-14), su actuación como dirigentes (21,28-46) y su ignorancia del poder y la palabra de Dios (22,29). Niegan que sea un agente de la salvación de Dios y lo tildan de impostor (27,63).

Que esas reacciones reflejen auténticas actitudes de la sinagoga en tiempo posteriores, es algo que no se puede asegurar. Una situación de creciente tensión y antagonismo, de acusaciones cruzadas, tiene como inevitable resultado la negativa de cada uno de los grupos enfrentados a reconocer la legitimidad del otro. La tensión es agria y tiene efectos sociales perniciosos. Los conflictos teológicos o ideológicos acaban traspasando el ámbito del pensamiento y causando rupturas de amistades, divisiones en las familias (10,34-36) y pérdidas de relaciones socioeconómicas, de honor y de influencia política. Los márgenes son el lugar donde se acumulan los rechazados por el centro dominante[70].

Los cristianos se han distanciado de los judíos, y han dejado de ver a aquellos como sus hermanos, y se oyen rumores por parte del judaísmo de que el maestro de los cristianos es un hijo bastardo[71], evidenciando en ello que consideran bastardos a sus seguidores. Estos seguidores entonces se remontan a una genealogía y a una historia onírica del nacimiento

---

[70] Carter, Op. Cit., pp. 78-79

[71] Brown (*Nacimiento*, Op. Cit.) señala que una de las funciones del relato de la infancia mateano es la apologética, aunque no es la función principal. El judaísmo no creía por un lado en un mesías galileo, y argumentaba que conocía muy bien a su padre y a su madre (Juan 6,42); y por otro, había sectores que acusaban a Jesús de ser un hijo ilegítimo, hijo de María, con un padre no mencionado (Mc 6,3). Ver también Schaberg (Op. Cit.), quien concentra toda su investigación en destacar la ilegitimidad en la concepción de Jesús. Según ella, la acusación ya corría a finales del siglo I.

de su maestro, no sólo para legitimar apologéticamente el nacimiento de Jesús frente a las acusaciones judías, sino para autoafirmarse a sí mismos, comprendiéndose a sí dentro del mismo nacimiento, e insertarse en esta genealogía y nacimiento virginal, a merced de la persecución por parte de los políticos y religiosos judíos. Este relato refleja un deseo de autoafirmación mediante la narrativa, una búsqueda de las ramas desgajadas de volver a insertarse al tronco, con el profundo dolor del desarraigo, sabiendo que una vez que salieron de Jerusalén no les queda más que ser judíos de Galilea de los gentiles, pero al fin y al cabo hijos de Abraham, hijos de David, hijos de Dios.

La comunidad matena está recreando un nuevo orden social al incorporar tradiciones escriturísticas judías, narraciones pre-evangélicas cristianas y esperanzas que también comparten los paganos. Como señala Theissen, "Podemos suponer que si Mateo integra literariamente en su evangelio tradiciones judeo-cristianas y gentil-cristianas, probablemente también tiene que integrar socialmente en su comunidad a judeo-cristianos y a gentil-cristianos"[72]. Hay una separación del mundo judío, a la vez que hay una apertura al mundo gentil, una simbiosis de ambos mundos dentro de la misma comunidad, lo cual traerá también sus propios conflictos[73]. En este caso, el relato incorpora a ambos mundos en el nacimiento del mesías, tanto el mundo itinerante judeo-cristiano, como el local de la comunidad gentil-cristiana, y hace de Jesús un extranjero que va a encontrar cobijo en tierras extranjeras, y por personas paganas, mientras que en su propia casa es rechazado, las propias autoridades religiosas lo desprecian, y la autoridad política lo busca para matarlo.

---

[72] Theissen, *Redacción*, p. 62

[73] Theissen (Ibídem) señala que hay un conflicto interno de la comunidad matena, desde las interpretaciones de lo que es ser cristiano: entre los carismáticos itinerantes, con sus apóstoles y profetas, y los cristianos de comunidades locales sedentarias, con su estructura jerárquica.

1.4 *Textura ideológica*

Todas estas tensiones demuestran que el conflicto es uno de los argumentos principales del evangelio de Mateo. Powell[74] hace ver que, a lo largo del relato, hay tramas entretejidas que reflejan distintos enfrentamientos. Entre ellas se destaca el conflicto entre el maestro Jesús y sus discípulos que no alcanzan a comprender o a practicar sus enseñanzas. También, el conflicto entre Dios y Satán, que recorre el evangelio y culmina con el triunfo de Jesús en la resurrección. Y, finalmente, y tal vez el más importante para nuestra investigación, el conflicto entre Jesús y los líderes religiosos y políticos de Israel. Este conflicto se manifiesta en la intención de los líderes israelitas de poner a la gente en contra de Jesús, y también de destruirlo, llevándolo hasta la muerte. El efecto que pudo causar esta narrativa en la audiencia original fue el de causalidad entre el conflicto que se genera entre la iglesia y la sinagoga a partir de los enfrentamientos a lo largo del evangelio entre Jesús y los líderes judíos.

La retórica mateana reconoce la fuerte tensión entre los cristianos y los no cristianos dentro de la sinagoga, pero a la vez promueve una alianza entre judeo-cristianos y gentil-cristianos. Se concentra en la esperanza mesiánica que había en el mundo mediterráneo del retorno de un rey oriental al poder. Esta esperanza era compartida por judíos y por muchos paganos, y también temida por algunos de éstos últimos y por muchos judíos aliados con el *Status Quo*, como señala Theissen:

> Tanto judíos como paganos esperaban un soberano procedente de Oriente y el final de la dominación romana del mundo. Tales esperanzas siguieron vivas después de la guerra. Josefo nos habla de una "profecía ambigua" que inspiró a los rebeldes y que se podía encontrar también en las sagradas Escrituras (*Bell.* 5,312). Esta profecía expresa una

---

[74] Powell (Op. Cit.), p. 70

esperanza generalizada en Oriente, la de que, tras el período de supremacía occidental, el mundo volvería a estar dominado por Oriente. Tácito da testimonio de esta esperanza cuando escribe: "que en aquellos días Oriente se volverá fuerte y que hombres salidos de Judá tomarán el poder" (*Hist.* 5,13). Esta expectativa se combinó con las esperanzas mesiánicas del judaísmo; así, Josefo puede decir que "también" era posible encontrarlas en las sagradas Escrituras. La combinación de ambas esperanzas creaba un alto grado de credibilidad[75].

Con estas esperanzas mesiánicas en el ambiente, Mateo hace una interpretación nueva. En su interpretación, establece vínculos con las expectativas paganas: "en ningún otro lugar del Nuevo Testamento se basan las esperanzas para el futuro en la astrología de una manera tan desinhibida como en el relato de los magos de oriente"[76]. A esto le suma la prueba judía del cumplimiento de las profecías, a partir de las reiteradas citas de cumplimiento. Las esperanzas mesiánicas están lejos de creer en el gobierno romano de los Flavios, y optan por la creencia en una persona marginal, Jesús de Nazaret.

Los oráculos acerca de reyes venideros, particularmente orientales, estaban prohibidos en Roma[77]. Mateo se erige como un libro amenazador y peligroso, revolucionario, ya que anuncia el nacimiento de un rey alternativo al César. Sin embargo, la pretensión mesiánica ya no es la guerra. Se trata de una reflexión sobre el mesianismo a la luz de la expectativa fallida del judaísmo –y probablemente de la muerte histórica de Jesús-, tras la derrota en el 70 d.C.

El personaje mesiánico tiene que ser diferente al guerrerista cuyo levantamiento es un fracaso –y lo será en el 135 con Bar Kochba-. El Mesías para Mateo ha de ser un maestro que a través de su enseñanza reorganice el *cosmos*, en su orden

---

[75] Theissen (Redacción), p. 64

[76] Ibíd., p. 66

[77] Theissen (Ibíd., p. 67,) señala esta prohibición siguiendo las indicaciones de Justino en la Apología (Apol. I 44,12ss)

político-espiritual, y por ello enfatiza que el Mesías "salvará a su pueblo de sus pecados" (1,21). Estos pecados no son la mera moralidad o legalidad judía, sino las implicaciones sociales que tiene la ética de las enseñanzas de Jesús, como reflejan el Sermón del Monte (Mt 5-7). Las bienaventuranzas tienen como punto de partida a las personas marginadas, e invitan a una vida ética aristocrática, superior a los paganos, y mucho más elevada que la de los religiosos judíos. Una revolución que parte del amor y no del odio (5,43-48), y consiste en la oposición radical a todo ejercicio de la violencia (5,21-26. 38-42). Una revolución mesiánica que invita a poner en práctica las enseñanzas del maestro (7,24-26). Una revolución que será premiada en el futuro en las categorías de honor y vergüenza, cuando el Hijo del Hombre llegue con majestad, acompañado de todos sus ángeles, y premiará con *honor* a quienes dieron de comer a los hambrientos, recibieron a los extranjeros, vistieron a los desnudos, visitaron a los enfermos y a los presos, mientras que rechazará y echará a las tinieblas a quienes no lo hicieron, en términos de *vergüenza* (Mt 25).

Como orientación para la comunidad cristiana, el relato de nacimiento es una crítica a la acción militar y evidencia un distanciamiento del judaísmo beligerante. La *Narratio* ofrece invitación a la audiencia para que nazca con el Mesías, a que huya ante la amenaza cuando sea necesario, pero que también retorne para el momento justo de anunciar el reinado de los cielos. Su misión salvífica es la de orientar desde la sabiduría a las personas hacia el encuentro con lo divino y hallar así el perdón de los pecados. Esta opción ética no excluye la opción social. Más bien la presupone, a través de la vía revolucionaria del amor, y en esto consiste el nacimiento mesiánico desde lo marginal, lejos de las esferas de poder[78].

---

[78] Es importante resaltar que esta es la imagen que quiere presentar Mateo de Jesús. Sin embargo, los especialistas han destacado que Jesús compartía las expectativas mesiánicas de su época, sin excluir el militarismo. Pero debido a su muerte vista por sus discípulos inicialmente como un fracaso mesiánico, y a la comprensión post-pascual que le atribuyeron las iglesias a Jesús, nos encontramos frente

El evangelio de Mateo en un mensaje crítico frente a los valores morales y políticos del imperio romano. Como reflexiona Carter:

> Esas personas viven en un mundo en el que el poder de Roma es muy evidente. Leen una narración cuyo personaje principal, Jesús, ofrece una visión inclusiva, distinta, y entra en conflicto con los jefes religiosos, miembros de la élite en el poder, aliados de Roma y defensores de una estructura jerárquica que cuenta con el beneplácito romano. Esos lectores tienen delante una historia en la que Roma crucifica al personaje principal. La cuestión es qué les dice la narración evangélica en ese contexto. ¿Presenta el evangelio a Roma como benigna o insta a someterse a ella? ¿Preconiza, por el contrario, una rebelión violenta? ¿O señala a Roma como agente de Satanás, hace ver que sus días están contados y recomienda a los lectores que, entretanto, lleven una vida alternativa y subversiva, aunque paciente, configurada por el imperio de Dios, en anticipación a su pleno establecimiento y a la salvación traída por Él? Mis argumentos darán apoyo a esta última posición[79].

La estrategia de Mateo consiste plantear un estilo de vida al margen de los valores romanos y de la interpretación judía de las Escrituras. Como señala Carter, "El escrito mateano legitima una identidad y un modo de vida marginales para la comunidad de discípulos"[80]. Desde una perspectiva sociológica, la comunidad marginal centraliza su identidad en un personaje marginal. Con ello se rescata la importancia de las personas desechadas por el poder centralizado. Se habla del honor de estos personajes marginales en las categorías literarias de la época, tal como la retórica del encomio. En la medida que este personaje marginal se vuelve central para

---

a una reconstrucción del nacimiento de Jesús a la luz de la resurrección (Cf. Antonio Piñero. *Guía para entender el Nuevo Testamento*. Madrid: Trotta, 2006).

[79] Carter, Op. Cit., p. 80

[80] Ibíd., p. 89

la revelación divina, la comunidad marginal se convierte a sí misma en el centro del mensaje de Dios. A partir del rescate de quienes están en la periferia, se inicia el nacimiento de una nueva comunidad, el nacimiento del héroe. En Jesús nace la comunidad, y en este nacimiento marginal, que es un nacimiento heroico, nace el ser humano para la vida y la liberación de su pueblo.

2
Intratextualidad: motivo del nacimiento del héroe en la biblia

El relato mateano del nacimiento y la infancia de Jesús tiene diversos hilos narrativos que conducen a otros textos bíblicos y extrabíblicos. Esos hilos hayan conexiones a través de citas directas, alusiones, imágenes y motivos literarios. Entre estos motivos, además de la fundamentación midrásica en el Antiguo Testamento, se entretejen algunos como el de la anunciación divina, el del nacimiento virginal, el del niño-héroe abandonado, el del niño puesto en peligro, el del éxodo, y el de la visita y adoración de personajes extranjeros o ajenos al relato.

Como reflexiona Wim Werem, siguiendo a Julia Kristeva, "cada texto funciona dentro de un inmenso universo que incluye no sólo el corpus total de los textos literarios, sino también el orden o lugar social y cultural donde ese corpus se encuentra incluido"[1]. Y señala la importancia no sólo de las coincidencias textuales en la presencia de un texto dentro de

---

[1] Wim Werem. *Métodos de exégesis de los evangelios*. Estella (Navarra): Verbo Divino, 2003, p. 238

otro, sino también las diferencias, pues es en la transformación del texto originario donde está el mensaje de lo que podríamos llamar nuevas apropiaciones de sentido.

Para efectos de organización de esta investigación, se han distinguido dos dimensiones diferentes del entretejido con que se relaciona nuestro texto: (a) la *intratextualidad*, comprendida como las relaciones que establece el texto bíblico con otros textos bíblicos; y (b) la *intertextualidad*, entendida como las relaciones que establece el texto bíblico con textos extra-bíblicos, incluyendo leyendas antiguas, literatura y pintura. Esto se hace con el fin de mostrar las conexiones inmediatas con otros textos, y para reflejar la historia de la recepción del texto.

2.1 La micro-narración de 1,18-2,23 dentro de la macro-narración mateana

El relato de infancia de Jesús preludia la obra mateana. Este comienzo contiene las temáticas que se realizarán después a lo largo del evangelio. En este sentido es una micro-narración que contiene en sí misma a la macro-narración, con miniaturas de lo que serán ampliaciones literarias y temáticas más amplias.

Las micro-narraciones y temáticas presentadas en 1,18-2,23 son[2]:

a. *Jesús como mesías de Israel e hijo de David* (1,1.18-25). Preludia toda la narración como tal, donde la gente reconoce a Jesús como rey mesiánico de estirpe davídica: "¡Señor, Hijo de David, ten compasión de nosotros!" (20,30-31 BNP; cf. 9,27; 12,23; 15,22; 21,9; 21,15).

---

[2] La delimitación textual de 1,18-2,23 se realiza por enfocarse en la parte narrativa, la cual se orienta por la temática por la guiada por sueños y relato de infancia. Ver Apéndice.

b. *El rechazo de Israel a Jesús como Mesías, tipificada en Jerusalén, con sus sacerdotes, escribas y el mismo rey* (2,1-12.16-18). La narración del rechazo y persecución de Herodes y toda Jerusalén preludia el juicio de Jesús por el mismo tipo de personajes (sacerdotes, políticos, gente de Jerusalén): "A la mañana siguiente los sumos sacerdotes y los ancianos del pueblo tuvieron una deliberación para condenar a Jesús a muerte. Lo ataron, lo condujeron y lo entregaron a Pilato, el gobernador" (27,1-2 BNP; cf. 27,25).

c. *Exilio en Egipto y retorno de Jesús a Galilea (tierra que vio gran luz, siguiendo a Isaías 9) ante la amenaza del rey que se siente celoso* (2,13-23). Preludia su muerte y resurrección, como imposibilidad de los poderes de este mundo de vencer al rey mesiánico: "Ustedes no teman. Sé que buscan a Jesús, el crucificado. No está aquí; ha resucitado como había dicho... Después vayan corriendo a anunciar a los discípulos que ha resucitado y que irá por delante a Galilea; allí lo verán" (28,4-7 BNP).

d. *Jesús como la presencia de Dios con su pueblo, el Emmanuel* (1,24). Preludia, por un lado la acción de Dios en el Jesús terrenal, y también la presencia del Jesús resucitado: "Yo estaré con ustedes siempre, hasta el fin del mundo" (28,20 BNP).

e. *Apertura mesiánica hacia los paganos, quienes lo reciben o buscan* (1,22ss). Preludia el mandato post-pascual de la predicación a los paganos: "Vayan y hagan discípulos entre todos los pueblos, bautícenlos consagrándolos al Padre y al Hijo y al Espíritu Santo" (28,19 BNP).

En este sentido, el relato mateano de la infancia no pretende ser historia, sino contar de forma concisa la historia teológica de Jesús. Mateo no presenta los recuerdos de la familia de Jesús, sino que retrotrae aspectos de la vida del Jesús adulto, y también de la comunidad mateana, y los proyecta en el niño[3]. Es una síntesis de su vida, muerte y resurrección, con un énfasis en el rechazo por parte de Israel al que el narrador considera que es su mesías, y su muerte que es exilio, unida a su resurrección que es retorno[4]. El conflicto del niño Jesús con Jerusalén es realmente el conflicto del Jesús adulto con las autoridades que lo entregarán a la crucifixión; y es el conflicto de la iglesia con la sinagoga y el entorno socio-cultural de la época de la redacción del evangelio

2.2 Alusiones y citas del relato

El relato de infancia mateano es un texto rico en intratextualidad. Mateo es el evangelio que más enfatiza las citas de cumplimiento. Y este relato (1,18-2,23) es el que más contiene citas de cumplimiento en todo el evangelio. En el niño Jesús se condensa la historia de Israel. Como señala Brown respecto al quehacer de Mateo: "Al llevar a Jesús desde Belén a Nazaret, lo ha conducido a Egipto y lo ha traído de allí; y ha comentado la matanza de los niños de Belén con las palabras que Jeremías empleó para describir a las tribus del norte en su destierro. Por eso, en cierto sentido, el Jesús de Mateo revive el éxodo y el destierro y cumple la historia de Israel"[5].

Las citas son las siguientes:

---

[3] Cf. Raymond E. Brown. "Gospel infancy narrative research from 1976 to 1986: part I (Matthew)". *Catholic Biblical Quarterly* 48, No. 3 Jl. 1986, p 468-483.

[4] Brown establece un paralelismo entre el relato del nacimiento (Mt 1,18-2,23) y el relato de la pasión y resurrección de Jesús (27,57-28,20), lo cual confirma que el relato de infancia mateano es preludio a todo el evangelio. La correspondencia entre ambos relatos es estructural, donde José se equipara a Jesús, y Herodes a los Guardias romanos. La persecución al niño Jesús –representado en José-, es una forma de contar el juicio, muerte y la resurrección del Jesús adulto –y pascual- por parte de Roma, personificándolo en Herodes, su leal servidor. Brown, *Nacimiento*, Op. Cit., p. 105

[5] Brown, *Nacimiento*, Op. Cit., p. 180

a) Isaías 7,14 en Mateo 1,23

El texto de Isaías alude a un oráculo del profeta contra el rey Acaz, en el que se anuncia un signo nuevo, renovador, en contra de la gastada y corrupta monarquía. Como observa Brown respecto a la profecía de Isaías, "el niño que nacerá ayudará a conservar la casa de David y demostrará Dios sigue estando con nosotros"[6]. La versión griega de los Setenta (LXX) traduce el Texto Masorético (TM) עלמה por παρθένος. El término hebreo עלמה que aparece en Isaías se refiere a una mujer joven en edad de casarse. Aunque la idea de virginidad puede estar implícita en el término, la intención de la palabra en Isaías no es la de virgen intacta. Mateo no puede deducir la idea de concepción virginal exactamente del texto isaiano, pero se apoya en él para expresar su idea de nacimiento virginal que, más que una comprobación histórica, tiene un alcance profundo desde la historia de las religiones y la historia de la redacción de la comunidad. A esto, añade Mateo el significado del nombre de Jesús, relacionándolo con una salvación de toda la situación de pecado: "él redimirá a Israel de todas sus culpas", una atribución tomada del Sal 103,8 en la que es Yahvé el sujeto del perdón.

b) Miqueas 5,1-3 y 2 Samuel 5,2 en Mateo 2,6

El lugar de nacimiento de Jesús está apoyado en el texto de Miqueas 5,1-3, donde se promete un rey que sobrepase las expectativas de los reyes davídicos precedentes -y fracasados-, con una autoridad que se extenderá hasta los confines de la tierra. De esta manera, Miqueas 5,3 es un texto implícito en la narración de la búsqueda que hacen los magos, siendo ellos los representantes de los confines de la tierra: "cuando su autoridad se extienda hasta los confines de la tierra" (5,3b).

Se trata de una cita mixta, donde se inserta al texto de Miqueas 5,1-3 una frase de la versión de los LXX de 2 Samuel 5,2. Por

---

[6] Brown, *Nacimiento*, Op. Cit.

lo que Ulrich Luz dirá que "el texto de la cita se desvía de todas las formas textuales conocidas de Miqueas 5,1"[7]. La ubicación del lugar de nacimiento del Mesías está puesta en boca de sus adversarios, para demostrar a los judíos que la objeción que hacen en la época de la redacción del evangelio -de que Jesús no es el Mesías debido a su origen poco notable- está contestada por sus propios maestros de la ley.

c) Números 22-24 y otros textos en Mateo 2,1.2.9b-11

La visita y adoración de los magos da cumplimiento a los oráculos mesiánicos sobre el homenaje de las naciones al Dios de Israel. En el niño ven que la alegría se multiplica (Is 9,1-2), y que las grandes naciones orientales le rendirán tributo: "Entonces lo verás, radiante de alegría; tu corazón se asombrará, se ensanchará, cuando vuelquen sobre ti los tesoros del mar y te traigan las riquezas de los pueblos. Te inundará una multitud de camellos, de dromedarios de Madián y de Efá. Vienen todos de Sabá, trayendo incienso y oro y proclamando las alabanzas del Señor" (Is 60,5.6 BNP; cf. Nm 24,17; Is 49,23; Sal 72,10).

Según Raymond Brown[8], el trasfondo narrativo central es el relato de Balaam (Nm 22-24), el cual era considerado mago por Filón de Alejandría. Balaam es llamado de oriente para profetizar en contra de Israel, pero la revelación divina hace que profetice en su favor, indicando que de Israel se levantará un caudillo libertador: "Le veré, y no ahora: le ensalzaré, y no cerca: nacerá estrella de Jacob, y se levantará vara de Israel; y herirá los caudillos de Moab, destruirá todos los hijos de Set" (Nm 24, 17 BNP). Según Brown, en los Targumim de Números, la estrella hace referencia al rey[9]. Por

---

[7] Luz, Op. Cit., p. 157

[8] Brown, *Nacimiento*, Op. Cit., p. 193

[9] Ibíd., p. 195

lo que concluye que, "el malvado rey quiso valerse del mago extranjero para destruir a su enemigo, pero de hecho el mago honró al enemigo. Evidentemente esto está muy próximo al relato de Herodes y los magos"[10]. El propósito narrativo de Mateo es, entonces, mostrar cómo algunos gentiles aceptan al Mesías y cómo algunos judíos lo rechazan, reflejando la propia situación de su comunidad.

d) Oseas 11,1 en Mateo 2,15b

Mateo usa el término "mi hijo" (τὸν υἱόν μου) en singular, siguiendo al TM (לִבְנִי), en vez del singular "mis hijos" (τὰ τέκνα αὐτοῦ) que aparece en la versión de los LXX. Jesús es hijo de Dios, tal como lo es Israel. El niño es la personificación del pueblo de Dios. Su historia es la historia del pueblo de Dios. Esta alusión a la experiencia del éxodo transporta a la audiencia a la historia de Moisés y de Israel. Con su viaje a Egipto, Jesús recapitula la historia de Israel, el hijo de Dios en el Antiguo Testamento. Jesús es llamado en 2,15 "mi hijo", comprendido como la encarnación de Israel, el cual también fue llamado de Egipto (Ex 4,22). Jesús viaja con sus padres a Egipto para esconderse ante la amenaza del rey, tal como Moisés huye a Madián cuando sabe que Faraón lo va a matar (2,15). Además, los dos sobreviven milagrosamente en un contexto de matanza de niños (Ex 1-2). Como lo explica la Biblia de Jerusalén: "Este relato tiene un paralelo, que es un precedente, en la infancia de Moisés contada por las tradiciones rabínicas: después de haber sido anunciado, por visiones o por magos, el nacimiento del niño, el Faraón ordena matar a los niños recién nacidos"[11].

---

[10] Ibíd., p. 194

[11] *Biblia de Jerusalén*. Edición española. Dirección: José Ángel Urrieta López. Bilbao: Desclée de Brouwer, 1998, p. 1425 (Abreviada como BJ)

e) Jeremías 31,15 en Mateo 2,18

El llanto femenino, clamor que se oye en la matanza de los niños, es una imagen que proviene de Jeremías 31,15. En Jeremías se trata de los hombres de Efraín, Manasés y Benjamín, muertos o deportados por los asirios. Ahora son los hijos de Belén, muertos por el rey Herodes. Según la Biblia de Jerusalén, "la aplicación que hace Mateo ha podido sugerírsela una tradición que situaba la tumba de Raquel en territorio de Belén, Gn 35,19"[12].

Richard Erickson[13] encuentra una estructura concéntrica que atraviesa la microestructura de 2,13-23:

A. El escape de Palestina a Egipto (2,13-15)

B. La masacre de los niños y la cita de Jeremías (2,16-18)

A. El retorno deEgipto a Palestina (2,19-23)

En el centro de la inclusión está la cita de Jeremías 31,15. En Jeremías, se trata de la recurrencia a la memoria de un dolor en un contexto de alegría, pues lo que se proclama es el retorno del Exilio. La cita de Jeremías se encuentra en un contexto esperanzador y no de lamento. El profeta promete retorno, restitución y justicia, en razón de la pérdida de los hijos: "Así dice el Señor: Reprime tus sollozos, enjuga tus lágrimas —oráculo del Señor—, tu trabajo será pagado, volverán del país enemigo; hay esperanza de un porvenir —oráculo del Señor—, volverán los hijos a la patria" (Jer 31,16-17 BP). En este caso, hay una identificación de Jesús con Israel y también con los niños masacrados, un mensaje no sólo de congoja sino también de esperanza en un reinado mesiánico que cambie

---

[12] Ibídem.

[13] Richard J. Erickson. "Divine Injustice? Matthew's narrative Strategy and the Slaughter of the Innocents. En: *Journal for the Study of the New Testament,* 64, 1996

esta situación de exilio. Mateo hace una lectura midrásica no sólo a la luz de la muerte de Jesús y de estos niños, sino de la resurrección.

f) Jueces 16,17 e Isaías 11,1 en Mateo 2,23

Jesús es llamado "Nazareno" (2,23), una palabra con múltiples sentidos, donde la interpretación midrásica de Mateo acentúa el lugar de origen de Jesús, sin desconocer que también se le pueden aplicar los demás significados. Por un lado se puede identificar a Jesús como un *nazir* (נזיר "consagrado"), tal como Sansón en Jueces 13,5.7. Por el otro, la palabra se puede relacionar con *netzer* (נֵצֶר "vástago) de Isaías 11,1, comprendiendo a Jesús como el vástago mesiánico que ahora ha nacido. En un tercer sentido, se puede relacionar el uso del término con el verbo *natzar* (נצר "guardar") de Isaías 42,6 y 49,8, donde se valora la protección de un pequeño puñado de creyentes, valorados como hijos de Dios dentro de un contexto de amenaza.

Mateo entiende Ναζωραῖος como sinónimo de Ναζαρηνός. Se trata de un juego de lenguaje vocálico típicamente rabínico. Como señala Ulrich Luz[14], en la región de Siria, donde vive la comunidad mateana, la palabra "nazareno" se usaba para referirse a los cristianos.

2.3 Moisés, salvador de los hebreos (Ex 1-2)

El modelo literario sobre el que se construye la narración mateana es el relato que al que alude el libro del Éxodo, donde se narra el nacimiento, la infancia, juventud, huída y retorno de Moisés para liberar a su pueblo. Un relato re-leído creativamente y transmitido en las tradiciones hebreas extracanónicas, acumulando sentido a través del tiempo. Es esta conclusión a la que llegan en consenso los especialistas, haciendo ver que Mateo recibe y transmite un relato sobre

---

[14] Luz, Op. Cit., p. 183

Moisés mediado por las interpretaciones midrásicas, especialmente las que se hallan en el Targum palestinense[15].

Al respecto de la intratextualidad entre Mateo 1,18-2,23 y las historias de Moisés, resalta Brown:

> Así como en el Éxodo hay un relato de infancia de Moisés que descubre la acción de Dios en su vida ya antes de que comenzara su ministerio de liberar a Israel de Egipto y antes de mediar en la Alianza entre Dios y su pueblo, así también Mateo nos ofrece un relato de la infancia de Jesús antes de que éste comience su ministerio de redención y de Nueva Alianza[16].

Los paralelos entre los dos textos bíblicos son importantes:

---

[15] Richard T. France señala: "In Jewish tradition, therefore, the motif of the killing of children is found in a relevant form of sufficiently early date only in the story of Moses. If the story of Herod's killing of the children was based on a Jewish model, that model was the biblical account of Pharaoh's massacre and Moses' escape, together with the post-biblical explanation of the reason for Herod's action. It is generally-agreed that this model does in fact lie behind the wording of Matthew ii" (Richard T. France. "Herod and the children of Bethlehem". En: *Novum Testamentum*, Vol. XXI, fase. 2, p. 108; Cf. Ben Witherington III. "Birth of Jesus". En: Joel B. Green & Scott McKnight (Eds.). *Dictionary of Jesus and the Gospels*. Illinois, Intervarsity Press, 1992, p. 60). En su comentario al libro del Éxodo, Brevard S. Childs señala que Mateo no ha utilizado como fuente el relato de Moisés en su forma veterotestamentaria. "Más bien, el relato de Mateo refleja una variedad de elementos que proceden de la lectura helenística del texto bíblico, que el Nuevo testamento comparte con Josefo, Filón, los Targumim, los midrashim rabínicos y samaritanos" (Brevard S. Childs. *El Libro del Éxodo*. Estella (Navarra): Verbo Divino, p. 60) E indica que "esta forma del relato del nacimiento se remonta a la mitología griega que logró imponerse en la tradición antigua del Próximo Oriente". En un relato samaritano, según Childs, el nacimiento de Moisés se anunciaba mediante maravillas cosmológicas, como la estrella de Israel subiendo a las alturas.

[16] Brown, Ibíd., p. 110

Mateo (RV-95)	Éxodo (RV-95)
2,13b-14 un ángel del Señor apareció en sueños a José y le dijo: "Levántate, toma al niño y a su madre, y huye a Egipto. Permanece allá hasta que yo te diga, porque acontecerá que Herodes buscará al niño para matarlo". Entonces él, despertando, tomó de noche al niño y a su madre, y se fue a Egipto.	**2, 15** Cuando el faraón oyó acerca de este hecho, procuró matar a Moisés; pero Moisés huyó de la presencia del faraón y habitó en la tierra de Madián.
2,16 Herodes entonces, cuando se vio burlado por los sabios, se enojó mucho y mandó matar a todos los niños menores de dos años que había en Belén y en todos sus alrededores, conforme al tiempo indicado por los sabios.	**1,22** Entonces el faraón dio a todo su pueblo esta orden: "Echad al río a todo hijo que nazca, y preservad la vida a toda hija".
2,19-20 Pero después que murió Herodes...	**2,23** Aconteció que después de muchos días murió el rey de Egipto.
2,19-20 Pero después que murió Herodes, un ángel del Señor apareció en sueños a José en Egipto, y le dijo: "Levántate, toma al niño y a su madre, y vete a tierra de Israel, porque han muerto los que procuraban la muerte del niño".	**4,19** Dijo también Jehová a Moisés en Madián: - Regresa a Egipto, porque han muerto todos los que procuraban tu muerte.
2,21 Entonces él se levantó, tomó al niño y a su madre, y se fue a tierra de Israel.	**4,20** Entonces Moisés tomó a su mujer y a sus hijos, los puso sobre un asno y volvió a la tierra de Egipto. Tomó también Moisés la vara de Dios en su mano.

Las alusiones del relato mateano al relato narrado en el Éxodo y transmitido por diferentes fuentes son constantes, como señala Erickson[17]:

a. Egipto como lugar a donde escapa José con su familia, tanto en el Antiguo (el patriarca) como en el Nuevo Testamento (el esposo de María).

b. El asesinato de los niños por parte de Herodes sugiere las políticas del Faraón de matar a los niños hebreos en Egipto (Ex 1,22).

c. José se despierta en la noche (νυκτὸς) para huir a Egipto (Mt 2,14), al igual que los israelitas huyen del faraón en la noche (LXX νυκτὸς) de pascua, en el momento en que Faraón pretende vengarse de la muerte de los niños egipcios (Ex 12,30-31)[18].

d. Mateo 2,15 cita Oseas 11,1 en clara alusión al Éxodo: "De Egipto llamé a mi hijo".

e. Herodes, al igual que Faraón, muere (Mt 2,19.20). El uso de la palabra Τελευτήσαντος de Mateo 1, está en consonancia con la palabra ἐτελεύτησεν que aparece en Éxodo 2,23 y 4,19.

f. El término usado para describir cómo Herodes busca matar al niño (ζητεῖν τὸ παιδίον τοῦ ἀπολέσαι αὐτό

---

[17] Cf. Erickson, Op. Cit., p. 5-27.

[18] Debe notarse la importancia de las muertes de infantes, ya que no sólo acontecen dos muertes de infantes en la intertextualidad. La primera es la muerte de los niños hebreos por parte de Faraón (Ex 1-2), la segunda, como respuesta divina es la muerte de los niños egipcios por parte de Yahvé (Ex 11). La tercera es el texto de Mt 2. Mateo no intenta elaborar una teodicea, ni explicar porqué Dios no intervino en la muerte de estos niños. Desde el relato de Éxodo, es posible que los enemigos maten a los niños hebreos, pero también se espera una vindicación en la que Dios restituya a los muertos. Con el retorno del niño, siendo éste una alusión a la resurrección, hay una importante reflexión sobre la vindicación y dignificación de los niños muertos.

2,13) es similar al usado en LXX Éxodo 2,15 para describir la manera en que Faraón busca a Moisés para matarlo: ἐζήτει ἀνελεῖν Μωυσῆν, haciendo hincapié en la procura, en la intención evidente de matar a ambos. José parte hacia Egipto (ἀνεχώρησεν Mt 2,14) , de la misma manera que Moisés parte hacia Madián (ἀνεχώρησεν LXX Ex 2,23).

g. En el retorno del exilio, tanto Moisés como José retornan con sus esposas e hijos. Yahvé dice a ambos que quien buscaba quitarles la vida, ahora está muertos (Mt 2,20-21, Ex 4,19-20).

Egipto es presentado como lugar de refugio en situaciones de crisis. Se rescata así la concepción de esta tierra como protección y de refugio en tiempos de escasez o de amenaza. Erickson lo hace notar: "La inversión es significativa: en el Antiguo Testamento, Faraón y Egipto son los villanos de los cuales Moisés e Israel deben escaparse, mientras que para Mateo, los símbolos de la incredulidad y la dureza de corazón son Herodes y Jerusalén –Jerusalén, el centro del judaísmo- y Jesús debe escaparse a Egipto para hallar seguridad"[19].

El relato del Éxodo, por su parte, da cuenta de la matanza de los niños en Egipto y la salvación milagrosa de Moisés, como el héroe que posteriormente retornará para vencer a sus enemigos y liberar a su pueblo (Ex 1 y 2). Se desarrolla de una manera muy natural, en la que Dios no aparece mágicamente como en los relatos de los patriarcas, pero se alcanza a sentir su presencia en la fertilidad que da a los hebreos, en la astucia de las parteras y en la salvación particular que da a este niño a través del Nilo, y con la acción de la hija del faraón.

El relato mosaico del libro del Éxodo a su vez ha sido adaptado de un motivo literario antiguo, presente en Antiguo Oriente, y testificado en el relato del nacimiento de Sargón. Con esto,

---

[19] Erickson, Op. Cit., p. 14

el narrador da fuerza y colorido a quien con el tiempo se convertiría en el liberador y legislador de Israel[20].

Todo esto muestra cómo en las manos del narrador hay una transformación de un antiguo motivo literario[21]. Se evidencia un esfuerzo delicado por dar un origen milagroso al liberador fundante de Israel, y con ello al pueblo mismo israelita, poniendo a Moisés y a su nación como dignos oponentes del imperio egipcio.

La personificación del pueblo en Moisés enfatiza la sobrevivencia no sólo del individuo, sino de la comunidad. Al nacer el liberador, nace el pueblo que lo engendra, lo protege, y lo sigue como caudillo. El nacimiento del personaje liberador, como arquetipo de Jesús, quien es arquetipo de ser humano –por lo menos para el cristianismo -, es el nacimiento de la comunidad hacia la vida.

2.4 José, el soñador: de Palestina a Egipto, y de Egipto a Palestina

Por otra parte, la estructura de la narración está basada en la alusión al patriarca José. La imagen bíblica de José es una constante en la literatura judía deuterocanónica e intertestamentaria, con alusiones frecuentes al motivo del éxodo y a los sueños como medios revelatorios[22]. Por esto, no

---

[20] Para intertextualidad con la leyenda de Sargón y otras leyendas de nacimiento de héroes fuera de la Biblia, ver el Capítulo 4.

[21] En otro artículo, señala Childs que el narrador del Éxodo utiliza la leyenda de Sargón en favor del relato, como un molde literario para hacer possible la historia de Moisés (Brevard S. Childs. "The Birth of Moses". En: Society of Biblical Literature, 1965, p. 117).

[22] M. Junkal Guevara Llaguno (*Esplendor en la diáspora: la historia de José (Gn 37-50) y sus relecturas en la literatura bíblica y parabíblica*. Biblioteca Midrásica. Estella (Navarra): Verbo Divino, 2006) hace un recorrido pormenorizado de los desarrollos que ha tenido la historia de José en las interpretaciones judías del período helenístico. Alusiones en el Salmo 105 (post-exílico), el libro del Eclesiástico (49,15), 1 Macabeos

es extraño que tal figura se establezca como paradigma para el relato de infancia de Mateo.

La historia de José está vinculada al relato mateano de la infancia de Jesús por dos conexiones fundamentales: los sueños y el éxodo. Estas dos conexiones son una bisagra entre el relato mateano y el relato del nacimiento de Moisés (Mt 1-2). Como señala Childs[23], siguiendo a von Rad, quien emparenta los relatos de José (Gen) y Moisés (Ex) con una narrativa sapiencial, la narración de José también contiene el motivo literario del niño abandonado a la muerte, quien sobrevive protegido por Dios con la finalidad de salvar a su pueblo. José, un adolescente de 17 años, es lanzado al extranjero por sus hermanos y expuesto a la muerte. Es salvado por Dios, y crece en situaciones marginales hasta hacerse gobernador de Egipto. Su salvación divina servirá para la salvación de su familia en tiempos de crisis. Se convierte en gobernador sobre sus propios hermanos, cumpliéndose los sueños de su juventud, en el que las gavillas y los astros se postran ante él.

Génesis 37-50 cuenta la *Novela* o historia breve de José y sus hermanos[24]. "No es una historia en sentido estricto, aunque

---

(2,53), Sabiduría (10,13s), el Libro de los Jubileos (caps. 34. 39-46), las historias de José y Asenet, Las Antigüedades Bíblicas del Pseudo-Filón (8,9), el Testamento de los Doce Patriarcas, las Antigüedades Judías de Flavio Josefo (II.87.7), Filón de Alejandría, Artapano y Demetrio, dan cuenta todas ellas de la importancia de este personaje y de la manera cómo su imagen *crece* con el tiempo. Entre los elementos constantes de la caracterización se destacan su inmersión en el mundo de los sueños y la interpretación que hace de ellos, el viaje a Egipto como salvación, y la descripción del personaje como "justo" (δίκαιον, LXX Sab 10,13).

[23] Childs, "The Birth of Moses", Op. Cit., pp. 272s; cf. la obra citada por Childs: Gerhard von Rad. "Josephgeschichte und ältere Chokma". *GSAT*, pp. 272s

[24] Von Rad (*El libro del Génesis*. Salamanca: Sígueme, 1988) se refiere a la narración de José (Gen 37-50) como un relato peculiar dentro de todo el libro del Génesis: "No es un 'rosario de sagas', un 'ciclo de leyendas', sino un relato construido orgánicamente desde su comienzo

el conocimiento de la vida y las costumbres egipcias que el texto manifiesta puede servir para una investigación de tipo histórico"[25]. Una obra que se atreve a elaborar perfiles psicológicos, cargada de sentimientos como el odio, la pérdida de un ser querido, el arrepentimiento y el perdón. Una reflexión que encuentra a Dios en las acciones y emociones humanas y no tanto en las grandes apariciones o teofanías.

En el relato de Mateo, José llega a Egipto gracias a sus sueños revelatorios, pero también gracias a la maldad de Herodes. Lo que establece la conexión entre los dos personajes, a propósito del nombre, entre Mateo y Génesis es la dimensión onírica. Son los sueños los que causan los odios de los hermanos, debido al miedo de que sea verdad lo que ha soñado José, como señala von Rad:

> Una profecía onírica sólo llegaba a ser eficaz si se transmitía, si se proclamaba su contenido. Por eso fueron perseguidos tan acerbamente los profetas, ya que la eficacia y la validez de sus palabras iban indisolublemente ligadas a su existencia personal. Trátase pues de una rebelión contra la realidad contenida en aquellos ensueños, contra el poder divino que tras ellos hay. La expresión hebrea habitualmente traducida por "ensoñador" contiene mucho más que tal locución castellana (y que la alemana correspondiente): quiere decir: aquel a quien ha sido dada la capacidad de soñar proféticamente (*ba'al hahalomet*)[26].

Lo mismo que acontece en Génesis puede decirse del relato de Mateo. José (Mt) tiene un sueño revelatorio: el hijo que espera María será el salvador de Israel. Un símbolo astral –como el

---

hasta el final, y ninguna de cuyas partes pudo haber tenido una existencia independiente como tradición sustantiva" (p. 429).

[25] Richard J. Clifford y Roland E. Murphy. "Génesis". En: Raymond E. Brown, Joseph A. Fitzmyer, y Roland E. Murphy. *Nuevo Comentario Bíblico San Jerónimo. Antiguo Testamento*. Estella (Navarra): Verbo Divino, 2005, p. 58

[26] Von Rad, *Génesis*, Op. Cit., p. 437

sueño de las estrellas de José- aparece y orienta a los magos, quienes testifican que ha nacido el rey de Israel. La copa de José es mágica, y en este sentido el patriarca también adivina. Herodes se llena de miedo ante los presagios que conoce –desconoce los sueños de José (Mt), pero la audiencia tiene esta ventaja sobre el personaje-. Por esto intenta matar al niño –como los hermanos a José-, pero Dios salva al niño, junto con José (Mt) y María. Al igual que José (Gen) es presentado como superior a sus hermanos –las tribus de Judá- y a Israel mismo –que se postra en el sueño ante él-, Jesús es presentado en el relato mateano como superior a Herodes y a Jerusalén, que temen ante su nacimiento, pero no pueden destruirlo. En Génesis, el viaje de José va de Palestina (Canaán) a Egipto, y el relato dentro del Pentateuco supone el retorno de sus huesos a Palestina (Gen 50, 24). En el relato de Mateo, el viaje de José, María y Jesús va de Palestina (Israel) a Egipto, y de Egipto a Palestina.

Esquemáticamente, las comparaciones pueden presentarse de esta manera:

Mateo 1-2	Génesis 37-50
José Sueña con el futuro grandioso de su hijo (salvará a su pueblo)	José sueña con un futuro grandioso para él (también salvará a su pueblo)
Aparece estrella que indica el nacimiento de Jesús	Sueña con astros que se postran ante él
Magos testifican y adoran al niño	Adivina /interpreta los sueños por el poder de Dios
Herodes (rey de Israel) intenta matar al niño, y Jerusalén está con él	Hermanos (tribus de Israel) intentan matar a José
Dios salva a Jesús, junto con José y María, llevándolos a Egipto	Es vendido a Egipto, pero es interpretado como una forma de salvación para él y su familia
Jesús es "rey de Israel", superior a Herodes y a Jerusalén	José es "visir de Egipto", superior a sus hermanos (y su padre se postra ante él, según el sueño de los astros)
Regresa de Egipto a la "tierra de Israel"	Va a de Egipto a Israel, pero espera que sus huesos retornen a la tierra de Israel.

Los paralelos entre las vidas de Moisés, José y Jesús pueden utilizarse en triple vía, y aplicarse al relato de infancia mateano:

- **Propósito divino:** la reflexión que hace José sobre su propia vida es aplicable al relato de Moisés y de Jesús: "Ustedes intentaron hacerme mal, Dios intentaba convertirlo en bien, conservando así la vida a una multitud, como somos hoy" (Gen 50,20 BNP). En los tres relatos, Dios no aparece como un guerrero divino para salvar cada personaje, sino que actúa misteriosamente, dando señales a las personas para que lleven a cabo acciones humanas que den cuenta de su intervención.

- **El héroe es expuesto al peligro y salvado:** El faraón, los hermanos de José y Herodes intentan quitar la vida y poner en peligro a los personajes. Pero Dios va a revertir la historia, y convertir ese intento de muerte en una salvación para el pueblo.

- **El malvado actúa necia y cruelmente, pero es burlado:** el faraón, los hermanos de José y Herodes actúan con necedad y crueldad al intentar de forma abierta acabar con los personajes. Pero son burlados por la Sabiduría Divina a través de acciones humanas. Las comadronas se burlan de faraón, al igual que la hermana de Moisés que actúa con astucia, y hasta la misma hija del rey malvado termina salvando al niño elegido. En la historia de José, éste es presentado como más sabio que el faraón y toda su corte, y esto será salvación para él y para mucha gente. De igual manera, los magos (símbolo de sabiduría) en el relato de Jesús se burlan de Herodes, guiados por los sueños divinos, y José logra escapar a Egipto, ciudad de refugio –que fue refugio para José en Génesis, y peligro para Moisés en Éxodo-.

- **Sabiduría:** los personajes son destacados por su piedad personal, desde la perspectiva del personaje sabio y justo. Las parteras son sabias, porque desobedecen al faraón para mantener con vida a los niños hebreos, y esto evidencia su temor de Dios. José teme a Dios, y tiene la capacidad divina de interpretar los sueños. José, en el relato mateano, es descrito como justo, y la justicia va a ser desplegada en sus acciones obedientes a la voz divina, y a la voluntad de proteger al niño y su madre.

2.5 *El relato de infancia en el evangelio de Lucas*

El evangelio de Lucas, como relato paralelo al nacimiento de Jesús, intercala la narración de dos nacimientos, el de Jesús y el de Juan el Bautista. Ambos nacimientos señalan el nacimiento de una nueva intervención de Dios en la historia de Israel. Los capítulos 1 y 2 del evangelio de Lucas son presentados como el preludio a la vida y destino del mesías, con un género literario tomado de la historiografía veterotestamentaria, al modo de los jueces, de las leyendas y de los héroes bíblicos.

Esta doble narración de anunciación y nacimiento, puede estructurarse de la siguiente manera, en correspondencias por parejas, siendo la anunciación el centro del pasaje, y el relato del niño en el templo una conclusión general[27]:

A   Anuncio del nacimiento del Bautista (1,5-25)

A'   Anuncio del nacimiento del Mesías (1,26-38)

    B   Encuentro de María e Isabel (1,39-56)

    C   Nacimiento de Juan, el Bautista (1,57-80)

        a) Nacimiento (1,57-66)

        b) Recibimiento (1,67-80)

    C'   Nacimiento de Jesús, el Mesías (2,1-40)

        a) Nacimiento (2,1-21)

        b) Recibimiento (2,22-40)

        D   Jesús en el templo (2,41-52)

Según la historia de las formas, se trata de dos leyendas independientes, que posteriormente se incorporaron en la narración lucana. El énfasis está en el relato de anunciación y en el nacimiento del Héroe. Como señala Bovon, siguiendo a Dibelius, "Las dos partes del relato forman un todo

---

[27] François Bovon. *El evangelio según San Lucas. Lc 1-9. Vol. I.* Salamanca: Sígueme, 1995, p. 73

que explicita la importancia del héroe por medio de las circunstancias de su concepción y de su nacimiento[28]. Se combinan ambas leyendas a la manera del estilo helenístico y rabínico de las vidas paralelas[29], y se entrelazan en el centro de la narración, que es el encuentro entre Isabel y María. De esta manera, hay una narración de amplios paralelos, equiparando y comparando a Juan y a Jesús, con énfasis especial en la superioridad de Jesús, quien es hijo de Dios, hijo de David y Mesías.

Hermann Gunkel[30] establece una doble conexión del relato lucano con las historias de abandono, particularmente la de Moisés y la de Sargón. Para Gunkel, la cuna de Jesús ocupa el centro de la narración de Lucas, donde los pastores lo encuentran. Hace notar que son los pastores los que reciben la proclamación del ángel sobre la naturaleza divina del niño, y no sus padres. Por ello, piensa que la narración se ajustó a un modelo previo, donde los protagonistas eran los pastores que encontraban un niño[31]. La estructura del relato es similar a la de Moisés, Sargón y otros relatos de infancia como Rómulo y Remo. Un niño nace en secreto y es abandonado en una cuna. Una voz divina informa o guía (providencialmente) a unos campesinos o pastores para que vayan a ver al niño

---

[28] Ibíd., p. 77

[29] Según Charles Perrot, "Lucas utiliza abundantemente un procedimiento literario muy en boga en el mundo helenístico de su tiempo: el paralelismo. Plutarco y otros escritores utilizaron a menudo este procedimiento en las biografías de hombres ilustres en particular. Al juzgar por medio de la antítesis, el biógrafo buscaba presentar el valor respectivo de los dos héroes comparando sus méritos respectivos. Este procedimiento se empleaba también en Palestina, donde el helenismo había penetrado con fuerza en el siglo I. En las escuelas de escribas, se recordaba a los antiguos rabbís uniéndolos por parejas; así, por ejemplo, Hillel y Shammai cuyas palabras se comparaban (cf. Mishna, tratado Pirqeï Abot)". Perrot, Op. Cit., p. 38

[30] Hermann Gunkel. *The Folktale in the Old Testament*. Sheffield (Eng.): Sheffield Academic Press, 1987

[31] Ibíd., p. 132

milagroso. Ellos van y lo encuentran, y lo salvan del peligro inmediato. Según Gunkel, Lucas preserva este núcleo, con la modificación de que María no abandonó al bebé, y que son sus padres quienes lo crían y no los pastores[32]. El resto está estructurado como la leyenda de Moisés, y otras leyendas extrabíblicas.

a) Concordancias entre Mateo y Lucas

En relación con el evangelio de Mateo, la narración lucana sobre el nacimiento de Jesús presenta las siguientes concordancias narrativas:

- Una virgen llamada María está comprometida con José, hijo de David (Mt 1,16.18.20; Lc 1,27; 2,4).

- El ángel del Señor anuncia la venida, el nombre y la misión del niño salvador, hijo de David (Mt 1,18s; Lc 1,26s. 32).

- María concibe al niño por obra del Espíritu Santo, antes de cohabitar con José (Mt 1,18-20; Lc 1,26-38).

---

[32] También François Bovon (Op. Cit.) apoya esta teoría, señalando que Lucas sacrificó lo esencial del relato primitivo de la infancia, para adecuarlo su propia teología y narrativa. Señala que el nacimiento del pastor mesiánico era un motivo importante en la época, tanto para judíos como para el mundo helenista: "Hay un motivo greco-romano que se mezcla en la redacción de este pasaje: el descubrimiento del niño real por los pastores. De este modo el relato quiere igualmente describir del modo narrativo al nuevo Mesías como un Mesías oculto. La hora nocturna ilustra tanto la índole repentina del acontecimiento como la situación sombría del pueblo de Israel" (p. 180). Hay que notar que el tema de los pastores no se refiere tanto a los "despreciables" por parte de la cultura judía, pues, como señala Bovon (p. 179), aunque algunos rabinos criticaban el oficio pastoril, el AT y Filón lo ven como un oficio digno, y lleno de metáforas divinas. Los pastores pueden ser vistos como personas marginales frente a la ciudad, con la misión de encontrar al niño, y tal vez originalmente de protegerlo, pero no necesariamente como despreciables.

- María da a luz a Jesús en tiempos del rey Herodes (Mt 2,1; Lc 1,5).

- El niño nace en Belén (Mt 2,5-8; Lc 2,4-5.11).

- Este nacimiento genera una inmensa alegría (Mt 2,10; Lc 2,10).

- Finalmente, la familia de Jesús se instala en Nazaret (Mt 2,23; Lc 2,39).

b) Discordancias entre Mateo y Lucas

Además de estas concordancias, también hay notables discordancias:

- El anuncio y nacimiento de Juan Bautista (Lc 2,5-25) no aparece en Mateo[33]. Esto excluye todos los episodios en relación con el Bautista que aparecen en Lucas, como el encuentro entre María e Isabel, el *Benedictus* de Zacarías, y el *Magníficat* de María.

- En Mateo, el ángel no tiene nombre. En Lucas se llama *Gabriel* (Lc 1,26s).

---

[33] La génesis literaria permite distinguir tres niveles de tradiciones en este relato de infancia. El primero, son las tradiciones del Bautista, de círculos bautistas. El segundo, las tradiciones del nacimiento de Jesús, tomadas de la tradición cristiana. El tercero, la redacción propia del narrador. Lucas recogió materiales sobre Juan Bautistas, al parecer de las tradiciones de los círculos bautistas. Luego incorporó estas narraciones a los materiales que tenía sobre Jesús, y los organizó de manera que la figura del Bautista fuera eminente, pero siempre subordinada a la figura de Jesús, cuya narración de nacimiento recogió de materiales cristianos antiguos (Cf. Perrot Op. Cit., p. 60). Larry Hurtado piensa, entre otros autores, que la creencia en la concepción virginal y nacimiento de Jesús es previa a Lucas, e incluso previa a la acusación que hacían los judíos de que Jesús era un bastardo. Esto segundo es discutible, ya que los relatos de infancia tienen la intención de rescatar el honor de Jesús sobre las acusaciones, aunque no son una mera apologética. Sin embargo, la aseveración de Hurtado (Op. Cit. p, 367) permite ver que los relatos existían previamente y que los evangelistas los incorporaron a su obra.

- En Mateo, el protagonista principal es *José*, a quien habla y guía el ángel de Dios (1,20; 2,13.19). En Lucas, es *María* (2,51) y sus familiares (Isabel y Zacarías), a quienes aparece el ángel y reciben la promesa (2,10s; 2,67s).

- En Mateo, los *magos* homenajean a Jesús. Lo buscan primero en Jerusalén, y luego siguen la estrella hasta Belén (Mt 2,1ss). En Lucas, no aparecen los magos, sino que un ángel se aparece a unos *pastores*, quienes conocen al recién nacido (Lc 2,8s).

- En Mateo, hay una polaridad Belén-Jerusalén, y se ve a *Jerusalén* y sus sacerdotes en forma negativa (2,3). En Lucas, Jerusalén y el sacerdocio son lugares de encuentro y revelación (1,5s. 8), donde el niño es circuncidado (2,8) y hasta acogido por profetas (2,25s) y posteriormente por maestros (2,41s).

- En Mateo, la familia de Jesús huye a *Egipto* ante la amenaza de Herodes (2,13s). Lucas no conoce ninguna tradición de *masacre* de los niños en Belén ni tampoco un viaje a Egipto.

- Lucas explica el nacimiento de Jesús en Belén debido al *Censo de Quirino* (2,1ss), ya que afirma que José y María *vivían en Nazaret* (1,26; 2,4). Mateo desconoce el Censo, y supone que Belén es la residencia natural de José y María en Belén (2,1). La vivienda en Nazaret se llevará a cabo después del retorno de Egipto (2,22s).

Todo esto demuestra que las narraciones son diferentes y, podría decirse contradictorias. Por lo tanto no pueden ofrecer una base histórica para el nacimiento de Jesús. Pero el análisis no se puede quedar allí. En las concordancias se puede entrever que los temas en común estaban más entrelazados por esperanzas de fe y realidades humanas muy profundas[34].

---

[34] Estas dimensiones simbólicas de la fe se explorarán en el Capítulo 4.

Los dos relatos emplean o suponen textos bíblicos similares, como Miqueas 5,1 e Isaías 7,14; esto demuestra que para distintos grupos cristianos del siglo I eran importantes los oráculos antiguos, y que en ellos estaba contenida la verdad de sus experiencias de fe, interpretados de manera actualizante, para que los textos no se murieran en historias del pasado. Ambos coinciden y enfatizan el nacimiento virginal, reflejando la importancia no sólo cultural de esta creencia de la época, en que los grandes héroes eran anunciados o concebidos de forma maravillosa, sino el valor del volver a nacer con el que nace de nuevo, a la luz de la resurrección de la vida nueva de los y las creyentes, con la invitación constante al encuentro con el misterio: "si uno no nace de nuevo, no puede ver el reino de Dios" (Jn 3,3)[35].

2.6 Relatos de anunciación del Antiguo Testamento

El análisis de los paralelos entre Mateo y Lucas establece conexión con otros textos bíblicos, los cuales también contienen relatos de anunciación. Mateo y Lucas utilizan el esquema de relatos de anunciación del Antiguo Testamento, en los que se cuenta la historia de personajes importantes y se retrotrae hasta su nacimiento para narrar desde un inicio la relevancia que tenían estos personajes en la cultura israelita. La Biblia hebrea recoge relatos de anunciación sobre Isaac, Ismael, Sansón y Samuel. Para François Bovon, "Los anuncios de nacimiento han sido siempre el signo de una iniciativa del

---

[35] La concepción virginal no fue atribuida solamente a Jesús. En el Siglo I, se pensaba que la palabra y la intervención divinas eran eficaces en las concepciones, como en los casos de Lea y Raquel, intervenidas en su esterilidad por Dios (Gen 29,31; 30,22), y en el caso de Sara (Heb 11,11). También se pensaba que los demonios podían engendrar hijos, como en el caso de Caín, fruto de unión entre Eva y el diablo Shammael, según Perrot, retomando una tradición judía de la época. Por ello, "la concepción virginal no es sino la representación gráfica del gesto divino realizado bajo el signo de la gracia" (Perrot, Op. Cit., p. 67).

Dios salvador y, en cada ocasión, el milagro no se le concede sólo al individuo, sino a todo el pueblo"[36].

Perrot recoge el esquema de los relatos de anunciación[37]. Los elementos que se encuentran en ellos son:

a. *Situación* de los personajes, señalando al mismo tiempo una dificultad (esterilidad por lo general, o virginidad en el caso de María).

b. *Aparición* del ángel del Señor.

c. *Miedo-asombro* producido por la aparición y que generalmente se expresa con la fórmula "no temas".

d. *Anuncio* de la llegada, mención del nombre y de la misión, que muchas veces empieza con la expresión técnica "He aquí".

e. *Pregunta* que plantea la dificultad.

f. El mensajero da una *señal* que apoya y garantiza la anunciación.

g. *Ejecución* del signo y *realización* del anuncio.

A manera de muestra, se comparan los casos más prominentes del Antiguo Testamento con los casos del Nuevo Testamento:

---

[36] Bovon, Ibíd., p. 82

[37] Como la mayoría de los esquemas, los relatos oscilan en su estructura y no se ajustan perfectamente al modelo. Sin embargo, éste ayuda a comprender cierta estructura mental y cultural, donde se resalta la importancia del personaje anunciado, y la autocomprensión pueblo que lo anuncia.

Personaje	Isaac (Gen 18; cf. 17,15-21)	Sansón (Jue 13)	Samuel (1 Sam 1)	Juan (Lc 1-2)	Jesús (Mt 1-2)
Situación	Abrahán y Sara eran ancianos, de edad muy avanzada, y Sara ya no tenía sus períodos (11). Agar menosprecia a Sara por esto (16, 4)	La mujer de Manoj era estéril y no había tenido hijos (2)	Feniná, su rival, la insultaba burlándose de ella para mortificarla, porque el Señor la había hecho estéril (6), al igual que Sara fue menospreciada.	No tenían hijos, porque Isabel era estéril y los dos eran de edad avanzada (1,7)	Su madre, María, estaba comprometida con José, y antes del matrimonio, quedó embarazada por obra del Espíritu Santo... José... pensó abandonarla en secreto. (1,18.19)
Aparición	El Señor se apareció a Abrahán junto al encinar de Mambré (11)	El ángel del Señor se apareció a la mujer (3)		Se le apareció un ángel del Señor, de pie a la derecha del altar del incienso (1,11)	Un ángel del Señor se le apareció en sueños a José (20)
Miedo-asombro	Al verlos, corrió a su encuentro desde la puerta de la carpa e inclinándose en tierra (2)	Manoj cayó en la cuenta de que aquél era el ángel del Señor:¡Vamos a morir, porque hemos visto a Dios! (21.22)		No temas (1,13)	No temas (1,20)

Anuncio	Para cuando yo vuelva a verte, en un año, Sara habrá tenido un hijo (10)	Concebirás y darás a luz un hijo...el niño estará consagrado a Dios desde antes de nacer. Él empezará a salvar a Israel de los filisteos (5)	Elí le dijo: Vete en paz. Que el Dios de Israel te conceda lo que le has pedido (Elí es el que habla y no el ángel) (17)	Tu mujer Isabel te dará un hijo, a quien llamarás Juan...Será grande a los ojos del Señor... (13-17)	La criatura que espera es obra del Espíritu Santo. Dará a luz un hijo, a quien llamarás Jesús, porque él salvará a su pueblo de sus pecados (1,20b-21)
Pregunta	Sara se rió por lo bajo, pensando: Cuando ya estoy seca, ¿voy a tener placer, con un marido tan viejo? (12; cf. 17,17)[1]	Manoj oró así al Señor: –Perdón, Señor: que vuelva ese hombre de Dios que enviaste y nos indique lo que hemos de hacer con el niño una vez nacido (8)		Zacarías respondió al ángel: ¿Qué garantía me das de eso? Porque yo soy anciano y mi mujer de edad avanzada (18)	

Ver nota 1 al final del capítulo.

Señal	Cuando vuelva a visitarte por esta época, dentro del tiempo de costumbre, Sara habrá tenido un hijo (14).		Si le das a tu servidora un hijo varón, se lo entrego al Señor de por vida y no pasará la navaja por su cabeza (11) (Ana establece la señal-promesa)	Quedarás mudo y sin poder hablar hasta que eso se cumpla, por no haber creído mis palabras que se cumplirán a su debido tiempo (20)	Todo esto sucedió para que se cumpliera lo que el Señor había anunciado por medio del profeta (1,22)[2]
Realización	Como lo había prometido, el Señor se ocupó de Sara, el Señor realizó con Sara lo que había anunciado (Gen 21,1)	La mujer de Manoj dio a luz un hijo y le puso de nombre Sansón (24)[3]	Ana concibió, dio a luz un hijo y le puso de nombre Samuel (20)[4]	Cuando a Isabel se le cumplió el tiempo del parto, dio a luz un hijo... Su nombre es Juan... (1,57.63)	Y sin haber mantenido relaciones dio a luz un hijo, al cual llamó Jesús (1,25)

Ver notas 2, 3 y 4 al final del capítulo.

Estas narraciones ponen en evidencia no sólo una estructura literaria, sino también una estructura cultural. Mateo y Lucas conocen la Biblia hebrea y las tradiciones haggádicas judías sobre los relatos de nacimiento. Toman de allí la imagen y el simbolismo como estructura, pero también en su complejidad antropológica. El anuncio del nacimiento del niño refleja la realidad humana que se enfrenta a la vida, tanto en dimensiones personales, como en dimensiones sociales y culturales. La esterilidad o la acusación de infidelidad, de no guardarse para el hombre prometido, reflejan enfrentamientos sociales en los que las personas son menospreciadas al no llevar las marcas de aceptación cultural. El nacimiento de un niño, por una parte, mantiene el estatus cultural de legitimación del sistema social, ya que la persona se "salva", accediendo a las reglas culturales. Pero por otro lado, intenta romper de alguna manera con el esquema de la imposibilidad, y dar explicaciones divinas y diversas a situaciones marginales. Al nacer el niño-héroe, libera a su madre de la exclusión, y promete de la misma manera liberar a su pueblo de la opresión y marginalidad. La historia del nacimiento de Samuel, por ejemplo, establece un nexo entre la promesa de nacimiento como liberación de opresión de la madre, y el nacimiento del niño y su entrega a Dios como inicio de la liberación de Israel por parte de los filisteos:

> Este relato, hábilmente contado, nos presenta la situación típica de la mujer oprimida que, por su esterilidad, es víctima de las burlas de su rival dentro del hogar. Nadie que lo escuchara con atención podría dejar de recordar sus conexiones con la situación de Sara (cf. Gen 16,1-5). El impacto que quiere producir esta historia es evidente: Samuel es el don que hace el Señor a una mujer oprimida de Israel. Puesto que su vida es un don de Dios, a él se le entregará. Para un Israel que se encontraba oprimido bajo la amenaza filistea, este personaje se convierte en todo un símbolo del futuro que le aguarda[38].

---

[38] Antony Campbell y James Flanagan. "1 y 2 Samuel". En: *NCBSJ*, Op. Cit., p. 227

2.7 El nacimiento del héroe desde una perspectiva mítico-simbólica, en Apocalipsis 12

Otra variante de este motivo, es la narración que aparece en la forma mítico-simbólica en Apocalipsis 12. El relato presenta como personaje central a una Mujer, descrita en términos cósmicos: vestida de sol, con la luna bajo sus pues, y una corona de doce astros sobre su cabeza (12,1). Se describen sus dolores y parto y sus gritos desgarradores (2). Frente a ella, se posa un Dragón rojo, también descrito en términos cósmicos, que con su cola arrastra la tercera parte de los astros del cielo y los arroja a la tierra (4). El Dragón espera devorar al hijo que la Mujer está pariendo, inmediatamente nazca. Nace entonces el niño, a quien se describe en un lenguaje de poder, señalando su condición de héroe liberador, pues habrá "de apacentar a todas las naciones con vara de hierro" (5 BNP). Un acontecimiento maravilloso invierte la situación, y el niño-héroe es arrebatado hacia Dios y hacia su trono, de manera que es protegido del usurpador que quiere destrozarlo (5). Su madre huye al desierto, donde es sustentada por Dios (6). Seguidamente hay una batalla en el cielo, entre los ángeles de Dios y el Dragón, que es descrito como la Serpiente Primitiva, Satanás y el Diablo (9), concentrando diversos a personajes míticos de la cultura judía en una sola personificación del mal. El Dragón es arrojado a la tierra por los ángeles, desterrado (9), donde nuevamente comienza a perseguir a la Mujer (13). Sin embargo, la Mujer recibe unas alas, y se escapa al desierto. La Serpiente la persigue, pero no sólo el cielo la protege, sino también la tierra, arrastrándola en la corriente del río (16). El Dragón queda impotente ante ella, y se va a hacer la guerra a sus descendientes, los seguidores de Jesús (17).

Lejos de hacer una interpretación a partir de equivalencias históricas entre la Mujer y María, o el Dragón y Herodes, lo que evoca este relato es el nacimiento en sus dimensiones simbólicas más profundas. La mujer evoca al mito de Madre originaria o Diosa primordial, fuente de vida para salvación

121

de su pueblo, lejos de la violencia y más bien generadora de resistencia a partir de la generación de vida[39]. Como señala Elisabeth Schüssler-Fiorenza:

> En tiempos de Juan era internacionalmente conocido el mito de la reina de los cielos y el niño divino. Aparecen variaciones sobre el mismo mito en Babilonia, Egipto, Grecia y Asia Menor, especialmente en textos relativos a la religión astral. Son varios los elementos de este mito: la diosa y el niño divino, el gran dragón rojo y su enemistad hacia la madre y el niño, y el motivo de la protección de madre e hijo. Apocalipsis 12 incorpora también estos elementos. Como en otras versiones del mito, el dragón busca al niño aún no nacido con intención de matarlo y devorarlo. El

---

[39] Rosemary Radford Ruether ("El sexismo y el discurso sobre dios: imágenes masculinas y femeninas de lo divino". En: *Del cielo a la tierra: una antología de teología feminista*. Santiago de Chile: Ediciones Sello Azul, 1994, pp. 127-148) observa que la imagen humana más antigua para la divinidad es femenina, rescatada del Paleolítico y el Neolítico. La Diosa no es tanto una persona sino una representación impersonal de los misteriosos poderes de la fecundidad. Está relacionada con la tierra y sus fuerzas espontáneas para recoger su alimento. La imagen fundante de lo divino es la Matriz Primordial, el Gran Útero dentro del cual se generan todas las cosas, a la manera de cómo los indígenas -y mestizos- andinos experimentan la divinidad de la Pachamama como fuente vital. Se da una gran valorización de la tierra como materia y como madre, y de esta manera la imagen de la divinidad es telúrica y no celestial. Esto se refleja antropológicamente en las sociedades agrarias, centradas en la fertilidad, la tierra y las diosas; mientras que posteriormente las sociedades pastoriles –tan presentes en la Biblia- van a reflejar una divinidad masculina, relacionada con el cielo y con el intercambio comercial. Con el monoteísmo posterior se produce una disociación y una dualización de las metáforas sobre el género en la divinidad. La explicación antropológica es el surgimiento de estas imágenes en las sociedades pastoriles nómadas, las cuales carecían del rol de la mujer como sembradora y solían imaginar a Dios como Padre-Celeste.

dragón persigue a la mujer encinta para arrebatarle el niño que lleva en su seno. En otras formas del mito, la mujer es conducida a un lugar seguro para que dé a luz, o bien da a luz de forma milagrosa y escapa a la furiosa embestida del dragón, junto con el neonato. En Apocalipsis 12 el niño es llevado al cielo, al tiempo que la mujer huye al desierto para ponerse a salvo[40].

El niño es Jesús, descrito en términos mítico-simbólicos. El Dragón es un enemigo cósmico, origen del mal y de la destrucción del universo, perteneciente a la simbólica del mal judía tardía, y también de los pueblos cercanos. La mujer es la Madre primitiva, la Diosa originaria, telúrica, símbolo que recoge en sí a la madre de Jesús, a la comunidad de sus seguidores, y a la humanidad entera, una Eva que vence a la Serpiente[41]. Estas dos figuras se oponen entre sí. La Mujer es generación de vida, el Dragón es destrucción del cosmos, devorador. Según Xabier Pikaza:

Mujer y Dragón forman una pareja simbólica primordial, en muchos mitos. Suele hablarse de una mujer buena, perseguida por un Dragón perverso, pero liberada por un héroe que la protege para casarse con ella. Es muy posible que ese mito esté en el fondo de nuestro texto, como indica el fin feliz (se casan mujer y salvador); pero aquí ese salvador ese el mismo hijo de la mujer; amenazado antes por el Dragón; es posible que devorar al hijo no significa matarlo, sino apoderarse de él para llevarle por un camino distinto al de Dios[42].

---

[40] Elisabeth Schüssler-Fiorenza. *Apocalipsis. Visión de un mundo justo.* Estella (Navarra): Verbo Divino, 1997, p. 116

[41] Es difícil definir específicamente si la mujer se trata de María, de la Iglesia, de Eva, o de La Vida Divina. Debido a su carácter simbólico, consideramos que los círculos concéntricos del símbolo permiten ir desde un personaje específico, como sería inicialmente el caso de María, hacia personajes simbólicos, que se pueden ir ampliando en el orden de la iglesia como comunidad local, en Eva como madre universal, y en La Vida misma o la Diosa primordial como símbolo de la vitalidad que sostiene el universo.

[42] Xabier Pikaza. *Apocalipsis.* Estella (Navarra): Verbo Divino, 2001 p. 141

Este relato rescata lo más profundo de las creencias originarias, en una religión ya masculinizada, pero que no puede ocultar la fuerza vital de la mujer en la participación salvífica. Como señala Gabriela Miranda, la mujer del Apocalipsis es una imagen débil, dependiente del niño varón, domesticada por la cultura del patriarcado romano, y no una mujer fuerte e independiente, como las diosas paganas de las que proviene el retrato[43].

---

[43] Apocalipsis oculta el papel protagónico de esta mujer, y la limita al rol de reina salvada pero no salvadora. Lo mismo sucede con el papel de María en el relato mateano del nacimiento de Jesús, donde la mujer está supeditada a las decisiones de José. Lucas lo hace de una forma diferente, y da voz y protagonismo a María. El atrevimiento que se toma Lucas es significativo en la época, pues la dignidad de las mujeres dependía del manejo de su castidad, y allí estaba el honor de la casa patriarcal. María y la mujer de Apocalipsis funcionan más como un símbolo de la existencia humana, que como una asignación directa al género. Y es allí donde se ha centrado la interpretación de esta investigación. Al respecto del rol de mujer limitada a la función de madre, señala de manera crítica Gabriela Miranda (*Las figuras femeninas del Apocalipsis de Juan y su relación con el proceso de silenciamiento de las mujeres en la Iglesia primitiva*. Tesis de Licenciatura en Teología. San José: Universidad Bíblica Latinoamericana, 2005), a propósito de la aculturación y adaptación de la imagen mediterránea del Siglo I de la Diosa Originaria, derrotada y transformada al servicio de las religiones patriarcales: "A diferencia de las diosas paganas que son fuertes e independientes, la mujer-madre del Apocalipsis no es una diosa sino una imagen débil. Si en su relato Isis misma, salva a su hijo y esposo, en la visión del Apocalipsis el hijo simplemente es arrebatado de la Bestia (12: 5b) y llevado ante Dios. La mujer es presentada como vulnerable, 'grita con los dolores y angustias del parto' (12: 2) y es Dios quien le provee de un refugio (12: 6). Si el Apocalipsis pretende con la visión de la mujer de luz traer a colación la figura de la diosa, lo hace presentando una imagen contraria a ésta. La mujer de luz en ningún modo es una figura fuerte. La mujer de sol del Apocalipsis sufre, carece de la apatía propia de las divinidades, sus dolores evidencian su humanidad. Frente al dios Único masculino no sólo se le arrebata su posición de diosa universal, sino su divinidad entera... La mujer del Apocalipsis aparece despojada de todo poder, salvo de la posibilidad de procrear y parir, La mujer que ha parido, como cumplimiento de su función social es protegida y valorada, es decir, es reconocida a partir de su maternidad y no de su feminidad. La Mujer-Madre de luz, revestida de sol, no con

La humanidad está simbolizada no en el niño, sino en la mujer, su combate por la vida se remonta a la esperanza, y aunque está subordinada al nacimiento del héroe, tal como se era percibido en la cultura mediterránea del siglo I, tiene un rol más protagónico que en Mateo.

Más que una reproducción literal del acontecimiento del nacimiento de Jesús, en Mateo o en Lucas, el relato de Apocalipsis presenta una simbólica común a muchos pueblos, con la intencionalidad de un mensaje catártico que permita encontrar esperanza salvífica y resistencias concretas en medio de situaciones hostiles a la vida, como señala Juan Stam:

> Hacerles frente a los monstruos de sus vidas era para ellos (los escritores y lectores originales de los textos bíblicos) hasta una especie de catarsis sanadora. Ya no tenían que seguir reprimiendo sus temores. La mejor manera de penetrar ese subconsciente en el que pululaban tales monstruos era por medio de este tipo de simbolismos surrealista. Es por eso que las pinturas de Goya, Bosco, Guayasamín, como también el Guernica de Picasso, penetran con tan incomparable fuerza el sentido más profundo de la realidad humana[44].

Pikaza establece un nexo entre la imagen de la Mujer y la Virgen de Guadalupe, que permite observar el alcance de la imagen en culturas tan distintas como la judeo-cristiana del siglo I y la mexicana posterior a la conquista. La Virgen de Guadalupe de México es una re-fundación de Quetzalcoatl, desde una perspectiva sincrética. Ella también está vestida de sol, con la luna bajo sus pies y una corona de estrellas en su manto, "a ella se le han dado las alas del águila, para

---

luz propia, sino con una luz que le es dada, merece la protección de Dios, es un símbolo de vida, es una bella representación. Su maternidad le vale la belleza de su imagen y el hijo que ha traído al mundo la solidaridad de Dios" (pp. 38.40.42).

[44] Juan Stam. *Apocalipsis. Tomo III*. Buenos Aires: Kairós, 2009, p. 20

que huya al desierto y proteja a sus indios oprimidos"[45]. Esto indica la importancia no sólo del hijo que nace, sino de la Madre que da vida, y la manera en que ambos símbolos se funden para evocar siempre el nacimiento de una nueva vida, en situaciones de genocidio, como el vivido por los indígenas y pueblos afro de Abya-Yala.

Notas del recuadro:

1 La diversidad de versiones da razón de la diversidad de tradiciones sobre el mismo acontecimiento narrado en el Génesis. Como señala *La Biblia de Nuestro Pueblo* (Op. Cit.): "El número de veces que se ha repetido esta promesa y los contextos en los que se ha realizado nos indican la diversidad de tradiciones en torno a los orígenes de la descendencia abrámica. Se explica, por tanto, que haya repeticiones y, a veces, hasta aparentes contradicciones. Nótese, por ejemplo, que en 17,17 se nos dice que Abrahán se ríe de la promesa de un hijo a su edad, mientras que en 18,12 es Sara la que se ríe" (p. 41).

2 En Mateo, la señal es previa al nacimiento, preanunciada por los profetas desde la antigüedad, según la lectura que hace el narrador de LXX Is 7,14.

3 M. O'Connor comenta, que "El nombre deriva del hebreo Shamash, que significa 'sol'; este dato, unido a la proximidad de Sorá a Bet Semes, 'casa del sol', y a la relevancia que tienen algunos motivos en el relato (el fuego, el cabello y la vista), han llevado a relacionar a Sansón con los mitos o las divinidades solares". M. O'Connor. "Jueces". En: Brown, Fitzmyer, Murphy. *NCBSJ*, Op. Cit., , p. 219

4 El texto de Samuel refleja un estadio posterior en la historiografía israelita. Ya Dios no se aparece, o su ángel, sino que los acontecimientos "seculares" son interpretados como intervenciones divinas. Por esto no aparecen todas las señales, pero sigue viva la estructura de anunciación. Los actores son Ana y Elí, quienes hablan en lugar de Dios, y esto se interpreta también como actuación divina. Von Rad (*Estudios sobre el Antiguo Testamento*. Salamanca: Sígueme, 1976, pp. 163-176) anota que para esta etapa, el historiador israelita ve que Dios actúa secretamente, dentro de la historia, y no como en la leyenda con hechos portentosos. Y resalta la manera peculiar israelita de entender la fe: ver en los acontecimientos humanos una actuación inmediata de Dios, como causa de los acontecimientos, como un principio de orden en la sucesión de acontecimientos históricos. La historia es algo organizado por Dios, con una causalidad diferente, una conexión metafísica.

[45] Pikaza, Op. Cit., p. 143

3
Intertextualidad: motivo del nacimiento del héroe en literatura y pintura extra-bíblicas

En el capítulo 2 se ha mostrado la relación que puede tener el relato de Mateo 1,18-2,23 con otros textos bíblicos. En este capítulo se busca más bien la relación de nuestro texto con texturas extrabíblicas[1], tales como la literatura y la pintura, para así ver cómo la cultura se ha enriquecido con el relato de nacimiento del liberador; y también cómo el relato se ha enriquecido de otras narraciones y motivos extracanónicos. Al decir de Wim Werem: "Los textos están vinculados con toda clase de hilos, de manera que forman en conjunto un tipo de 'gran fabricado', que cambia de color, de tiempo en

---

[1] Al referirse a "textos", se vuelve a la alusión de textura. Robbins (Op. Cit., pp. 4-7) señala que los textos deben ser comprendidos como tejidos, que se entrelazan con otros textos a través de colores o motivos similares, lo que se llama la textura. Mientras que la textura interna de un texto reside en las características del lenguaje mismo del texto, la intertextura es la representación, referencia o uso que hace el texto de fenómenos en el "mundo" fuera del texto, y el uso que posteriormente otros textos harán del texto estudiado.

tiempo, cuando se añade un nuevo texto al arsenal que ya existía"[2].

El tejido de enlace intertextual es el motivo del nacimiento del héroe, explorado en diferentes épocas y culturas. El propósito de tal búsqueda es reflexionar la profundidad teológica y antropológica de este símbolo narrativo, en el cual la comunidad ve el nacer de su héroe, y se ve a sí misma naciendo para la vida. Cada cultura tiene sus propios héroes, arquetipos simbólicos del ser-ahí y ser-así, en la que proyectan el paradigma de vida, y en el cual se reflejan los valores fundamentales. Como señala Patricia Cardona Zuluaga, la imagen y la narración heroica son las manifestaciones del devenir cultural de los pueblos. El héroe es una categoría literaria centrada en un personaje fundante de la identidad de los grupos:

> Se puede decir que a partir de la constitución de los personajes míticos o históricos se articulan procesos de identidad en los grupos, estos hunden sus raíces en un momento simbólicamente significativo: su origen, su redención o su transformación ctónica, política o cosmogónica en términos de comunidad. A través de los personajes heroicos se inaugura una mítica colectiva que resalta la experiencia del héroe como ser individual, pero representa y encarna los ideales y los valores de una cultura que se legitima con él[3].

Al referirnos al *héroe*, estamos hablando una categoría arquetípica en la que se sintetiza y proyecta el ser de una comunidad de manera personificada. Su historia es la simbólica del pueblo. Su nacimiento, su vida, sus acciones y su muerte se constituyen en la fundación de un nuevo mundo. Por lo tanto, el héroe es el fundador de una forma de ser, un salvaguarda de la cultura, ya sea en un sentido

---

[2] Werem, Op. Cit., p. 237

3 Patricia Cardona Zuluaga. "Del héroe mítico al mediático. Las categorías heroicas: héroe, tiempo y acción". En: *Revista EAFIT*, Vol. 42, No. 144. Medellín, 2006, p. 53

institucional –como mantenedor o fundamento de un orden dado– o revolucionario –como alguien que invierte el orden actual para establecer un nuevo orden del universo–. Y es en las tradiciones de la comunidad –ya sean orales, escritas, musicales o plásticas– donde se inmortaliza al héroe y se le hace fundamento de la cultura.

Dentro de muchas narraciones heroicas de diversos pueblos y culturas, está presente el motivo literario del niño-héroe abandonado[4]. Se trata de la historia de un héroe nacional o comunitario que nace bajo augurios esperanzadores para su pueblo y amenazantes para sus enemigos, es abandonado al peligro, y salvado por acontecimientos naturales que a su vez son guiados por una sabiduría divina, con el fin de que el personaje crezca en la periferia, y retorne para liberar a su pueblo. Este motivo aparece en el relato del nacimiento de Jesús narrado por Mateo, y también por Lucas.

A continuación, se ofrece un recuento del motivo literario, presente en diversas culturas, con el fin de realizar una valoración sobre el significado mítico-simbólico del que aparece en el relato mateano del nacimiento de Jesús[5].

---

[4] Por *motivo literario* se comprende, según José Enrique Ramírez (*Para Comprender el Antiguo Testamento*. San José: SEBILA, 2009) "un esquema de acción recurrente que contribuye a estructurar un texto. Implica un conflicto o tensión fundamental que apunta en una cierta dirección. Esa dirección tiene una carga más simbólica que particular dentro del texto". Este motivo se repite en diversos tipos de literatura, y estructura los relatos según un esquema sencillo (p. 56).

[5] Pablo Andinach ("La leyenda acádica de Sargón". En: *Revista Bíblica Argentina*. Año 55. Nº 50, 1993/2 – pp. 103-114) señala que existen por lo menos 72 narraciones que contienen el motivo del nacimiento del héroe, tomados de diferentes culturas y escritos en diversas lenguas, tales como acadio, hebreo, griego, inglés, chino, japonés, maya quiché, y español. Todos ellos son considerados *cuentos populares*, parte no sólo de folklore, sino también de la identidad de cada pueblo

3.1 Carácter de los cuentos populares que recogen el motivo literario

Hermann Gunkel señala que los pueblos antiguos creaban historias poéticas, y no concebían su realidad por medio de la historiografía moderna. Estas narraciones son comprendidas como literatura creadora de sentido para la vida de las comunidades. Según Gunkel, tales relatos "no buscan tanto informar a la gente acerca de la realidad, como contar una historia que el pueblo disfrute oír. Ellas hacen que la gente esté feliz o triste, y buscan entusiasmarla o entretenerla"[6]. Pero, además, los pueblos de la antigüedad aceptaban esta literatura como verdadera, ya que posee enseñanzas sobre la vida y profundiza en dimensiones de identidad colectiva que es la fuente de la identidad individual para el ser humano en la antigüedad.

Las historias poéticas enmarcan diversos géneros literarios, particularmente los que han acompañado a la humanidad desde tiempos antiguos, tales como mitos, sagas, leyendas y cuentos populares (*Folktales*)[7]. Los motivos literarios que aparecen

---

[6] Gunkel, Op. Cit., p 22, Traducción nuestra.

[7] Richard Horsley (Liberating the Christmas. New York: The Crossroad, 1989) establece una distinción entre mitos, leyendas y cuentos populares (*Folktales*). Los mitos son narraciones que tratan sobre los orígenes, y cuyos principales personajes son los dioses o los espíritus. Las leyendas, a diferencia de los mitos, se tratan de historias sobre seres humanos, y están ubicadas en un tiempo no tan lejano. Los relatos populares, a diferencia de los mitos y las leyendas, son aceptados como ficción, y no son tomados en serio. Esta distinción es importante en la discusión sobre si los relatos de infancia pueden ser una de estas tres cosas. Para Horsley, los relatos de infancia de Jesús son leyendas y no mitos. Sin embargo, nuestra investigación, tomando como punto de partida el diálogo que se establece entre la hermenéutica y la fenomenología de la religión (Cf. Paul Ricoeur. *Finitud y culpabilidad*. Madrid: Trotta, 2004), encuentra que estas distinciones no son tan marcadas. Por ejemplo, en las narraciones que veremos a continuación, en las leyendas y los cuentos populares intervienen los dioses; en los mitos, hay hombres y mujeres divinizados o hijos de los dioses–como Adán, Eva y Prometeo-; y en los cuentos populares hay un grado de aceptación

en las historias poéticas hacen que las líneas fronterizas entre los diferentes géneros sean difusas, ya que muchos mitos y leyendas se han formado de cuentos populares, y también la inspiración de los grandes mitos aparece constantemente en los cuentos populares.

Los cuentos populares son definidos por Gunkel como narraciones del pueblo, elaboraciones menos sofisticadas que los grandes mitos de las civilizaciones, pero con un alcance simbólico muy profundo, a la manera de los cuentos de Hadas. Su particularidad, en contraste con los mitos, es que los dioses no son los protagonistas principales, sino que aparecen ocasionalmente, en favor de un mensaje o milagro, mientras la narración sigue siendo más terrenal. En contraste con las sagas, los cuentos populares no abarcan grandes períodos históricos, y sus personajes son concretos, por lo general ficticios, y con localidades pequeñas, que recogen dentro de sí la profundidad de la personalidad humana y su relación con el entorno.

Referente a los cuentos populares, Gunkel señala que el mismo tipo de arte narrativo aparece en civilizaciones muy diversas, desde los relatos bíblicos, las Mil y una Noches, los cuentos celtas, los hermanos Grimm, y los cuentos indígenas de África y América Latina. "La imaginación humana recurre a narraciones similares, o a motivos similares, en diferentes lugares y pueblos, en circunstancias similares"[8]. Según Gunkel, todas las personas tienen las mismas condiciones intelectuales para comprender e interpretar la vida, especialmente en contextos y relaciones sociales similares. Estos cuentos están tan enraizados en la mente humana, que surgen desde estructuras sencillas y sus motivos se mantienen vivos en obras sofisticadas, tales como la tragedia griega, Shakespeare y Goethe.

---

o credibilidad, muchas veces en la literalidad de la narración, y otras veces en su mensaje pedagógico.

[8] Gunkel, Op. Cit., p. 31

Según Gunkel, "En los cuentos populares están expresadas toda clase de creencias y condiciones del alma de una persona"[9]. Asumen la magia primitiva como una manera de relacionarse con la naturaleza a través del intercambio, por ejemplo cuando una persona puede convertirse en, o habla a un animal o planta con propósitos especiales. Parten de las experiencias cotidianas, usando en la narración cosas que se han vivido y han sido memorables para el pueblo, haciendo pocas reflexiones sapienciales formales, pero con un contenido revelatorio sobre la vida y la interacción social. Constantemente aluden a sueños y visiones, pues en ellos las personas reproducen y re-crean sus experiencias oníricas, interpretadas a manera de un divino. La imaginación es la que logra combinar estos diversos elementos y elaborar un relato que va creciendo con el tiempo a través de la comunidad, hasta convertirse en literatura escrita, particularmente por alguna mano especialista en algún momento en que la cultura está suficientemente avanzada para recopilar sus tradiciones.

Uno de los cuentos populares que se repite en la antigüedad, y cuyo motivo acompañará diversas culturas y civilizaciones, es el del *nacimiento del niño héroe*, abandonado a circunstancias peligrosas, y que se salva milagrosamente con el propósito de salvar o gobernar posteriormente a su pueblo. Como señala Gunkel, "En los cuentos primitivos, especialmente en los de Oriente, los niños son considerados como el tesoro más preciosos de sus padres... 'Entre la gente más pobre que ha habido sobre la tierra, había un hombre y una mujer que eran los más pobres, ya que no tenían ni un hijo'-, empieza diciendo un cuento popular bosnio"[10].

---

[9] Ibíd., p. 30
[10] Ibíd., p. 128

3.2 Variantes del motivo literario del nacimiento del niño-héroe

En un artículo comparativo dedicado a Éxodo 2, Donald B. Redford[11] reúne diversas variantes del motivo del nacimiento del niño-héroe, de las cuales señala por lo menos 32 conocidas. Esto da cuenta no sólo de la historia de la influencia de algunos relatos que se fueron expandiendo, sino de la importancia de una historia conectada con la vida y con la muerte, con el miedo y con la esperanza, y con el deseo de que las situaciones adversas cambien. Como señala Redford, "Los mismos motivos literarios que ocurren en los cuentos humanos se derivan claramente de la sociedad contemporánea, apareciendo con frecuencia en las historias acerca de los dioses, los mitos"[12], y especialmente, como señala Gunkel, en los cuentos populares.

Redford divide el motivo literario en tres variantes, según los cuales se agrupan diversos materiales.

La primera serie de variantes es la del niño *abandonado por vergüenza, debido a las circunstancias de su nacimiento*. Este es un motivo que destaca una realidad social compleja, centrada especialmente en los valores del honor y de la vergüenza. "La culpa ocasionada por el nacimiento refleja una moralidad estricta, la cual puede estar muy cerca a una comunidad rural o a un grupo tribal"[13]. Además, hay profundas conexiones con los cultos de fertilidad en este motivo. Tanto en Levante Mediterráneo, como en Asia Menor y Grecia, estas historias están relacionadas con los cultos de la fertilidad, particularmente con la muerte y la resurrección de la vegetación. En esta variante se encuentran relatos como la historia del nacimiento Ptolomeo Soter, una versión del

---

[11] Redford, Donald B. "Literary motif of the exposed child: Ex 2:1-10". En: *Numen,* 14 no 3 N 1967, p. 210

[12] Ibíd., p. 210

[13] Ibíd., p. 211

nacimiento de Asclepio el dios griego de la medicina, y la leyenda de Sargón.

La segunda serie es la del *niño amenazado por ser un rey en potencia, destinado a destronar al rey actual.* El factor causante de la amenaza es una profecía en la que un niño por nacer vendrá a tomar el reino. Tal variante refleja una situación más sofisticada, mediada por las luchas dinásticas, en la que el reino hereditario y los problemas de sucesión son de gran importancia. Ejemplares son el nacimiento de Guilgamesh, el nacimiento de Ciro el Grande, la leyenda de Perseo, la tragedia griega de Edipo y la leyenda romana de Rómulo y Remo.

La tercera serie es la del niño *puesto en peligro debido a una masacre general.* Esta variante destaca que una matanza pone en peligro la vida del héroe durante su infancia. La masacre a veces está precedida de una profecía, y otras veces no. El regente de turno no conoce la identidad del niño que desea matar, pero su sobrevivencia destaca la esperanza en la restitución de los demás niños muertos, y apunta a la salvación y al nuevo gobierno del pueblo, venciendo a la tiranía y al desorden gubernamental. Dentro de estas variantes se encuentran el nacimiento de Augusto narrado por Suetonio, y la historia de Pirro contada por Plutarco. Además se clasifican dentro de esta serie las diversas historias sobre Moisés, como la narrada en el texto bíblico de Éxodo 1-2, y la versión detallada que hace Flavio Josefo sobre el liberador de Israel. Y, por supuesto, es aquí donde toma parte también el relato del nacimiento de Jesús narrado en Mateo 1-2, con el colorido y las variantes propias según la intención retórica del narrador.

En nuestro relato, el advenimiento del niño mesiánico está profetizado en los oráculos hebreos, lo que hace temblar al rey Herodes y a toda Jerusalén con él. Los magos anuncian su nacimiento, acompañado a su vez del fenómeno portentoso de la estrella, pero éstos no lo denuncian sino que lo protegen.

Herodes intenta acabar con el niño masacrando a todos los niños de la zona que tienen aproximadamente su edad; pero el intento resulta fallido. En vez de ser abandonado, el niño huye con su familia a Egipto, y pasa por el desierto para luego retornar a cumplir la profecía y establecer un reinado diferente al de Herodes, a quien no suplanta directamente pero sí establece una propuesta de gobierno ético y transformador.

3.3 El nacimiento del niño-héroe en antiguo Oriente: La leyenda de Sargón

La leyenda de Sargón, incluida dentro de las variantes antes mencionadas del motivo literario, es uno de los textos más antiguos que contienen este motivo. Su importancia es definitiva en la elaboración del relato de nacimiento e infancia de Moisés, y evidencia la función política de legitimación de un regente, mediante un nacimiento magnífico, el cual hace parte de la retórica oficial de varios pueblos antiguos.

Según A. Kirk Grayson[14], Sargón es un nombre asirio – *Sharru-kin-* y significa "legítimo rey", un nombre adoptado por el rey al tiempo de su ascensión al trono. En la historia mesopotámica, tres reyes tuvieron este nombre: Sargón de Akkad (2334–2279 a.C.) Sargón I de Asiria, quien gobernó cerca del 2000 a.C., y Sargón II (721–705 a.C.). Sólo el último es mencionado en la Biblia (Is 20,1). Pero el que corresponde a la leyenda es el primero, y de ésta leyenda –más que del personaje histórico como tal- se desprenden unos motivos literarios bastante interesantes cuando se les compara con la historia del nacimiento de Moisés (Ex 2,1-10).

La leyenda fue compuesta en algún momento entre el tiempo de Sargón, durante el período babilónico antiguo (aprox. 2300-2100 a.C.) y el tiempo de Asurbanipal en el período

---

[14] Kirk Grayson, "Sargon". En: Freedman, David Noel. (Ed.). *The Anchor Bible Dictionary*. New York: Doubleday, 1997.

neo-asirio (aprox. 911 hasta 650 a.C.) en cuya biblioteca se encontraron las copias. Es posible que la leyenda haya tenido un largo período de transmisión oral, y que haya sido puesta por escrito al cabo de varios años o siglos luego del nacimiento del rey. Aunque también es posible que haya sido redactada en un tiempo no muy lejano a su muerte.

La leyenda describe a Sargón como el hijo de una sacerdotisa y un peregrino desconocido de las montañas, lo cual marca un contraste y señala el motivo de la inversión con lo que sigue inmediatamente a la presentación de su origen: "hoy rijo un imperio". Este prólogo desarrolla la autobiografía de Sargón presuponiendo que éste ya es un rey poderoso, y contrasta este poder "actual" con su humilde origen.

Ya que su madre era sacerdotisa –y por esto se le exigía castidad, y probablemente virginidad[15]-, al quedar encinta debió sentir una gran vergüenza y un gran miedo de ser lapidada. Entonces dejó al niño en la orilla del río Éufrates en una canastilla de juncos impermeabilizada con una sustancia resinosa llamada pez.

El niño viaja en su canastita por el río, pero el río no lo ahoga, incluso es protegido por el mismo, el cual es símbolo de poder y fertilidad en Mesopotamia. En el río encuentra el jardinero real, Aqqi, quien lo salva. De esta manera Sargón mantiene una relación con la corte, cuidando los jardines del rey, y llega a ser rey. Su ascenso al trono lo debe a la diosa Istar, de quien dice: "Mientras era jardinero, Ishtar me otorgó (su) amor, y durante cuatro y (…) años ejercí la realeza. El (pueblo) de los cabezas negras regí, gob(erné)" [16]. Así, se puede establecer

---

[15] Como propone Andinach (Op. Cit.): "Si la sugerencia de que la madre era una sacerdotisa es correcta, puede entenderse que lo ocultara debido a que como sacerdotisa sólo podía recibir sexualmente al rey o al sumo sacerdote" (p. 111)

[16] "La leyenda de Sargón". En: James Pritchard. *La sabiduría del Antiguo Oriente*. Barcelona: Garriga, 1966, pp. 100-101, p. 100. Esta versión arqueológica realizada por Pritchard ha sido retrabajada por

el plano de su vida, con todos los giros que presenta en la leyenda:

a. Hijo de sacerdotisa (no querido)

b. Hijo de Akki, el jardinero

c. Hijo de la diosa Istar (amado)

d. Rey y Padre de una dinastía y un imperio

Finalmente describe todos sus logros como rey, y con la presentación legendaria de su origen, contrasta toda la realeza que puede alcanzar una persona mediante sus actos y conquistas: "El (pueblo) de los cabezas negras regí, gob(erné); poderosos (mon)tes con azuelas de bronce conquisté, las sierras superiores escalé, las sierras inferiores (atra)vesé, las (tierra) as del mar tres veces recorrí"[17]. Finaliza diciendo que deja tal legado a sus sucesores, es decir sus conquistas, e invita a sus súbditos a que le obedezcan y guarden su memoria. La leyenda muestra la intención de legitimar nueva dinastía. Sargón está respaldado por el mundo de lo divino -representado por Istar-, y por el mundo de lo militar -reflejado en la capacidad para la guerra y la conquista-[18].

Matthews y Benjamin (*Paralelos del Antiguo Testamento*. Santander: Sal Terrae, 2004) en una paráfrasis: "Con la ayuda de Istar, diosa del amor y de la guerra, me convertí en rey de los cabezas negras y he gobernado 55 años" (p. 85).

[17] "La leyenda de Sargón", En: Pritchard, Op. Cit., p. 100. Matthews y Benjamin (Op. Cit.) reconstruyen: "Abrí caminos a través de las montañas con hachas de bronce. Escalé altas cumbres. Crucé valles profundos. Conquisté todas las tierras de Dilmun al Golfo Pérsico y hasta Dor en el Mediterráneo. Por tres veces avancé desde el Golfo Pérsico hasta el Mediterráneo. Conquisté puertos como Dor y ciudades como Kazallu" (p. 85)

[18] Su paralelo con la narración del nacimiento e infancia de Moisés es evidente. Sin embargo, como señala Nahum H. Sarna (*Exploring Exodus: The Heritage of biblical Israel*. New York: Schocken Books, 1986, p. 30ss) hay unas diferencias notables que le dan a la narración

En la leyenda de Sargón se legitima la identidad de su pueblo. En este tipo de leyendas del nacimiento del héroe, lo importante no es sólo el individuo sino la comunidad que está detrás de él. No sólo Edipo sino la colectividad griega. No sólo Rómulo y Remo sino la población romana. No sólo Sargón sino el reino de Akkad. No sólo el liberador Moisés sino el pueblo liberado de Israel. No sólo el Mesías Jesús sino las comunidades mesiánicas de sus seguidores y seguidoras. Detrás del motivo del nacimiento del héroe está la búsqueda del origen de un pueblo, y la legitimación de una identidad; ya sea para fundamentar un gobierno desde la retórica oficial, o para generar una literatura marginal que exalte el honor y la memoria de las personas dejadas atrás por los discursos de las instituciones, como es el caso del relato de Nacimiento de Jesús.

No es extraño entonces que Roma sea un imperio que fundamentará su ser en la conquista y en la política de la *Pax*, la cual es resultado del ejercicio violento del poder. La política romana se refleja en su mito fundante, en el que un hermano mata al propio hermano para mantener el orden de la nación. Tampoco es de extrañar que Israel base su identidad en un personaje anclado a una historia que clama por libertad ante el imperio egipcio para culminar estableciendo una ley divina, que intente regir la vida hasta en

---

de Moisés una particularidad propia, dentro del propio colorido de narración hebrea: Sargón es dejado en el río, porque es hijo no deseado de una relación ilícita. Moisés, por contraste, es hijo de un matrimonio legal, y su madre trata de quedarse con él más tiempo. Ella no lo deja en el río por vergüenza sino por desesperación. Moisés es encontrado por una princesa. Sargón es hallado por una persona de estatus social bajo. El origen de Sargón es desconocido hasta que se revela su identidad en una situación especial. Moisés no tiene desconocimiento de su origen; de hecho, es el doble origen que tiene, hebreo y egipcio, el que le traerá el conflicto. En Sargón, como en otras leyendas, el niño descubrirá, al crecer, su alto origen y rango, y reclamará lo que le pertenece. En Moisés no hay un alto origen, no busca legitimar su reino, y lo único que va a reclamar es la libertad.

los más mínimos detalles. Mucho menos extrañará entonces que Jesús, el personaje fundante de una comunidad que se siente rechazada, sea rechazado por su propio pueblo y por el rey usurpador, y sea perseguido entre la multitud de los masacrados, para retornar de nuevo desde la tierra de refugio, acompañado de promesas y de vida para liberar a su pueblo[19]. Este es el relato que se repite tanto en el nacimiento como en la pasión del Mesías. Esta es la historia de Jesús, y también de la comunidad mateana, que está contando la historia de su propio nacimiento en el relato de su personaje arquetípico.

3.4 El nacimiento del niño-héroe en la antigüedad romana: la vita de Augusto

En su obra biográfica titulada *Los doce Césares* (121 d.C.)[20], Suetonio usa el género del encomio para resaltar el honor y la vergüenza de los regentes de Roma, desde la perspectiva cultural a la que pertenece. En la *vita* de Octavio Augusto, rescata elementos importantes que combinan un interés historiográfico de la época –que se atenía a datos concretos o por lo menos verificables, como inscripciones, cartas y documentos oficiales-, con dichos y creencias populares sobre este César –sobre todo en lo referente a su honor-. Suetonio ubica estas creencias al final de su texto, en la serie de "presagios" acerca del nacimiento, la vida y la muerte de Augusto. Esto hace parte del panegírico sobre este personaje fundamental, proponiendo a este "hijo de Apolo", o "nuevo Rómulo" como un paradigma con el que se podrá evaluar a los emperadores siguientes.

---

[19] Además que tampoco extraña el hecho de que María sea un personaje silencioso, y que José decida por ella y su futuro, reflejo del silenciamiento que se estaba extendiendo sobre muchas mujeres en las iglesias en la época en que se escriben los evangelios, como hace notar Janice Capel Anderson ("Matthew: Gender and Reading". In: *Semeia* 28, 1983, pp. 3–27)

[20] Suetonio, Op.Cit., pp. 39-88

Suetonio destaca su intencionalidad: "Puesto que nos ocupamos en este asunto, referiré ahora los presagios que precedieron, acompañaron o siguieron a su nacimiento, y que parecieron anunciar su futura grandeza y su permanente felicidad"[21].

El primer presagio que narra es el de un rayo que cayó sobre la ciudad de Vélitres, donde nació el Augusto. Ante este acontecimiento, el oráculo de la ciudad declara que algún día uno de sus ciudadanos llegará a tener el poder sobre Roma. Narra que pocos meses antes del nacimiento, el senado romano había prohibido la crianza de los niños que nacieron durante ese año, ante un augurio de que nacería un rey para Roma -una amenaza para la clase senatorial-.

La concepción de Augusto es relatada así:

> Acia, la madre de Augusto, había acudido a medianoche al templo de Apolo para un sacrificio solemne, quedando dormida en la litera mientras se iban las otras mujeres; se deslizó a su lado una serpiente, retirándose poco después; al despertar, se purificó como si hubiese salido de los brazos de su esposo, y desde aquel momento le quedó siempre en el cuerpo la imagen de una serpiente, imagen que nunca pudo borrar, por lo cual no quiso mostrarse nunca en los baños públicos; Augusto nació diez meses después, y por esta razón pasó por hijo de Apolo[22].

En otro presagio, Octavio, el padre de Augusto, tuvo sueños en los cuales la divinidad le indicaba el destino de su hijo: un rayo salía del vientre de su esposa. Un personaje llamado Nigidio le confirmó que su hijo había nacido para ser el dueño del universo.

Cuando Augusto era un niño, su padre se detuvo en un bosque dedicado a Baco, y allí consultó al dios sobre los destinos de

---

[21] Ibíd., p. 81

[22] Ibídem

su hijo. Los sacerdotes vieron un presagio extraordinario, ya que después de las libaciones de vino, la llama del altar se elevó hasta la parte superior del templo y desde allí hasta el cielo, "prodigio que sólo había ocurrido hasta entonces para Alejandro Magno cuando sacrificó sobre los mismos altares"[23], comenta Suetonio. Esta será una señal sobre la identidad del niño, como recoge el biógrafo: "desde la siguiente noche le pareció a Octavio ver a su hijo más grande de lo que son los mortales, armado con el rayo y el cetro, revestido con las insignias de Júpiter Óptimo Máximo, coronado de rayos, y sentado entre laureles en un carro tirado por doce caballos de deslumbrante blancura"[24].

Una noche, la nodriza de Augusto lo dejó en su cuna, y al otro día lo encontró en una torre, con la cara vuelta hacia el sol naciente -símbolo de Apolo-. También cuenta Suetonio que, estando Augusto en el campo, un águila -símbolo del Imperio romano- le robó un pedazo de pan que tenía en la mano, pero luego regresó para devolverle lo que era suyo. Varios personajes importantes tuvieron sueños con este niño, en los cuales el niño era empoderado por la divinidad suprema de los romanos, legitimando así su gobierno sobre el orbe. Uno de ellos era Cátulo, quien soñó que el niño tenía la estatuilla de la República en su pecho. Luego soñó que este mismo niño estaba sentado sobre las rodillas de Júpiter Capitolino, y Júpiter dijo que estaba educando al niño para la República. También Cicerón soñó con el niño, quien descendía del cielo hasta las puertas de capitolio, donde recibió un látigo de manos de Júpiter.

Mientras el niño va creciendo, se dan más señales sobre su futuro. El día que vistió su toga viril -se hizo hombre, para la cultura-, ésta se le descosió por ambos lados y se le cayó a los pies, "deduciendo de ello algunas personas que algún día

---

[23] Ibíd., p. 82

[24] Ibídem

le quedaría sometido el orden de que era destino el traje"[25]. Julio césar soñó con una palmera que brotaba retoños que no sólo la igualaban, sino que la cubrían y en ellos anidaban las aves, por lo que comprendió que su sucesor sería más grande que él, y supo que era Octavio. Suetonio también habla de diferentes señales que siguen a Augusto a lo largo de su vida, incluyendo presagios sobre su muerte y su apoteosis.

Todas estas profecías muestran cómo se construye la imagen de un personaje fundante para una cultura. A ellas se vinculan los sueños, los animales, los árboles, los personajes políticos y los dioses fundamentales. El personaje desde niño ya es tomado por rey, incluso es asumido como tal desde antes de nacer. Es elegido por la divinidad y guardado por ella de cualquier peligro durante toda su vida. Todos sus pasos están premeditados por los dioses, incluyendo su muerte, que se convierte al fin en una divinización.

Las conexiones del encomio de Augusto con el relato mateano de Jesús son bastante llamativas: anuncio de un rey que gobernará el orbe, prohibición de la crianza de los niños menores de cierta edad, visita milagrosa del Dios a la madre, convirtiendo al pequeño en hijo de Dios, alusiones a personajes históricos importantes -especialmente sabios, reyes y sacerdotes-.

Este tipo de profecías ya eran conocidas en los tiempos de los redactores de los evangelios, e incluso en los tiempos del nacimiento de Jesús, que fue precisamente bajo el reinado de Augusto (Lc 2,1). Con ello se reflejan creencias populares, fundamentales para la gente que legitima el ser-así de una cultura en particularidades milagrosas y divinas de sus personajes fundantes. Suetonio lo sabe, y pone este tipo de cosas que se decían sobre Augusto al final de su biografía, atendiendo a los datos que le resultan más verosímiles en cartas e inscripciones al comienzo de su escrito. Mateo, por

---

[25] Ibíd., p. 83

su parte, retoma este tipo de creencias presentes en la cultura, y las aplica sin distinción a Jesús, viendo en éste al verdadero regente del universo, amparado y protegido por el Dios único de Israel, temido por los reyes y sacerdotes, esperado por los sabios de oriente, y que va al exilio para retornar a gobernar a su pueblo, aunque sea de otra manera. Tal es la particularidad del relato mateano, que Jesús encarna este tipo de presagios y profecías, para terminar convirtiéndose en el rey esperado después de su muerte-resurrección, su apoteosis.

3.5 El nacimiento del niño-héroe en el judaísmo talmúdico: Abram y Moisés

El motivo literario del nacimiento del héroe aparece en varias narraciones judías, recogidas por distintos autores como Flavio Josefo, Pseudo-filón y el Talmud. Lo cual refleja una notable importancia y presencia en el mundo bíblico, y una posible vía de conexión con el relato mateano.

Los personajes que se destacan son arquetípicos para el pueblo de Israel, personajes fundantes, que constituyen para el pueblo una identidad. Se trata de Abrahám y Moisés principalmente, el padre del pueblo y el caudillo liberador y legislador. A continuación, se analizan algunas de estas narraciones, particularmente talmúdicas, ya que estas recogen una larga tradición que se va ampliando más y más, desde épocas previas al nacimiento de Jesús (Siglo IV a.C.) hasta la conclusión del Talmud Babilonio (Siglo VII d.C.).

Como señala Jacob Neusner[26], la lectura midrásica haggádica –ya presente en la época de Jesús, y aplicada por Mateo al narrar este relato, como se ha visto en los capítulos anteriores- se adhiere a una lectura simbólica de las narraciones bíblicas. La lectura haggádica es considerada una repetición creativa, a búsqueda de significados secundarios en las narraciones

---

[26] Jacob Neusner. *Introduction to rabbinic Literature*. New York: Doubleday, 1994, pp. 249-241

con la intención de hacerlos centrales, e incluso la re-significación de relatos y leyes (en la lectura halákica) de textos que originalmente tenían otra intención. En este tipo de lectura, los personajes no son meras figuras históricas, sino símbolos interconectados con otra serie de símbolos bíblicos. La intertextualidad judía va más allá de la cita directa, y se fundamenta en una simbólica de evocación asociativa. Consiste en ver la inter-conexión entre palabras y signos textuales con otros signos textuales que no parecen tan evidentes. Es por ello que una intertextualidad detenida del relato mateano permite ver conexiones culturales e interculturales que van más allá de la mera copia o influencia, y aluden a realidades humanas más profundas, repetidas, esperadas o sufridas a lo largo de la historia. De esta manera, en la narración mateana del nacimiento de Jesús está también recogido el nacimiento de Abraham, ya que es "hijo de Abraham" (Mt 1,1), y el nacimiento de Moisés, ya que Jesús es comprendido como el nuevo legislador de la nueva comunidad, en la proclamación del reinado de Dios.

3.5.1 Nacimiento de Abram en el Talmud

Un relato talmúdico recoge el relato del nacimiento de Abram, padre e imagen fundante del pueblo de Israel, reconocido el pueblo en él por la promesa y la esperanza, pero también por la extranjería.

En cuanto a este tipo de relatos talmúdicos, señalan Strack y Stemberger que se trata de interpretaciones del material midrásico previo, ya sea legal o narrativo. Algunos de estos relatos se han generado durante un largo tiempo hasta la conclusión del Talmud de Babilonia en el siglo VII: "También hay midrasim largos y seguidos, cuyo *Sitz im Leben* no es la exégesis de la Misnah, sino la exégesis bíblica que se practicaba en las academias o sinagogas de Palestina y Babilonia"[27].

---

[27] H.L. Strack y G. Stemberger. *Introducción a la literatura talmúdica*

El texto midrásico ubica el nacimiento de Abram en el reinado de Nimrod, en Babilonia. Teraj, padre del niño por nacer, es funcionario estimado del rey. También se menciona el nombre de su madre, Amtheta. El relato inicia con una celebración que realiza Teraj en su casa junto a sus amigos, entre los cuales están los sabios y astrólogos del rey. Ellos ven un fenómeno astrológico, "una estrella muy brillante por el oriente y amortiguaba con su brillo los cuatro ámbitos del cielo"[28] que augura el derrocamiento del rey y la fuerza que tendrán los descendientes del niño, tal como interpretan los astrólogos: "Ciertamente, esto está relacionado con el recién nacido hijo de Therach. Cuando crezca, ha de ser fecundo y aumentará cada día su poder y excelencia, y sus descendientes destruirán este reino y poseerán la tierra"[29].

Los sabios y astrólogos –que también son llamados magos– avisan al rey de este presagio, y éste manda llamar a Teraj, con quien surge una interesante conversación. La propuesta inicial del rey va directo al grano: "Entrégame ahora al niño para que lo matemos antes de que la desgracia caiga sobre nosotros, y como pago, llenaré tus cofres de oro y plata"[30]. Teraj le propone una consulta que va en la línea sapiencial y en la perspectiva parabólica de los rabinos. Le recuerda que el rey le regaló un caballo hace un tiempo, y que está pensando en venderlo. El rey le responde, con toda su magnitud despótica, que esto es imposible, porque el súbdito no tiene libertad de disponer de un regalo recibido por el rey sin su permiso. La respuesta de Teraj es lapidaria: "Si de ese modo pensáis con respecto a un caballo, ¿cómo podéis pedirme que os entregue

---

y midrásica. Edición española preparada por Miguel Pérez Fernández. Estella (Navarra): Verbo Divino. Biblioteca Midrásica, 1996, p. 277

[28] Pedro Guirao (Ed.). *Narraciones del Talmud.* Bacaraldo (Vizcaya): Grafite / Monte Carmelo, 1998, p. 86

[29] Ibíd., p. 86

[30] Ibíd., p. 87

a mi hijo?"[31]. Y por insistencia del rey airado, le pide tres días para pensarlo.

A los tres días, Teraj envía al hijo de uno de sus esclavos, nacido el mismo día que Abram, dándose así la matanza de un inocente en favor del niño elegido. Luego, Teraj esconde a su mujer, a su hijo y a la nodriza en una cueva, enviándoles sustento por diez años, cumpliéndose así el motivo de la exposición en el desierto, ante el peligro del rey que amenaza. Finalmente, el niño crece, y ya conocemos quién será en el futuro narrativo, tanto en el Talmud como en la Biblia, y lo que significa para Israel. Si se considera que gran parte del Talmud se escribió en Babilonia, la importancia de la oposición entre el niño y sus descendientes con Nimrod y su pueblo es fundamental.

Es sabido que el relato es posterior a los realatos canónicos[32]. Refleja la importancia del nacimiento del héroe, personaje fundante del pueblo, epónimo (Abra-'am, "padre de mi pueblo"), en quien se configuran las narraciones del ser de la comunidad, y en quien se personalizan diferentes experiencias e historias de vida para explicar y dar sentido a sus hijos. Lo mismo sucede en el relato de Jesús, donde éste es el héroe de la comunidad, *Cristo*, en nombre de quien el pueblo se llama *cristiano*. En la historia de Cristo se recoge la experiencia de fe de sus seguidores y seguidoras, y funciona como arquetipo existencial no sólo de los cristianos sino también de la civilización occidental, que tiene que recurrir constantemente a su imagen, para aceptarla o rebelarse contra ella, para transformarla, o leerla desde otros puntos de vista, con tal de legitimar su ser-ahí y ser-ahí en la existencia misma[33].

---

[31] Ibíd., p. 88

[32] Strack y Stemberger, Op. Cit.

[33] Un ejemplo de literatura occidental que usa la imagen de Jesús mediante su transformación literaria para responder a las preocupaciones religiosas de otras épocas son las obras de Nietzsche *Así habló Zaratustra* (Madrid: Alianza, 1992) y *El anticristo* ((Madrid: Alianza,

En comparación, en el relato mateano son los magos los que ven la estrella de oriente –como en el relato talmúdico de Abram-, y la interpretan como el nacimiento de un gran personaje frente a un rey que será destronado. Pero los magos mateanos no planean destruir al niño, como sí sucede en el relato talmúdico, sino que son advertidos por el ángel, y encuentran un camino para eludir a Herodes. En este sentido, se refleja la visión positiva que presenta Mateo de los extranjeros, además astrólogos, frente a la postura negativa del Talmud. En ambos relatos, ocurre la matanza de personas inocentes. En el Talmud, muere el hijo de un esclavo de Teraj, mientras que en Mateo muere una multitud –sin que ninguno de los dos relatos esté pensando en el tema de la justicia o injusticia divinas-. En ambos relatos hay una huída, pero no un abandono del niño. La diferencia es que el Talmud habla de una cueva, probablemente desértica, donde el niño es escondido con su madre y su nodriza por diez años, mientras que en Mateo se va a Egipto como país de refugio. Ambos fundamentan el origen comunitario en una persona que es considerado como extranjera en la tierra donde vive, sea en Babilonia, Egipto, o incluso en la misma Palestina, sentimiento fuertemente arraigado en la comunidad mateana, después de la destrucción del Templo y de la separación de la sinagoga.

3.5.2 Nacimiento e infancia de Moisés en el Talmud

El relato del nacimiento de Moisés que aparece en el Talmud es tardío, pero recoge en sí los diversos relatos judíos sobre el nacimiento del legislador que ya se conocían en la época de Jesús, y se empezaron a redactar cuando se redactaban los

---

1996), en el siglo XIX. Y también la elaboración literaria que hace José Saramago en *El evangelio según Jesucristo* (Madrid: Alfaguara, 2005), para presentar a un Jesús como sujeto de un conflicto interno de la fe, reflejo de las preocupaciones religiosas del siglo XX.

evangelios[34]. Basado en el relato bíblico y en sus variantes midrásicas, este relato de nacimiento e infancia de Moisés ahonda en detalles y en explicaciones que, además de dar un gran colorido a la narración, profundizan en la concepción antropológica hebrea, al interpretar el relato como narración arquetípica del pueblo mismo.

La narración se ubica espacio-temporalmente en Egipto, después de la muerte de José, tal como lo cuentan los capítulos 1 y 2 del Éxodo. Desde su ascenso al trono, faraón es advertido por sus ministros del poder y la fuerza de los israelitas, razón por la cual logrará mediante una estratagema someterlos a trabajos forzados. Los trabajos no son suficientes para acabarlos, por lo que se inicia el proyecto de la masacre de los inocentes. Es en esta época que el faraón tiene un sueño: "en el cual estando sentado en su trono y levantando la vista, vio un anciano ante él que sostenía en sus manos una balanza. Este anciano, tomando a los ancianos de Egipto, a sus príncipes y a sus magnates, los colocó en un platillo. Tomando después un cordero, lo colocó en el otro, y, ante el asombro

---

[34] Las Antigüedades Bíblicas de Pseudo-Filón –obra redactada probablemente en la época en que se redactaban los evangelios, según Alfonso de la Fuente- dan un fuerte protagonismo a Amram, padre de Moisés, quien declara: "Yo no acepto lo que habéis decidido, sino que voy a tomar mujer y tendré hijos, para que nos multipliquemos en la tierra... y no obedeceré las órdenes del rey" (9,11). Dios respalda esta iniciativa, y bendice el nacimiento prometiendo que el niño será un iluminado, por medio de quien hará maravillas (9,7.9). Primeros tiene como hijos a Aarón y María. El Espíritu de Dios desciende sobre María, y ella sueña un símbolo del agua en el que se anuncia que por medio de su hermano por nacer Dios va a salvar a su pueblo. Luego de nacer el niño, lo ocultan por tres meses, hasta que es arrojado al río, y recogido por la hija del Faraón. (En: Alejandro Díez Macho. *Apócrifos del Antiguo Testamento II*. Madrid: Cristiandad, 1983, pp. 223-224). También Flavio Josefo contará de manera detenida y adornada el nacimiento de Jesús en su obra Antigüedades de los judíos, narrada posteriormente a la destrucción del templo, en la época en que se redactan los evangelios, y con un relato muy similar al que encontramos en Mateo (Cf. Brown, *Nacimiento*. Op. Cit.).

de todos, el cordero pesaba más que todos los personajes que había en el otro platillo"[35]. Este sueño da cuenta de una simbólica de opuestos que acompaña toda la narración. A un lado de la balanza están los opositores: faraón, sus ministros y consejeros, los magos y astrólogos (entre ellos Balam). Al otro lado está el cordero, representando a Moisés, el cual a su vez es la representación de todo Israel, con sus ancestros y sus descendientes.

Balam (llamado Bilam en esta traducción), destaca por ser uno de los más distinguidos astrólogos de Egipto, interpreta el sueño para el rey: "Un gran desastre sobrevendrá sobre Egipto dentro de poco. Nacerá un hijo de Israel que destruirá Egipto, matará a sus habitantes y arrastrará al pueblo tras de sí"[36].

El rey manda a llamar a dos de sus consejeros, Renel y Job, quienes le hacen varias recomendaciones. En boca de Renel, quien tiene una visión positiva de Israel, invita al faraón a no oponerse a los escogidos de Dios, apoyándose en razón de sus patriarcas, que salieron victoriosos ante los faraones y los reyes, como Abraham y José. Bilam, por su parte, da razón de la indestructibilidad de Israel, e invita a un camino posible para destruirlos:

> No hay ningún medio de abatir a los hebreos. El fuego no puede con Abraham y el cuchillo será inútil, pues Isaac se libró de él y un cordero fue sacrificado en su lugar. No se les puede exterminar por el trabajo, pues Jacob trabajó día y noche para Sabem y aún prosperó... Ordena que todos los varones hebreos sean arrojados al río, pues en la historia no se dice que pudieran resistir al agua[37].

---

[35] *Narraciones del Talmud*, Op. Cit., p. 107

[36] Ibíd., p. 108

[37] Ibíd., p. 109

Un consejo que el rey lleva a cabo, y que sale infructuoso, pues el niño liberador es salvado del agua, y guiará a su pueblo a través del agua para salvarse de la esclavitud.

Además, aparece una profecía realizada por Miriam, anunciando el futuro de su hermano: "Mi madre dará a luz un segundo hijo que sacará al pueblo de Israel de las manos de los egipcios"[38]. Lo primero se cumple, y Jokabed da a luz al niño, a quien esconde por tres meses hasta que es descubierto. Antes de que atrapen al niño, ella misma lo deposita en una cesta de mimbres y lo arroja al río Nilo, donde es encontrado por Batia, la hija del faraón, quien lo lleva a la corte para que crezca allí.

Cuando el niño tiene tres años de edad, ocurre otra señal premonitoria. Faraón tiene al niño en sus brazos, y el niño toma el cetro de sus manos, empuñándolo fuertemente. A lo que viene una interpretación del mago Balam, relacionando de nuevo sus actitudes con la identidad del pueblo, señalando su astucia –que para Balam es negativa- como una manera de resistir ante los poderosos:

> No creas que porque el niño sea pequeño haya cometido este acto sin pensar. Acuérdate de la interpretación del sueño de las balanzas. El espíritu de mando ya está inculcado en el entendimiento de este muchacho, y su acto al cogerte el cetro de la mano significa que te coge el mando. Éste ha sido el modo de conducirse esta gente. Pisar a quienes los han enaltecido, usurpar el poder de quienes los protegen. Abraham, antecesor de este niño, engañó a Faraón, diciéndole que Sara era su hermana. Jacob, su hijo, hizo lo mismo. Después huyó a tierras de Mesopotamia, donde se casó con las hijas de su tío y huyó con ellas secretamente, llevándose manadas de ganado y grandes riquezas. Los hijos de Jacob vendieron a su hermano José como esclavo. Después fue proclamado por uno de tus antecesores como virrey de Egipto y cuando vino un hambre sobre la tierra,

[38] Ibíd., p. 109

hizo venir a su padre y hermanos para mantenerlos, mientras los egipcios se vendían por un pedazo de pan[39].

El niño se salva de la muerte por consejo de Jetro, sacerdote de Madián, ante el faraón. Así Moisés crece en la corte egipcia, y luego huye de Egipto debido al asesinato de un capataz. En la narración, Moisés pasa de ser cortesano en Egipto a ser guerrero en Etiopía, y posteriormente rey en este lugar, calificado en su reinado como justo y recto. Luego, voluntariamente renuncia al poder y se va a Madián. Será más tarde que retorne a liberar a su pueblo, por mandato divino, para convertirse en profeta y legislador de su nación.

En relación con el relato mateano, es interesante ver cómo se ahonda en un relato cortesano. El faraón está rodeado de magos, mientras que Herodes no. En el Talmud, los magos y astrólogos son personajes negativos, rivales a Moisés e Israel en consejos, en milagros y en intenciones. En Mateo, el enemigo es directamente el rey Herodes, y los magos están de parte del niño y de su familia.

Las particularidades del relato talmúdico traen luz sobre el sentido de Jesús como ancestro de la comunidad, a la vez emparentado con los ancestros israelitas, en el relato mateano. Jesús es presentado como el nuevo Moisés, su padre como el nuevo José, conductor del nuevo Israel hacia un exilio por amenazas de un falso rey, y su madre como la nueva Miriam, hermana y madre, receptora de profecías y de milagro, que visiona en el niño por nacer una promesa ante el pueblo que está esclavizado –lo que se resalta aún más en Lucas-. Los personajes están vinculados con los patriarcas, y su accionar a la obediencia que estos llevaron a cabo. De modo que sus descendientes también están vinculados, y se pueden comprender también como ese pueblo pequeño pero indestructible, que mediante la astucia divina se libran de las estratagemas de los malvados, y prometen un futuro esperanzador para su pueblo.

---

[39] Ibíd., p. 110-11

3.6 El nacimiento del niño-héroe en los evangelios antiguos y medievales

Los relatos evangélicos de nacimiento e infancia de Jesús tienen una rica historia de la recepción en las tradiciones cristianas, tales como los evangelios apócrifos. Algunos de ellos recogen directamente el texto mateano, ya sea en forma oral o escrita, y reelaboran el relato conforme a una nueva experiencia de vida en un contexto helenista. Esta influencia es considerada como la más inmediata de los relatos de infancia canónicos, particularmente en lo que se conoce como la transmisión de los evangelios a manera de oralidad secundaria, como señala Hans Joseph Klauck:

> "Las narraciones de los evangelios canónicos entran de este modo en una fase de oralidad nueva, secundaria, en la que quedan expuestas a una reformulación libre y, sobre todo, a una asimilación armonizadora de las diferentes versiones. De este modo se explica que los evangelios canónicos pudieran ejercer una influencia indirecta en la composición de los textos apócrifos"[40].

Los evangelios de la infancia, entre los que figuran el *Protoevangelio de Santiago*, el *Evangelio del Pseudo-Mateo*, el *Libro de la Natividad de María*, los extractos del *Liber Infantia Salvatoris*, y otros apócrifos[41], tienen como propósito reflejar las creencias y experiencias de fe de las comunidades posteriores al siglo I, llenando las lagunas narrativas en los relatos de infancia en Mateo y Lucas, y poniendo especial interés en la caracterización de personajes que aparecen en los evangelios, y otro tipo de personajes que no aparecen, como el padre y la madre de María.

---

[40] Hans-Joseph Klauck. *Los evangelios apócrifos. Una introducción.* Santander: Sal Terrae, 2006, p. 16

[41] Para el análisis de estos evangelios se usa la edición crítica bilingüe de Aurelio de Santos Otero. *Los evangelios apócrifos.* Madrid: Biblioteca de Autores Cristianos, 2004

A continuación, se estudian dos textos de los evangelios de la infancia: el *Protoevangelio de Santiago* y el *Evangelio del Pseudo-Mateo*. Con esto se observa cómo el relato mateano es recibido e interpretado en la historia de la iglesia, y cómo el motivo literario del niño-héroe abandonado toma otros rostros, como el de María, y continúa manteniendo esa esperanza salvadora para una comunidad personificada en algunos en hombres y mujeres.

3.6.1 *El nacimiento de María y de Jesús en el Protoevangelio de Santiago*

El *Protoevangelio de Santiago* es un texto antiguo, datado entre el 150 y el 200 d.C. Se alimenta de la influencia de los evangelios canónicos, específicamente de Mateo y Lucas en su forma oral, y elabora una versión libre de los acontecimientos, en interés de la propia experiencia de vida del narrador y su comunidad, en un contexto que va cambiando, con un cristianismo que toma cada vez matices más helenistas, y va dejando de lado sus raíces judías.

El *Protoevangelio* integra los ciclos narrativos de Mateo 1-2 y Lucas 1-2 en un relato que intenta ser coherente, debido a las diferencias que aparecen entre estas dos narraciones canónicas, y tratando de corregir sus contradicciones. El narrador emplea material adicional, que en determinados casos suprime la información de los evangelios canónicos, cuando entra en contradicción con ellos, como el caso de la cueva como el lugar de nacimiento de Jesús, a diferencia de la casa que aparece en Mateo y el pesebre que aparece en Lucas (2,7 BJ)[42].

---

[42] La Biblia de Jerusalén (Op. Cit.) anota respecto al lugar donde nació Jesús señalado en el evangelio de Lucas: "Mejor que una posada (*pandojeion*, Lc 10,34), la palabra griega *katályma* puede designar una sala, 1 S 9,22; Lc 22,1, en la que se alojaba la familia de José. Si éste tenía su domicilio en Belén, se explica mejor que haya regresado allí para el censo y también que haya traído a su joven mujer encinta. El

La narración se centra en dos relatos de infancia: el de María y el de Jesús. La intención de este relato es hacer un encomio de María, un panegírico, siguiendo las normas de la retórica greco-romana, tal como el origen noble (*genos*), el nacimiento maravilloso (*génesis*), la educación digna (*paideia*) y las acciones valiosas (*praxeis*). Como sugiere Klauck, "su objetivo es demostrar con la mayor claridad posible la virginidad de María, la Nueva Eva, desde su concepción y nacimiento, pasando por sus primeros años de vida, sus años como virgen en el templo y su matrimonio no consumado con José, hasta el nacimiento de Jesús"[43].

La narración comienza con una introducción que siembra los antecedentes, donde se presenta a los padres de María y se relata su anunciación (caps. 1-4). Utiliza nombres de personajes de los LXX, y se refiere constantemente a las costumbres judías, ya sean históricas o de ficción narrativa. Joaquín es un hombre rico, casado con Ana, la cual es un personaje construido sobre el estereotipo de Ana, madre del profeta Samuel (1 Sam 1-2). Sufren la vergüenza de no tener hijos, y la tristeza que éstos sienten por parecer "tierra estéril". Se les compara con Abraham y Sara, estériles inicialmente (1,3). Desde el comienzo se destaca en este sentido el concepto de honor y vergüenza, que acompañará al *Protoevangelio*. En tal ambiente es anunciada María, por voz de un ángel a Ana (4,1), siguiendo el prototipo de anunciación a Sara (Gen 16), y también la doble narración de anunciación que hay en Lucas (1,26-31). La promesa de consagración de la futura persona que nazca sigue el patrón de la promesa en 1 Samuel 1. Así, Joaquín vuelve a casa, y Ana queda embarazada[44].

---

pesebre, comedero del ganado, estaba sin duda instalado en una pared del pobre albergue, y éste se hallaba tan lleno que no pudieron encontrar lugar mejor para rescostar al niño. Una piadosa leyenda ha dotado a este pesebre de dos animales" (p. 1494).

[43] Klauck, Op. Cit., p. 104

[44] Hay debate entre los especialistas en cuanto a si María también fue concebida sin relación sexual, debido a que no se menciona

A estos antecedentes sigue la narración del nacimiento e infancia de María (Caps. 5-7). El nacimiento es honorable, debido a la anunciación, pero lo es más su infancia, ya que Ana convierte su habitación en un santuario: "Y le hizo un oratorio en su habitación y no consintió que ninguna cosa común o impura pasara por sus manos. Llamó, además, a unas doncellas hebreas, vírgenes todas, y éstas la entretenían" (6,1). Al cumplir un año, Ana bendice a Dios por este nacimiento, y declara su propia versión del *Magníficat*, enfatizando su honor rescatado, el cual había sido burlado por Rubén, un coterráneo: "¿Quién dará a los hijos de Rubén la noticia de que Ana está amamantando? Oíd, oíd todas las doce tribus de Israel: Ana está amamantando" (6,3b). En su infancia, María vivirá como virgen sagrada del templo de Jerusalén, y recibiendo incluso la comida de manos de un ángel (8,1).

El casamiento de María con José se da cuando esta tiene doce años (8-11). La razón, según Klauck, es que la niña empieza a menstruar, y no puede mancillar el templo. La envían a José, un hombre viejo, viudo y con hijos, para que la tenga como esposa, pero con el fin de mantenerla virgen, sin que el templo se mancille. Éste es elegido por designio divino (8,3). El relato es enfático en la virginidad de María[45], no sólo al mencionar que José es viejo, sino también que se va de su casa a trabajar –al parecer por largo tiempo- y cuando regresa, después de un largo tiempo, la encuentra encinta.

---

explícitamente la situación en 4,4. El narrador no pone énfasis en esto, y deja la puerta abierta a una doble interpretación, por lo que es imposible sacar una conclusión objetiva. Esto demuestra que aquí no está su interés, sino en el honor de la anunciación y el nacimiento.

[45] La virginidad es un valor cultural que poco a poco va creciendo dentro del cristianismo. Al comienzo, como señala Malina (*Evangelios sinópticos*, Op. Cit.), la virginidad en sí misma no era un valor para el judaísmo del siglo I. Sin embargo, al redactarse los evangelios canónicos, ya se presencia la valoración de este acontecimiento. En la redacción del *Protoevangelio*, es fundamental el hecho de la virginidad –especialmente la de María- y por esto el narrador escribe a manera de apologista mariano, concepto tan valioso para el catolicismo.

La concepción de Jesús y el embarazo de María (caps. 11-
16) comienzan con la anunciación (11,1-3). El ángel le habla
a la virgen de dieciséis años con las palabras del evangelio
de Lucas. El hijo será concebido milagrosamente, a través
de la palabra divina (λόγος αὐτοῦ) (11,2). Luego se narra la
visitación de María a Isabel (12), y se destaca que María se
había olvidado del anuncio que le hizo el ángel. Cuando ella
tiene seis meses de preñez, José se entera, y tiene miedo ante
Dios y la gente porque su honor se verá mancillado. Pero
un ángel le anuncia lo que sucede, siguiendo el esquema
mateano. Sin embargo, son los sacerdotes los que se alarman,
y llevan a José y María a un juicio, donde se realiza la ordalía
de las aguas amargas. Ambos van al desierto y regresan por
separado, sin que caiga una maldición sobre ellos, por lo que
el honor de ambos es preservado ante el pueblo (16,1-3).

Toda la narración ocurre en Jerusalén, debido a la centralidad
del templo. Nada se sabe de Nazaret, y Belén es un dato
pasajero, mencionado con motivo del viaje. Esto refleja la
transferencia de intereses ya en el siglo II con respecto a
Mateo, que hacía una apología ante los judíos. Ahora el honor
de María y Jesús no consiste tanto en el lugar del nacimiento,
sino en la forma milagrosa, particularmente "pura", del
nacimiento virginal.

El nacimiento de Jesús (caps. 17-20) ocurre en el viaje a
Belén, para el censo de Augusto, tal como lo narra Lucas.
José y María van acompañados de un hijo de José, pero a
medio camino inician los dolores de parto (18,1). José se va
a buscar una partera, dejando a María en una cueva –lugar
donde nace el niño, a diferencia de Mateo y Lucas-, y observa
que la tierra se detiene ante el acontecimiento fantástico del
nacimiento del niño, como pone el narrador, hablando ahora
por boca de José:

> Y yo, José, me eché a andar, pero no podía avanzar; y al
> elevar mis ojos al espacio, me pareció ver como si el aire
> estuviera estremecido de asombro; y cuando fijé mi vista

en el firmamento, lo encontré estático y los pájaros del cielo inmóviles; y al dirigir mi mirada hacia la tierra, vi un recipiente en el suelo y unos trabajadores echados en actitud de comer, con sus manos en la vasija. Pero los que simulaban masticar, en realidad no masticaban; y los que parecían estar en actitud de tomar la comida, tampoco la sacaban del plato; y, finalmente, los que parecían introducir los manjares en la boca, no lo hacían, sino que todos tenían sus rostros mirando hacia arriba. También había unas ovejas que iban siendo arreadas, pero no daban un paso (sino que estaban paradas), y el pastor levantó su diestra para bastonearlas (con el cayado), pero quedó su mano tendida en el aire. Y, al dirigir mi vista hacia la corriente del río, vi cómo unos cabritillos ponían en ella sus hocicos, pero no bebían. En una palabra, todas las cosas eran en un momento apartadas de su curso normal (18,2).

Seguidamente, la partera llega y dialoga con una mujer llamada Salomé, en las afueras de la cueva, sobre la virginidad de María: "Salomé, Salomé, tengo que contarte una maravilla nunca vista, y es que una virgen ha dado a luz; cosa que, como sabes, no sufre la naturaleza" (19,3). Salomé introduce su dedo en el cuerpo de María (φύσις –mismo término para traducir naturaleza), y este se le carboniza. Al tocar al niño recién nacido, la mano se le recupera, y ella le adora, reconociendo tanto el honor tanto de la madre virgen como del niño: "Le adoraré, porque ha nacido para ser el gran Rey de Israel" (19,4a).

Después presenta la masacre los inocentes (21-24). Se retoma la narración mateana de la vista de los magos a Herodes, y la matanza de los niños por parte de Herodes. Con la matanza no se desencadena una huída a Egipto[46], sino que el motivo del niño expuesto se da en el ocultamiento del pequeño Jesús en

---

[46] Klauck (Op. Cit.) señala que "la omisión de la huida a Egipto está motivada por razones apologéticas: algunos críticos, como Celso, habían declarado que Jesús pudo realizar milagros en su ministerio público sólo porque había aprendido las artes mágicas en Egipto en su juventud" (p. 110)

el pesebre, junto a los animales. Esta masacre pone en peligro también a Juan Bautista, el cual es salvado milagrosamente cuando una montaña se abre para albergarlo con su madre. Diferente destino corre Zacarías, padre del Bautista, quien muere ante las fuerzas de Herodes.

La narración concluye revelando el nombre –pseudónimo– del narrador: "Yo, Santiago" (25,1). Se menciona la muerte de Herodes. Esto, probablemente, se debe a una vindicación por la muerte de los inocentes, y el empoderamiento de Jesús como Rey de Israel, ante el rey destronado, para cumplir plenamente con el motivo literario.

La importancia de este evangelio es crucial en la historia de la recepción del relato mateano en las iglesias a lo largo de los siglos. Como indica Aurelio de Santos Otero[47], los detalles y motivos del *Protoevangelio* han sido incorporados en la Iglesia griega, a partir del siglo VI, y en la latina, a partir del siglo XIII. De esta forma es que se celebra en distintas comunidades, particularmente, la griega y católica, para un desarrollo de la mariología: el nacimiento milagroso de María, el nombre de sus padres –Joaquín y Ana-, la presentación y estancia de María en el templo desde la infancia hasta su pubertad, la designación milagrosa de José como guardián y esposo de María, el nacimiento de Jesús en una cueva, y la insistencia en la virginidad de María incluso después del parto. La tradición llega a occidente por medio del receptor de este evangelio, el latino Pseudo Mateo. En oriente tuvo más presencia, y se demuestra con los numerosos manuscritos que se han conservado.

La relación entre el evangelio de Mateo y el *Protoevangelio* se evidencia en el desarrollo de los argumentos mateanos que realiza este texto posterior, con profundidad narrativa, en las constantes apelaciones a los LXX, y en el énfasis teológico importante que va surgiendo al cambiar la cristología.

---

[47] Santos Otero, Op. Cit., p. 126

Pero, sobre todo, el *Protoevangelio* refleja la experiencia de comunidades que ya no necesitaban legitimarse ante los judíos, sino ante el mundo greco-romano. Para ello, en lugar de dar concesiones ante lo difícil de un nacimiento virginal, se atrincheran en esta creencia y la fundamentan narrativamente. De hecho, es una creencia que sólo puede tener su correlación en la literatura, y por ello el principal argumento para tal creencia han de ser las tradiciones antiguas, como el nacimiento de los grandes héroes de la antigüedad. Salomé y la Partera intentan meter el dedo en el cuerpo de María –estando ella en una cueva-, y tal intento de comprobación traerá consecuencias. Sólo las puede sanar el niño milagroso, que ha salido milagrosamente del cuerpo de su madre. Esto demuestra la capacidad que ha tenido la literatura de transmitir experiencias y verdades que van más allá de la verificabilidad, y de ahondar más en la fantasía con toda su carga simbólica que de negar este tipo de creencias por medio de la racionalización. En la literatura, todo es posible, y es en ella donde habitan las comunidades cristianas.

3.6.2 El nacimiento de Jesús en el evangelio del Pseudo-Mateo

El evangelio del *Pseudo-Mateo* es el reflejo del nacimiento e infancia del niño-héroe desde otra orientación geográfica y otra época. Según Klauck[48], ha sido escrito en occidente, ya entrada la Edad Media (600-625), en lengua latina, bajo el probable título original de *Liber de ortu beatae Mariae et de infantia Salvatoris* (Libro sobre el nacimiento de la bienaventurada María y sobre la infancia del Salvador). Tischendorf, posteriormente, en su versión, lo ha titulado el evangelio del *Pseudo-Mateo*, debido a las alusiones que hay en el prólogo mismo sobre un texto de Mateo, atribuido a Jerónimo:

---
[48] Klacuk, Op. Cit., p. 120

159

En realidad de verdad es ardua la labor que me ha sido impuesta, si tenemos en cuenta que vuestra Beatitud me ha intimado la orden de traducir aquello que ni el mismo San Mateo, apóstol y evangelista, quiso dar a la publicidad en sus escritos. Porque a no haberse tratado de cosas de índole secreta, como éstas, a buen seguro las hubiera añadido al evangelio que él sacó a luz (Prólogo B).

El evangelio del *Pseudo-Mateo* se compone de dos partes fundamentales, mediadas por la narración ampliada de la huída a Egipto. La primera parte (caps. 1-16) es una reelaboración del *Protoevangelio* de Santiago. La segunda (caps. 23-42), contiene diversos elementos sobre la infancia de Jesús, en los que se proyecta la imagen del Jesús adulto en el niño. La parte intermedia narra el viaje a Egipto de la familia sagrada (caps. 17-22).

En comparación con el *Protoevangelio*, se destacan el reflejo de un monasticismo medieval, descrito en la estancia de María en el Templo, y también el voto explícito de virginidad de la joven. Esto refleja una iglesia que centra su atención en la castidad como algo sagrado, proponiendo al arquetipo de María como símbolo de pureza: "Jamás se ha oído ni ha podido caber en cabeza humana que estén henchidos los pechos de leche y que haya nacido un infante dejando virgen a su madre. Ninguna polución de sangre en el nacido. Ningún dolor en la parturienta. Virgen concibió, virgen dio a luz y virgen quedó después" (13,3).

De especial atención para esta investigación es la parte intermedia del relato, que narra el viaje de la familia sagrada a Egipto (caps. 17-22). Para los investigadores, este pasaje es bastante llamativo, ya que se basa en tradiciones antiguas, recogidas en la narración. En palabras de Klauck, "A buen seguro, el autor anónimo basa su relato de la huída a Egipto en textos más antiguos que no han llegado hasta nosotros"[49]. Lo cual demuestra una tradición antigua, que recibe el relato mateano y lo amplia a imaginación, con el interés de reflejar la experiencia de fe sobre el niño allí descrito.

Luego de la matanza de los niños betlemitas por parte de Herodes, José recibe las indicaciones del ángel en el sueño, y se desplazan a Egipto. Son acompañados por tres jóvenes y una muchacha. Se instalan a descansar en una gruta, y allí les aparecen unos dragones (*dracones*). Los jóvenes que los acompañan gritan de espanto, pero el niño planta su propio pie ante los seres mitológicos, y estos lo adoran y se van. Así, se siguen cumpliendo las Escrituras –siguiendo el modelo mateano- que dicen que los monstruos marinos y los océanos adoran al Señor (22,2).

El niño es central en la narración, quien declara respecto a sí mismo: "no temáis ni os fijéis en mi corta edad, pues yo siempre he sido y soy varón perfecto y es necesario que las fieras todas de los bosques se amansen ante mí" (18,2). José lo llama "señor" y lo trata con reverencia (22,1). María es su madre, quien lo lleva en sus brazos. Los jóvenes le sirven.

Siguiendo el camino, les salen al paso leones y leopardos (*leones et pardi*) para adorar al niño y enseñarles el camino (*adorabant eum et comitabantur cum eis in deserto*) (19,1). En esto, el narrador ve el cumplimiento de Isaías 11, donde las fieras salvajes compartirán con animales domésticos, ante el pastoreo de un niño. Incluso una palmera (*arborem palmae*) muy alta se agacha para ofrecer frutos a la familia sagrada, por lo que el niño manda que un ángel descienda y se lleve una de sus ramas para plantarla en el jardín de Dios.

Para llegar a Egipto, el niño recorta milagrosamente treinta jornadas de camino en una sola, para llegar a su destino ese

---

[49] Ibíd., p. 120

mismo día. Al concluir su viaje, se refugian en el templo Capitolio. Los ídolos se caen a tierra ante la presencia del niño (23), en cumplimiento de una profecía que decía que las obras egipcias hechas por manos de hombre se conmoverían a su vista. El gobernador le reconoce como Dios, y menciona la desobediencia del antiguo faraón de tiempos de Moisés, quien no reconoció al Dios de los hebreos como Dios verdadero; y concluye:

> Si no fuera este niño el Dios de nuestros dioses (*Deus deorum nostrorum*), estos no hubieran sido derribados ni yacerían en tierra. Por lo cual ellos le están confesando tácitamente su señor. Así, pues, si nosotros no imitamos su conducta con mayor cautela, podemos incurrir en la indignación de este Niño y perecer; como le ocurrió al Faraón, rey de los egipcios, quien, por no creer ante señales tan portentosas, fue sepultado en el mar con todo su ejército (24).

Esta narración identifica plenamente a Jesús con Dios. En ella no sólo se debe hablar del niño-Jesús, sino también del niño-Dios. Una infancia divina, con todas las atribuciones divinas, en una narrativa fantástica y con matices infantiles. Pero una narrativa que a su vez profundiza la identidad y las creencias del pueblo, estableciendo ya no una identidad de Jesús con su pueblo, sino más bien una separación ontológica, donde ningún ser humano puede alcanzar la categoría divina de Jesús.

3.7 El nacimiento del niño-héroe en la pintura de las tradiciones coptas en Egipto

El arte oriental recurre constantemente al episodio de la huida a Egipto para reconstruir narrativa y teológicamente diversas imágenes sobre la estancia de la sagrada familia en aquel lugar. Tradiciones coptas, etíopes, armenias y árabes sobre este motivo se conservan desde antiguo y continúan teniendo un gran efecto en el cristianismo egipcio[50].

La Sagrada familia en Egipto,
arte Copto antiguo

Estas tradiciones han re-elaborado y re-imaginado el itinerario que pudo haber recorrido la sagrada familia, y en cada lugar atribuyen diversos milagros al niño Jesús o a la acción divina en favor de su hijo y sus padres. A partir de la ruta descrita, se han modificado la arquitectura y el arte de aquellos lugares. Monasterios como Al Baramus, San Macario y el Sirio, en Wadi El Atum, o el Museo Copto en el antiguo Cairo, recogen diversas tradiciones plasmándolas en el arte, reconstruyendo y dando nuevos significados

---

[50] Una buena muestra de estas imágenes aparece en el documental *La Sagrada Familia en Egipto* (Taba Group: Nsr City, Cairo, 2006), el cual hace un recorrido reflexivo por los diferentes lugares que pudieron haber recorrido nuestros personajes durante su largo viaje y su estancia en Egipto, cargado de milagros y guianza divina, especialmente en un ambiente hostil e inseguro, como es el desierto.

163

teológicos al texto bíblico, partiendo precisamente de lo que no-dice el texto para ayudar a la lectura, de modo que se comprendan otras dimensiones.

La Sagrada familia en Egipto,
arte Copto contemporáneo

Resultan particularmente interesantes las imágenes coptas, en particular la producción de íconos y murales, como también la fuerte presencia de la estancia en Egipto de la sagrada familia en el culto y los rituales de la Iglesia Copta[51]. Las imágenes presentan a los personajes tradicionales: José caminando, y María montada sobre un asno -que más parece un caballo blanco-, con el niño en sus brazos. El paisaje cambia con respecto al territorio palestino, dando pinceladas de las palmeras y el Nilo, con trazos de escritos en lengua copta, que alaban y reconocen al hijo de Dios y también a la virgen –la cual es objeto de devoción en Egipto-.

---

[51] El arte copto es la expresión de la mezcla de tradición cristiana, romana, egipcia y romana que aparece a partir del siglo IV en el país del Nilo. Sus manifestaciones artísticas hasta ahora encontradas son, ante todo, populares. Como señala Berenice Geoffroy-Schneiter, en la sección sobre las Antigüedades Egipcias, en la guía del Museo de Louvre: "Al contrario del arte faraónico o bizantino, el arte copto nunca tuvo encargos grandiosos, su vena fue sobre todo local, incluso popular" (*La guía del Louvre*. París: Musée du Louvre Editions, 2005, p. 90)

En la tercera imagen, vemos a la sagrada familia atravesando el río en una barca, custodiada por dos ángeles que vuelan, y observada por dos aves al lado del caudal. Además, llevan al asno con ellos. En medio de la pintura, se ven inscripciones coptas de adoración a Dios y al niño. El Nilo es importante, símbolo de la vida de Egipto, asociado con la fertilidad[52]. El hijo de Dios, fertilidad y vida para su pueblo, navega sobre el Nilo. De esta manera se unen dos símbolos de la vida en una pintura religiosa. Aquí se presenta para el arte copto una combinación de elementos fundantes de su cultura: el nacimiento del salvador, y el nacimiento de la iglesia. La huida a Egipto es una fiesta celebrada por la Iglesia Copta en el mismo nivel sacro que el nacimiento, como fundación de las iglesias en esta región[53].

La sagrada familia atravesando el Nilo,
arte copto antiguo

---

[52] Señala Geoffroy-Schneiter, recordando a Heródoto, que Egipto es un don del Nilo. Y explica las razones: "la prosperidad del reino dependía de ese extraordinario oasis verde a orillas del río, ya que más de allá de la estrecha franja fertilizada por el limo del Nilo se extendía un desierto árido en el que los egipcios no se aventuraban más que para cazar o para ir hacia los oasis del oeste o las canteras de las montañas del Este" (Ibíd., p. 54)

[53] *La Sagrada Familia en Egipto*, Op. Cit.

En Egipto, hay una estrecha relación entre los dioses y el Nilo. Manfred Lurker señala que la imagen del sol (Ra) sobre una barca, cruzando por el Nilo, es clásica en las teologías de aquel lugar: "Los modelos de barcas solares, hallados en las tumbas, son expresión del deseo de los habitantes del valle del Nilo que querían participar en el viaje de Ra; es decir, el deseo de cruzar el obscuro y peligroso mundo inferior (el reino de la muerte) y de ese modo asegurarse un nuevo día y una vida nueva"[54]. Esto ilumina la imagen copta. Jesús es ahora el Dios de la luz (Ra) que atraviesa el Nilo. Ha pasado de la muerte en Belén a la vida en Egipto. El Nilo es vida para Jesús, y Jesús es vida para el Nilo. Igualmente, han pasado de la muerte a la resurrección, pues el niño es el muerto-resucitado. La presencia de María cargando al niño, en una barca sobre el Nilo, tiene una gran importancia en la cultura egipcia, en la cual subyace como transfondo la imagen de Isis portando a su hijo Horus. Isis es símbolo también de fertilidad, y es considerada la Gran Diosa Madre. Su imagen como Madre del Dios representa un importante transfondo para comprender el culto a María que se va gestando en el cristianismo desde la antigüedad; particularmente, por ser una imagen femenina de lo divino, que rescata en cierta medida –muy limitada por demás-, el antiguo culto a la Señora de la Tierra.

Esta relación artística entre el niño Jesús con su familia en Egipto relaciona la huida a Egipto con la visita divina para su tierra. Para los cristianos egipcios, la visita de Jesús y de María a las tierras de Egipto no es un símbolo de muerte o esclavitud, sino de vida y supervivencia en el lugar de refugio por excelencia para los habitantes de Palestina. Con este viaje, Egipto se convierte en tierra de salvación, en tierra prometida y tierra santa. La fertilidad se encuentra en medio del desierto y la amenaza de la vida, para producir esperanza y expectaciones de transformación.

---

[54] Lurker, Op. Cit., p. 121

3.8 El nacimiento del niño-héroe en la pintura de Rubens y Rembrandt

El arte y la pintura occidentales han sido influenciados por el relato mateano. Y, a la vez, la plástica logra que el relato sea reproducido desde nuevos contextos, en medio de nuevos escenarios, que permiten comprender cómo la lectura de los textos bíblicos a través de la historia se convierte en una re-lectura, y cómo los intereses de la observación cambian, dependiendo de las circunstancias socio-políticas, espirituales y culturales donde se sitúan las personas que interpretan el texto. Diversos episodios de la infancia de Jesús reflejan aspectos no vistos por una lectura rápida, y no alcanzados a determinar por la literatura. De esta manera, los textos bíblicos iluminan las pinturas, que son interpretaciones; pero también las interpretaciones permiten ver los textos bíblicos desde otros ángulos, y dan un giro a las re-lecturas que se hacen en generaciones posteriores. Entre las muchas pinturas que contienen episodios de este motivo literario, destacan las pinturas de los artistas Rubens y Rembrandt.

3.8.1 *Masacre de los inocentes, de Rubens*

La masacre de los inocentes es el tema de dos de los cuadros del pintor Peter Paul Rubens (1577-1640), el más importante e influyente de los pintores flamencos del siglo XVII. Su obra se ubica en el contexto de las guerras religiosas entre el catolicismo y el protestantismo, particularmente en la ciudad belga de Amberes, en las que la fuerte influencia del catolicismo español dejó una impronta en las percepciones del artista.

Peter Paul Rubens. *Masacre de los inocentes*,
1611-1612. Art Gallery of Ontario

La primera versión con este tema fue pintada alrededor de
1611. En la parte central aparece una mujer, con su pecho
maternal afuera. Lucha contra un hombre, rasguñándole la
cara con la mano derecha, mientras que protege a su bebé con
la mano izquierda. Sobre ella se recuesta otra mujer, también
con su pecho expuesto, la cual retiene con una mano la espada
empuñada por un hombre, mientras que con la otra da sombra
al bebé de la primera mujer. La mano del varón aplasta su
rostro, pero no alcanza a esconder su expresión de terror. A
la izquierda del hombre que tiene espada, una mujer lo mira
espantada, protegiendo a su hijo. Detrás aparece la figura
de un soldado romano, amenazante y fuerte, diferente a los
hombres con espada, los cuales tienen un aspecto como los
demás del pueblo, no necesariamente hebreos de la época,
sino con contextura y vestimentas griegas.

Pero no todos los niños están a salvo. Al lado derecho del
cuadro se observa a un hombre con un niño en brazos, con

la intención de tirarlo contra el suelo, mientras una madre intenta detenerlo infructuosamente, y otra asoma su cabeza aterrorizada. A los pies del hombre, hay varios niños muertos, con el color de la muerte en sus rostros y cuerpos, habiendo sido derrotados.

La parte derecha del cuadro está atiborrada de personajes, bastante densa, culminando en un azul oscuro y finalmente un negro que da un tono de luto y tristeza a la imagen. Por contraste, la imagen se va aclarando hacia el lado izquierdo, donde los colores se hacen más delicados, hasta un cielo azul claro y blanco que enmarca el dolor con indiferencia. Debajo está la ciudad, donde se repite la imagen central en pequeñas situaciones, y donde las mujeres de la ciudad lamentan la irremisible pérdida de sus criaturas.

Hacia el final de su vida, entre 1638 y 1639, Rubens pintó la segunda y última versión del tema, bajo la influencia del barroco, el cual se refleja en el interés por el adorno, y el movimiento complejo que mantiene la escena.

Peter Paul Rubens. *Masacre de los niños en Belén*, 1638-1639.
Bayerische Staatsgemäldesammlungen, Alte Pinakothek, Munich.

En la escena central, una mujer levanta sus manos al cielo, en el cual se observan tres figuras angélicas que contemplan la situación, y contrastan con ella. La gloria de éstos no emite un juicio, pero están atentos sobre la arruinada ciudad. Las mujeres del lado de la que está en el centro miran hacia un hombre que ha arrebatado a un niño, y lo lleva en sus brazos. Parecen rogarle que lo devuelva. El hombre lo lleva a la casa de las columnas, donde está implantado un edicto, y a cuyo fondo se observan cadáveres de niños. Probablemente, el lugar oficial para perpetrar la masacre. Detrás, el hombre está custodiado por soldados, que portan lanzas y miran amenazantes a todo lugar. Al extremo derecho, las mujeres pelean a la fuerza con un soldado que tiene a un niño en su hombro, mientras un pequeño se esconde detrás de su madre. Abajo, un soldado dirige su espada hacia un niño que está sobre una mujer caída, mientras otra mujer se aferra a las espaldas del soldado para detenerlo.

En la parte inferior izquierda, al otro lado, sucede lo mismo, y se repite el tema del cuadro anterior. Una mujer agarra la cara de un hombre, y otra se aferra a su cintura. El hombre sostiene a un niño mientras que otro varón lo traspasa con espada. A sus pies hay varios cadáveres infantiles, mientras una madre se lamenta.

En el fondo del escenario hay unas manos levantadas, en señal de protesta, pero lejana. Se trata de dos hombres. Más allá hay dos edificaciones. Una de ellas parece estar ardiendo. Sobre el humo se posan las figuras celestiales antes mencionadas.

Ambas pinturas destacan la resistencia de las mujeres. Para la interpretación de Rubens, el decreto de Herodes no provocaría una actitud pasiva de las mujeres, sino un combate por la vida. Es de notar que el enfrentamiento está mediado por el género. Ningún hombre defiende a las criaturas, son sus madres, con los pechos afuera, quienes ponen sus manos, sus rostros, sus cuerpos y sus vidas para salvar a los pequeños. Un tema que no abordó Mateo, pero que deja entrever otras realidades, tales como el miedo de los hombres y el valor de las mujeres al defender a sus hijos. Rubens refleja el dolor de Raquel y Lea en la realidad de las mujeres del episodio, ellas son Raquel y Lea, las matriarcas, el sentimiento mismo, que lucha y lucha contra las adversidades de la vida, aunque parezca que nada se puede hacer. Ni siquiera las figuras celestes se atreven a hacer algo, aunque saben lo que está sucediendo. Pero ellas se resisten a darle a la muerte la última palabra.

3.8.2 Escenas de la infancia de Jesús, de Rembrandt

La obra del holandés Rembrandt van Rijn (1606-1669) se destaca por el toque marcadamente personal, tanto en significado para el autor como en la presencia de lo cotidiano, lo íntimo, lo comunitario y lo campesino. Además, sus pinturas manifiestan su estrecha relación del artista con los judíos de Amsterdam, que por esta época estaban migrando desde España y Portugal a los Países Bajos, los cuales les abrían sus puertas debido a los beneficios comerciales; y también las simpatías que sentía el pintor hacia los grupos de la Reforma Radical que estaban ingresando a Holanda por la misma época.

Rembrandt, a lo largo de su vida y su carrera, exploró los sentidos del ser interior. Como señala George S. Keyes[55], la obra de este pintor es reflejo de su peregrinaje espiritual. Se le reconoce como el pintor del dramatismo de la luz y el contraste con las sombras, como también por los fondos arquitectónicos que refleja detrás de los personajes trazados por el pincel. Además, Rembrandt es un intérprete artístico de los textos bíblicos. Esto lo hace ya sea combinando diferentes narraciones en una sola pintura, ya sea cambiando el contexto

---

[55] George S. Keyes, "Perception and belief: The image of Chirst and the meditative turn in Rembrandt's religious Art". In: Lloid Dewitt. *Rembrandt and the face of Jesus.* New Haven: Philadelphia Museum of Art / Yale University Press, 2011

histórico de los acontecimientos narrados en las Escrituras, para contextualizarlos en la Holanda del Siglo XVII.

Los Relatos de Infancia reciben una importante atención por parte de este artista en el transcurso de su carrera. En sus óleos, bosquejos y grabados, Rembrandt presta atención a la adoración de los magos (3 obras), la adoración de los pastores (3 veces), la circuncisión de Jesús (5 veces), el sueño de José (3 veces), el escape a Egipto (6 veces), el himno y la profecía de Simeón (6 veces) y la sagrada familia (8 veces).

A continuación, se ofrece un análisis de tres obras de este artista sobre algunos de los temas tratados en el relato de nacimiento, en particular la sagrada familia y la huida a Egipto.

a. *La sagrada familia (1645)*

Rembrandt van Rijn.
La sagrada familia,
1645. Bayerische
Staatsgemäldesammlungen,
Alte Pinakothek, Munich.

Esta es una interpretación que hace Rembrandt desde su propio lugar como artista. En el centro de la obra descansa el niño junto al seno de su madre. Los dos están iluminados, mientras el resto del espacio está cargado de sombra. La luz es gran protagonista. José es un espectador. Observa al niño descansando en los brazos de la madre. Las herramientas del carpintero cuelgan en la pared.

No hay aureolas ni ángeles. Los seres divinos son de carne y hueso. José es un carpintero, María es una madre que deja ver su cuerpo, y el niño está cubierto con una manta de pieles para el frío. Una interpretación que considera que lo divino se hace humano, y es en su humanidad y cotidianidad donde se vive la experiencia de la fe. En esta experiencia interna, en el taller de José, en el frío del ambiente -más holandés que palestino-, es donde se revela el secreto de la divinidad. Es en lo cotidiano donde está lo sagrado.

b) La huida a Egipto (1625-1627)

Rembrandt van Rijn.
La huída a Egipto,
1925-1927. Musée
des Beux-Arts,
Tours, France.

Esta temprana obra sobre la huida a Egipto -que Rembrandt desarrollará después con más técnica propia y personalidad- revela unas expresiones que sustituyen al sentimiento. Aún está bajo la sombra del luminismo italiano, especialmente de Caravaggio. Pero destacan varios elementos fundamentales que iluminan la lectura del texto bíblico.

La primera es la ambientación campesina del siglo XVII. El personaje central es José, quien aparece guiando la cabalgadura familiar sobre la que van María y el niño. José está vestido de campesino, al igual que su familia, en medio de la migración. Rembrandt rescata la historia propia de las comunidades migrantes de Europa, y las refleja en la experiencia de la sagrada familia en Egipto. A esto adiciona los temas clásicos que han ido creciendo en la historia del cristianismo, con la presencia del evangelio del *Pseudo-Mateo* y otros textos, donde el niño se convierte en el centro del viaje, y es gracias a él que hay todo tipo de sustento en el desierto para la familia.

Los migrantes están vestidos como los campesinos de los siglos XVI y XVII. Detrás de esto está las experiencias de migración que se dieron en la época. Por un lado, la gran afluencia de diferentes ramas del protestantismo que recurrieron a Holanda, desde los calvinistas hasta los anabautistas. Por el otro, las migraciones judías desde España y Portugal, debido a la persecución que iniciaron los reyes católicos Fernando e Isabel, a la par que imponían violentamente su cultura en el nuevo continente que habían encontrado. Rembrandt retoma estas realidades de dura migración, debido a las persecuciones religiosas. Retrata sus raíces protestantes, sus amistades judías y sus simpatías anabautistas, migrando con José, María y el niño Jesús. El hijo de Dios, por lo tanto, es un migrante campesino, hijo de campesinos, perseguido por guerras de religión, y debe desplazarse hasta encontrar lugares más seguros. Es por ello que Dios los ilumina, no sólo porque el niño sea su hijo especial, sino porque la Sabiduría Divina está de parte de los desplazados, y se identifica con su causa. Los llevará a tierras de refugio, pero también los mantendrá en la promesa de ser comunidad mesiánica, con una ética y un estilo de vida alternativos.

c. Descanso en la huida a Egipto (1647)

Rembrandt van Rijn. *Descanso en la huída a Egipto*, 1647.
National Gallery of Ireland.

Esta obra denota un ambiente nocturno, cuando la familia encuentra un refugio en el camino, alrededor de una hoguera. Su reflejo aparece en el agua, y la luz ilumina a los diminutos personajes, creando un círculo protección para ellos. La pintura muestra no sólo el trayecto, sino que se detiene a pensar en el descanso. Arriba, la niebla cubre el paisaje, el cual se va transformando en árboles y arbustos oscuros mientras se desciende. Parece verse una casa a lo lejos, totalmente oscura, y con una breve iluminación. La sagrada familia se ubica en la parte inferior del cuadro, bajo un árbol y junto a un oasis, en una cueva en la que se calienta con el fuego que los ilumina. Un joven atiza el fuego, mientras el asno se calienta detrás de él. Más lejos se ven los equipajes.

175

Esta imagen recalca la soledad y el peligro, y lo largo de un viaje de varias jornadas. El descanso y el calor de la hoguera son necesarios para continuar el trayecto. Un peregrinaje sagrado que recuerda también la experiencia del peregrinaje humano, tal como Rembrandt intentaba retratar su interioridad en sus pinturas. Es el momento de detenerse en medio de la oscuridad, de recogerse con las personas que se tiene cerca y darse calor mutuo. Esta imagen refleja la calidez de la compañía en medio del terror de la amenaza y de la noche tenebrosa que rodea la escena. Dios en la comunidad.

3.9 El nacimiento del niño-héroe en la literatura universal

El motivo del nacimiento del héroe es una estructura arquetípica en la historia de la literatura, particularmente después de la Biblia, y gracias en parte a la influencia de ésta en las culturas. Leslie Foster[56], haciendo un recuento sobre este motivo en la literatura universal, señala que la Biblia es el *Locus Classicus* para la aparición del tal.

En la Biblia, Adán y Eva son seres humanos a imagen de Dios, llamados a ejercer las funciones divinas en medio de la creación; llegan a la vida mediante un nacimiento especial. En el Nuevo Tesatmento, Jesús es presentado como el nuevo Adán (1 Cor 15,45). Nace del Espíritu Divino y de una virgen. El Cuarto Evangelio, en particular, destaca que la Sabiduría Divina se encarna en la vida humana, de modo que el héroe nos muestra a Dios, y gracias a él los seres humanos podemos ver la gloria del Padre en la imagen del Hijo (Jn 1,18).

El anónimo medieval *Havelok the Dane* (1256) presenta a un héroe que nace de una mujer estéril, gracias a la intercesión de los santos. La épica rusa sobre Igor, llamada *Slovo o Polku*

---

[56] Leslie Foster. "Birth of the Hero". En: Jean-Charles Seigneuret (Editor). *Dictionary of literary Themes and Motifs. A-J.* New York, Greenwood Press, pp. 175-191

Igoreve (1187) elabora el motivo del nacimiento del héroe en sentido inverso, ya que el personaje nace de un demonio, lo que explica su gran fortaleza y carácter.

En el Renacimiento, el motivo aparece a manera de parodia en la obra de Rabelais, *Gargantúa y Pantagruel* (1532-1564), cuyos cómicos héroes son descritos como descendientes de gigantes divinos, como una explicación de su apetito voraz y el estilo de vida tan exagerado que llevan. John Milton retoma el mito del nacimiento divino de Venus en *L'Aleegro* (1632), emparentándola con los dioses, hermana del brillo y de las flores. Spenser, en el poema *La reina de las hadas* (1590-1596) presenta a la reina – tal vez Isabel, aunque esto es discutido- como una descendiente del rey Arturo, el cual es a su vez descendiente de Aquiles y Afrodita, a través de su nexo familiar con el troyano Eneas.

En los siglos XVIII y XIX, el motivo comienza a ser visto desde diferentes perspectivas, ya sea realista, desmitificada, espiritualista, ligada al valor, o de manera inversa, emparentándolo con lo monstruoso. Laurence Sterne lo elabora de manera cómica en la *Vida y opiniones de Tristán Shandy* (1759-1767), elaborando una sátira a la narrativa épica, y aplicando cómicamente el nacimiento del héroe al nacimiento del anti-héroe.

Goethe, presenta el motivo en forma invertida, demoníaca, en la descripción del nacimiento de *Fausto* (1808, 1832). Por la misma vía, en el *Frankenstein* (1818) de Mary Shelley se da el nacimiento del antihéroe -el monstruo- a imagen y semejanza de su creador ávido de ciencia y que olvida el corazón. Cuando el ser humano busca dar nacimiento a la idealización del poder y el saber, termina creando una bestia devoradora, o convirtiéndose en ella. El motivo del nacimiento del héroe funciona aquí como una crítica a la sociedad occidental, justo en la época en que la literatura gótica se oponía a los valores del capitalismo y la industrialización.

Oliver Twist (1837), de Charles Dickens, es un personaje que descubre al final su nacimiento y linaje, siguiendo el estilo de las comedias griegas. El poeta Wordsworth destaca en uno de sus ensayos (1807) que los niños juegan a tener diferentes identidades porque buscan la inmortalidad de la que provienen. Los hermanos Grimm, en su grandiosa recopilación de cuentos populares, asocian la bondad moral con los poderes milagrosos o la protección sobrenatural de los personajes. El nacimiento del Héroe es inscrito en la sangre real, divina, de la que proviene. Dos casos sobresalen, particularmente por ser casos femeninos -pues en la mayoría de relatos el motivo es aplicado a personajes varones-, y son los de Rapunzel y Blanca Nieves, quienes son amenazadas por el deseo de una reina malvada de ser la única y más bella; pero son salvadas por poderes milagrosos o por el amor de otras personas. Se sobreponen al peligro y la muerte, e indirectamente vencen a su opositora y usurpadora para cumplir la promesa de lo que serán, bellas regentes.

Se destacan dos obras de esta época, con una visión diferente a la occidental. Una de ellas es el cuento popular japonés llamado Momotaro ("El niño albaricoque"), donde se asocia la bondad moral del personaje con los orígenes sobrenaturales y milagrosos -ya que el niño nace de un albaricoque que encuentra una mujer en el río-. Momotaro es adoptado, y crecerá para convertirse en un héroe de la aldea. El otro es Hiawatha, de la tradición indígena de Norteamérica, recogida por Longfellow en 1855. Aquí, el héroe es hijo de Gitche Manito, el "Gran Espíritu", quien había profetizado que enviaría un liberador a su pueblo. Longfellow condensa aquí la narración oral indígena, mezclando las de varios pueblos, y la estructura según la obra clásica del *Kalevala*.

Alfred Lord Tennyson aporta la novela *La venida de Arturo* (1869) y los poemas *Idilios del Rey* (1859-1885), en el siglo XIX. Aquí se presenta la tradición artúrica del legendario rey como un niño heredero al trono y por lo tanto amenazado.

El mago Merlín se lo lleva para protegerlo de la muerte, y lo cría y educa para que en la adultez llegue a convertirse en el justo regente de Camelot. En el siglo XX, el poeta Yeats constantemente presenta a sus personajes, ya sean héroes o villanos, a partir de este motivo, tanto en sentido positivo como negativo.

La literatura africana presenta un especial interés por el motivo, asociando a sus héroes liberadores, combatientes contra el colonialismo, con el Nacimiento Divino. La obra de Ngugi Wa Thion 'O usa constantemente el motivo, presentando a los héroes como la presencia de Dios con su pueblo para liberarlo. Ejemplo de ellos es su novela *The River Between* (1965), donde el héroe keniano Chego tiene ascendencia divina, y luchará por salvar a su pueblo. En la novela *Weep not, Child* (1964), el héroe Njoroje es un hijo de Dios y de la Tierra, que luchará contra el poder colonial. También la saga africana Ozidi, de los Ijaw de Nigeria (memoria recogida y puesta por escrito por J.P. Clark), presenta al héroe Ozidi como un héroe de la cultura, que lucha por su pueblo. Y la magna obra del Nobel nigeriano Wole Soyinka presenta al héroe liberador asociado con el nacimiento divino, como en su novela *The Strong Breed* (1963). En este sentido, la literatura africana está cargada de mesianismo literario. La larga historia de colonialismo y aplastamiento generan el surgimiento de esperanzas míticas, asociadas a las simbólicas tribales y a lo totémico, despertando los arquetipos de lo liberador, para generar narrativas de resistencia en medio de una constante masacre de inocentes.

Es interesante que Leslie Foster no mencione ningún relato latinoamericano del nacimiento del héroe. En nuestra exploración, no hemos encontrado ninguno que recoja el motivo explícitamente, a excepción las re-lecturas que hacen las obras de arte inspiradas por la Teología de la Liberación[57]. La casi total ausencia del motivo del nacimiento del héroe, tan caro a las épocas posteriores, desde la modernidad tardía y la postmodernidad es mirado desde otra perspectiva en la literatura. El héroe es un individuo problemático. Se trata de un ser extraviado en sí, subordinado a una realidad heterogénea y privada de significación para él. El héroe busca un sentido para su vida en medio del sin-sentido del mundo y sus instituciones. La postmodernidad manifiesta a un héroe abyecto, diluido en el mundo. Es quien busca el goce del placer subjetivo, y ha perdido toda intención de conquistar el honor y no le importa caer en vergüenza. Se trata del espíritu del carnaval, el descendiente del esclavo, el mendigo y el loco. Es la encarnación y la representación de la plebe y no un hijo de los dioses. Está cargado de la fuerza vengativa y destructora -y no de la creación al modo de la teoría kantania del genio-, al modo de Raskolnikov en *Crimen y castigo* de Dostoievsky.

Como señala Álvaro Pineda Botero, este héroe moderno-postmoderno existe en el mundo real, y en Colombia tiene correlatos socio-históricos concretos. En nuestro país, los metarrelatos, jerarquías y valores están muy debilitados. Y el dolor se traduce en crueldad, mediante las masacres, la tortura y el sadismo. La corrupción de las estructuras socio-económicas y políticas genera modos de vida alejados de toda oficialidad, y la población habita entre la fiesta y la muerte, la borrachera y el crimen, la comedia y la tragedia. Ya desde comienzos del siglo, se enfrenta al héroe con la máquina, con la industria, con el imperialismo, y sale derrotado ante estos grandes poderes[58]. Arturo Cova, por ejemplo, en *La Vorágine*,

---

[57] Entre estas se destacan, por ejemplo, *El evangelio en Solentiname*, de Ernesto Cardenal, al cual dedicaremos un apartado particular más adelante. Otras, como *Entre todos os homens*, de Frei Betto; y *El evangelio de Lucas Gavilán*, de Vicente Leñero, merecen una investigación aparte.

[58] Caso aparte merece la novela de Manuel Zapata Olivella, *Changó el*

es un poeta romántico, con tintes virgilianos y un impulso heroico que lo lleva a buscar a Alicia entre los caucheros del amazonas. Sin embargo, es vencido por la naturaleza. Para el héroe de la literatura colombiana del Siglo XX, "vivir llegó a ser igual que morir desde el momento en el que lo humano perdió su sentido"[59]. El Simón Bolivar de Gabriel García Márquez, en *El general en su laberinto*, es el héroe que exhibe todas sus flaquezas y debilidades: humanizado, desmitificado, bajado del pedestal, fracasado. Un libertador que declara: "a mí sólo me falta que me boten al cajón de la basura"[60].

3.10 *El nacimiento de los niños-héroes en el Popol Vuh*

Si bien en la literatura moderna latinoamericana no aparece el motivo del nacimiento del héroe como tal, sí aparece en los relatos aborígenes, como es el caso del Popol Vuh[61]. Esta obra cuenta la historia de los gemelos Hun Ahpú e Xbalanqué, héroes liberadores ante las potencias de la muerte.

---

gran putas (Bogotá: Oveja Negra, 1983), en la que el escritor presenta de manera épica la historia del pueblo africano que fue arrastrado a América y esclavizado. En esta obra, los negros son una etnia predestinada, sus dioses dirigen sus rebeliones, sus héroes son dignos de recordarse, como Bouckman y Mackandal en Haití, Pedro da Silva Pedroso, y João de Deus do Nascimiento en Brasil, Agne Brown en Estados Unidos, Benkos Bioho y José Prudencio Padilla en Colombia. La obra brinda la esperanza de que los pueblos afro-americanos saldrá un libertador de la humanidad. Sin embargo, no hay una narración explícita que recoja el motivo del nacimiento del héroe.

[59] Álvaro Pineda Botero. *El reto de la crítica. Teoría y canon literario.* Bogotá: Planeta, 1995, p. 225

[60] Gabriel García Márquez. *El General en su Laberinto*. Bogotá: Oveja Negra, 1989, p. 123

[61] Fray Francisco Ximénez (Recopilador). *Popol Vuh*. Versión actualizada de Agustín Estrada Monroy. México: Editores Mexicanos Unidos S.A., 2008

La princesa Xquic ha roto la prohibición que han hecho los dioses de Xibalbá de visitar el árbol en el que está la cabeza del héroe-mártir Hun Hunahpú. Se acerca a la calavera, y Hun Hunahpú escupe sobre la mano de la Princesa, engendrando dos hijos, que son dos formas de una nueva manera de existencia del héroe Mártir sobre la tierra. Como dice el mismo a la Princesa Xquic luego de escupir en su mano:

> Y así como mi cabeza, es la cabeza de cualquier señor, que sólo por la carne se adorna, y si se mueve se asombran los hombres por la calavera. Y así también son sus hijos, que son como su saliva, y su baba, porque son parte de ellos; y de esta manera, si son hijos de señores, de sabios o de entendidos en algo, no se pierde ni se apaga el germen de ser señor, entendido o sabio, sino que se hereda en sus hijos y en sus hijas, cuando se les engendra, así he hecho hoy contigo (257-276).

La Princesa Xquic interpreta estas palabras como el renacer del héroe, cuando le dice a su suegra, señalando su propio vientre, que tanto el padre y como el tío, ya muertos, viven de nuevo en los hijos que van a nacer: "En esto que traigo, viven aún Huhn Hunahpú y Vucub Huhnahpú, no han muerto, se han perpetuado, y sólo ha sido sentencia de sí mismos con toda claridad lo que han hecho, señora suegra. En esto que yo te traigo tú volverás a verlos" (300).

Mas el padre de la princesa descree de la historia, y acusa a Xquic ante los señores de Xibalbá, el inframundo, de haber fornicado. Ella asegura que ha concebido siendo virgen, pero no le creen. Entonces es destinada a la muerte como sacrificio a los señores, a manos de los Tocolotes, los mensajeros de Xibalbá. Sin embargo, ella astutamente les propone una salida, y es echar en la jícara no su corazón sino la savia roja del árbol Chuh Cacche, la cual parece sangre. Los Tocolotes aceptan, y de esta manera se salva su vida y la de los gemelos por nacer.

Los gemelos nacen en casa de su abuela. Pero los dos hijos anteriores de su padre, Hun Batz y Hun Choven, tienen celos e intentan asesinarlos. Por ello los niños se crían en el exilio, en una montaña, cargados de sufrimientos, pero esto mismo los lleva a madurar y volverse recios. Se convierten en sabios, flauteros y cantores, pintores y entalladores, y grandes tiradores de cerbatana. Cuando crecen, retornan a casa de su abuela, y preparan un plan astuto para vengarse de Hun Batz y Hun Choven, cargado de humor y burla como elemento de inversión de las situaciones.

Después de haber luchado con seres oscuros y poderosos, los gemelos finalmente mueren. Sin embargo, siguen apareciendo como resucitados, ya que son los hombres primordiales. Enfrentan a los señores de Xibalbá, que destruyeron a sus padres, y han destruido muchas vidas. Aparecen en el inframundo vestidos de mendigos. Son pobres, y mediante la astucia se vengan de los señores que infunden el mal. Cantan y bailan, y hacen prodigios maravillosos, jugando con la muerte y resurrección de animales y hombres, hasta que los mismos señores les piden que los maten y los resuciten a ellos. Cuando toca el turno a los señores principales, Hun Camé y Vucub Camé, los matan pero no los vuelven a resucitar. Y es allí cuando los gemelos se presentan ante los demás señores de Xibalbá, revelando su identidad, hijos de un padre asesinado.

El motivo recoge los elementos primordiales que aparece en la distinta literatura: el nacimiento a través de una virgen, la ayuda divina para demostrar su pureza, la relación del embarazo con el agua-saliva, el nacimiento de los niños bajo amenaza y el posterior exilio, el crecimiento en grandes capacidades, y la oportunidad de retornar para vengarse de quienes buscaron su muerte, primero de sus hermanos mayores, y después de los mismos señores de Xibalbá, revelando su identidad, y su llamado a destronar a los poderosos: "Nosotros somos Hun Ahpú e Xbalanqué, así nos llamamos. Y nuestros padres son aquellos que ustedes mataron y que se llaman Huhn Hunahpú y Vucub Huhahpú. Nosotros somos los vengadores de la pena y el dolor de nuestros padres, y hemos venido a vengar todos los males que ustedes les hicieron. Por eso ahora a ustedes los vamos a acabar, y matar, y ni uno solo ha de escapar" (526).

Después de destruir a los dioses de Xibalbá y poner en su lugar a los demás, los gemelos se elevan a la esfera cósmica y terminan haciendo parte del universo maya, junto a los demás seres asesinados por los señores de Xibalbá y sus servidores: "Uno de ellos fue puesto por Sol y el otro por Luna, y entonces se aclaró el cielo. Y los cuatrocientos muchachos que mató Zipacná también subieron y fueron sus compañeros, fueron hechos estrellas en el cielo" (539).

Llama la atención que en este relato indígena no prima tanto el poder militar o la imposición a través de la conquista, sino precisamente la astucia, la burla y la risa como elementos constitutivos del empoderamiento mesiánico. Esto destaca sobre todo la situación en que se narra y se recopilan las tradiciones del Popol Vuh, donde ya no es posible una confrontación directa con los enemigos españoles, pero sí una simbólica de la subversión astuta para vencer a los enemigos. La Princesa Xquic, similar a la Blanca Nieves de Grimm[62], pero mucho más astuta, es la que propone cambiar su corazón por la savia del árbol. Los gemelos se vengan de sus hermanos no matándolos cruelmente, sino convirtiéndolos en monos, objeto de burla. Y luego cantan y bailan y hacen prodigios

---

[62] Es importante destacar que son pocas las mujeres mencionadas como protagonistas directas del motivo literario del nacimiento del héroe. Esto se debe, por supuesto, a que la cultura patriarcal ha tendido a dar protagonismo y heroicidad a los varones. Entre los motivos en que se destacan mujeres está el de la mujer de Apocalipsis 12 –supeditada finalmente al niño varón-, y el de Blanca Nieves, de Grimm, quien es la protagonista de la historia, y vence a la antagonista que la amenaza desde su infancia, que también es una mujer. En este último caso, se trata de un relato de infancia y juventud, y no tanto de nacimiento. Pero se recogen varios motivos como la profecía de que una niña destronará a la reina, el intento de masacre a una inocente, el exilio de la niña perseguida, el albergue dado por unos personajes extranjeros, y el retorno restitutivo. La causa fundamental es la belleza, lo cual hace pensar si se trata de nuevo en una historia amoldada a los intereses estéticos patriarcales.

para destruir a los señores de Xibalbá. Sin embargo no los destruyen del todo, sino que los conminan a un papel limitado en el inframundo, cumpliendo el papel de dioses harapientos y no de señores de la vida (528).

3.11 *El nacimiento del niño-héroe en la pintura latinoamericana: El Moisés, Frida Kahlo (1945)*

En una descripción que hace sobre esta pintura, la pintora mexicana Frida Kahlo (1907-1954) le da el título de *Moisés, o El Nacimiento del Héroe*. La pintura está dividida en cuatro planos, con la imagen del feto por nacer en el centro de todo. Debajo de él está el niño nacido y puesto en la canasta sobre las aguas, y sobre él están la figura solar y la lunar como divinidades protectoras.

El núcleo solar aparece en la parte central superior como una esfera de fuego con brazos que tocan a sus elegidos. Toca al niño que nace, el cual es Moisés, pero también a los demás elegidos. Los brazos del sol fertilizan. En la parte inferior, una concha vierte líquido sobre otra que es cóncava. Estos juegos de fecundación muestran la concepción biológica como un milagro, y a todo ser humano como héroe.

En el plano superior, a ambos lados del sol, se destacan los dioses orientales, occidentales y precolombinos de Abya-Yala, tales como Zeus, Anubis, Isis, Hermes, Venus, la virgen María y el niño, y la diosa azteca Coatlicue, que aparece al lado izquierdo.

El límite entre el plano celeste y el humano está demarcado por la muerte, simbolizada en los dos esqueletos. Las figuras humanas corresponden a héroes históricos, que funcionan como figuras fundamentales para el ser humano, arquetipos para la realización de personas y comunidades, fundamentos de ideologías y utopías. Del lado izquierdo aparecen figuras como Marx, Gandhi, Trotsky, Freud, Genghis Kahn, faraón y Buda. En el lado derecho, se destacan Julio César, Napoleón, Lutero, Krishna, Zaratustra, Jesús, Mahoma, y hasta Hittler; allí también se autoretrata Frida Kahlo. Debajo de ambos lados se celebran multitudinarios rituales indígenas, antecedidos por árboles muertos de los que surgen ramas vivas.

Según Luis Roberto Vera[63], en esta pintura sobresalen tres temas: las construcciones ideológicas como aparato de dominación elitista, el don de la concepción biológica, y la conciliación de los opuestos que convergen: la vida y la muerte. La cesta del Nilo es símbolo de la matriz expuesta, en el agua, como el líquido maternal.

Frida ofrece una explicación de su obra:

> Habiendo pintado a los dioses que me cupieron, en sus respectivos cielos, quise dividir al mundo celeste de la imaginación y de la poesía del mundo terreno del miedo a la muerte, y pinté los esqueletos, humanos y animal, que ustedes ven aquí. La Tierra ahueca sus manos para protegerlos. Entre la muerte y el grupo donde están "los héroes" no hay división alguna, puesto que éstos también mueren y la tierra los acoge generosamente y sin distinciones.

---

[63] Luis Roberto Vera. *Octavio Paz y Frida Kahlo: La herencia precolombina*. En: http://www.uam.mx/difusion/casadeltiempo/02_iv_dic_ene_2008/casa_del_tiempo_eIV_num02_41_56.pdf

...Del lado izquierdo, en primero término está el Hombre, el constructor, de cuatro colores (las cuatro razas). Del lado derecho, la Madre, la creadora, con el hijo en brazos. Detrás de ella el Mono. Los dos árboles que forman un arco Noel del Triunfo, son la vida nueva que retoña siempre del tronco de la vejez. En el centro, abajo, está el amor, representado por la concha y el caracol, los otros dos sexos, a los que envuelven raíces siempre nuevas y vivas[64].

Según las palabras de la artista, y la imagen -que siempre va a trascender las palabras mismas de su autora-, el nacimiento del héroe es el nacimiento del ser humano. En el héroe se proyecta al ser humano. Los héroes mueren, y los seres humanos nacen. La tierra los acoge a todos, sin distinciones, y todos son producto de la tierra. El amor y la muerte median la experiencia del nacimiento, y por ello se proyecta su matrimonio vitalista.

Esta imagen trae luces que iluminan la lectura de Mateo 1-2. El nacimiento de Jesús es una repetición más del motivo del nacimiento del héroe en diferentes culturas. Existen héroes civilizadores y héroes revolucionarios, todos productos de la tierra. Jesús nace del amor humano y divino, pero su nacimiento es interpretado como un contacto especial con Dios, quien pone su brazo de fuego -su Espíritu- sobre la madre. Como se ve en el cuadro, Jesús es tocado doblemente, ya que en el plano superior es mirado por el sol que hay detrás, y en el plano inferior es señalado por una de sus manos. En Jesús nacen Marx y Gandhi, personajes revolucionarios, pero en su imagen y el uso que se dé de ella también pueden nacer Napoleón y Hitler. Estas imágenes del héroe son las máscaras de la vida y la muerte, la esperanza humana que genera arquetipos para construir o destruir civilizaciones, para reformarlas o revolucionarlas, y es en este atrevimiento donde se interpreta a los grandes personajes como tocados por la divinidad, o como divinizados y llevados al plano superior.

---

[64] Ibíd.

3.12 *El nacimiento del niño-héroe liberador en la lectura popular y comunitaria de la Biblia: el evangelio en Solentiname*

El Evangelio en Solentiname (1975) es la memoria que recoge el poeta Ernesto Cardenal sobre la experiencia de Lectura Popular de la Biblia en la comunidad contemplativa en la Isla de Solentiname, en los años de la dictadura de Somoza en Nicaragua. No se trata de un comentario sistemático al texto bíblico. La metodología de Lectura Popular toma el texto y lo abre a la interpretación plural y diversa, muchas veces contradictoria, y sin interés en la precisión histórica. El encuentro con la verdad del evangelio se realiza en la lectura contextual, con interés en la recepción y re-creación del texto desde la situación y el contexto propio de la comunidad que lee. Los miembros de la comunidad nicaragüense comentan el nacimiento de Jesús de esta manera:

> La Natalia que es partera y ha asistido al nacimiento de tantos niños en Solentiname, dice: Pues yo veo que el nacimiento del niño Dios somos también todos nosotros, esta unión que tenemos aquí. Porque en nosotros estamos viendo las cosas claras. Pero todos debemos ayudar a este nacimiento de Cristo; como cuando un niño está naciendo, y tal vez uno no sabe nada, y le dicen a uno: vení ayudáme; pues uno va, no porque sabe nada, nada sabe uno ¿verdad? Sino porque está naciendo pobre. ¡Ya ve: yo agarré mis naguas; o si tengo mi delantalcito se lo pongo! Porque está naciendo humildemente[65].
>
> ...Oscar: Ernesto, voy a hablar yo. ¿Sabés cómo entiendo el nacimiento ahorita como está hablando la Natalia? Muy importante el nacimiento de un niño, y más criar un hijo (me sale de adentro como padre de familia), pero no es ese el nacimiento de que nos habla esta Escritura. ¿Sabés lo que aquí entiendo yo por un niño? ¡Son los pobres!... No crean que el niño va a estar siempre arrolladito y sufriendo frío.

---

[65] Cardenal, Op. Cit., p. 48

Quiero decir que el nacimiento de que aquí nos habla la Escritura no es como el de un niño de estos que aquí están retozando en la iglesia, no, sino este niño soy yo, sos vos, somos todos[66].

Estos testimonios dan cuenta de lo que significa el nacimiento para los campesinos, artistas, poetas y revolucionarios, pero sobre todo creyentes, en experiencias de lucha por un mejorar su situación de vida bajo una dictadura. Las palabras de Oscar son fundamentales: "este niño soy yo, sos vos, somos todos". Palabras que reflejan el sentido profundo de la simbólica de la vida, la cual se erige como palabra de fe en medio de la muerte, del miedo y las amenazas de desaparición. En el nacimiento de Jesús de Nazaret nace el ser humano. Y al encontrarse el ser humano con este relato de nacimiento e infancia, se encuentra con su propio nacimiento, con un llamado a que se nazca a la vida, se nazca de nuevo, en medio de circunstancias contradictorias, como la masacre de los inocentes, como los desplazamientos forzosos, y las acusaciones religiosas ante los hijos no-deseados por la sociedad. En el relato del nacimiento de Jesús nace la comunidad mateana, pero también nace la comunidad de Solentiname y las diversas comunidades que a lo largo del continente se identifican con la posibilidad de la esperanza, aún en circunstancias límite.

De esta forma, cada episodio de la narración mateana –y también lucana- es leído desde una nueva perspectiva, recibido y actualizado a la luz de la realidad política y social de Nicaragua y América Latina. Así, por ejemplo, la aparición y anunciación del ángel a José (Mt 1,18-25) y la estrella aparecida a los magos (2,1s) se comprenden como la esperanza que tiene la misma gente en los niños que nacen:

Laureano: Aquí dice: "Cuando José despertó ¿quiere decir entonces que estaba dormido? ¿Todo esto lo soñó, pues no fue ningún ángel que le habló?

---

[66] Ibídem.

189

Podría ser un sueño, digo yo, o una visión, o de alguna otra manera entendió estas cosas, y para la Biblia es lo mismo que decir que fue un ángel que le habló; y estos ángeles siguen hablándonos a nosotros[67].

…Gloria: Esa gente del pueblo ya tenía una esperanza. Y desde que supieron que había nacido ya sentían gozo. Los vecinos ya sabían. Esa estrella tal vez fue el rumor del pueblo, que les llegó a los magos[68].

La visita de los magos, primero a Jerusalén y luego a Belén, para adorar al Mesías, es leída desde la realidad política que están viviendo:

Dice Laureano: Yo creo que estos sabios la cagaron cuando llegaron donde Herodes preguntando por un liberador. Es como que alguien llegue ahora donde Somoza a preguntarle dónde está el que va a liberar a Nicaragua[69].

Felipe: Manda llamar al clero un tirano que ha matado a mucha gente[70]. Y el clero acude. Me parece que si fueron a su palacio es porque eran partidarios de él, estaban de acuerdo con sus asesinatos. Como quien dice hoy día los monseñores que son partidarios del régimen que tenemos. Quiere decir que esa gente era parecida a la que hoy tenemos en Nicaragua[71].

Rebeca: Herodes oye que va a nacer en un pueblecito, como decir aquí en Solentiname, que no significa gran cosa. Por eso él les pide a los magos que cuando lo hayan encontrado que le informen. Porque de qué manera se va a enterar él del mesías si el mesías nace entre el pueblo, un chavalito de una mujer pobre. El pueblo de por allí de esos lugares sí estaría bastante enterado, pero lo mantendrían en secreto[72].

---

[67] Ibíd., p. 22

[68] Ibíd., p. 43

[69] Ibíd., p. 40

[70] Se refiere a sacerdotes y maestros de la ley, que acuden a Herodes.

[71] Cardenal, Op. Cit., p. 42

[72] Ibíd., p. 42

La matanza de los inocentes, la huida a Egipto y el retorno a Palestina (Mt 2,12-23) se leen desde la propia experiencia de vida, ligada con la persecución política y las esperanzas mesiánicas de un levantamiento popular. El mesías es un personaje común, puede ser cualquiera del pueblo que se ponga de parte de Dios y de la gente pobre, y levante una voz liberadora que incite a la transformación. Es por ello que hay persecución contra los personajes que encarnan ese mesianismo:

> Y otra de las señoras: Sí, es una cosa igualita lo que pasa en la actualidad, y es porque cualquiera que luche por la liberación de los oprimidos, él mismo pues es un Cristo, y entonces está Herodes, y estamos viendo pues, en vivo, el relato de la vida de Jesús. Y vendrán más Herodes, porque siempre que está el que lucha por la liberación está quien lo quiere matar, y si pueden matarlo lo matan. Cuánto no hubiera querido Somoza que Ernesto y Fernando hubieran muerto chiquitos para que no estuvieran enseñando esto. Vemos claramente el caso de Herodes, pues, y el de Cristo, los tenemos entre nosotros[73].

> Dice otro de los muchachos: … Hay muchas familias campesinas que han tenido que dejar sus lugares en muchas zonas de Nicaragua, huyendo de la miseria y el hambre, o porque han sido desalojados de sus tierras, o porque la guardia nacional allí está matando a los líderes campesinos, incendiando ranchos, violando mujeres, encarcelando a familias enteras, torturando. Y el cuadro de todas esas familias pobres que huyen, las madres llevando a sus hijitos en los brazos, es el mismo de la huida a Egipto[74].

Este tipo de lecturas refleja una historia de la recepción del texto en un contexto real y difícil, donde el sentido simbólico del relato da cuenta de la inagotabilidad del sentido, y de la manera en que los motivos literarios se repiten no sólo en las narraciones oficiales, o en las mitologías nacionales, como la leyenda de Sargón o la historia de Heracles. También el

---

[73] Ibíd., p. 45

[74] Ibíd., p. 45

motivo toma cuerpo en la experiencia popular, especialmente en situaciones límite, donde la vida está puesta en juego, y las esperanzas mesiánicas brotan, a la expectativa de un cambio.

La hermenéutica filosófica ha hecho ver que el sentido de un texto va más allá de las intenciones de su autor[75]. Por esto es que la comprensión y la interpretación no son actos meramente reproductivos, sino producciones de sentido. En el acto de lectura, la referencia histórica de un texto es reemplazada por una nueva referencia, la cual es el momento actual que vive el nuevo lector. La interpretación no consiste meramente en destapar las intenciones antiguas de un texto antiguo, sino que es una respuesta al texto, una respuesta creadora de sentido. No solo la exegesis, sino también el contexto, la cultura, la clase, la raza y el género tienen un invaluable efecto en la comprensión del texto bíblico. En el caso de *El Evangelio en Solentiname,* el nacimiento del mesías es el nacimiento de la comunidad mesiánica, es el nacimiento del ser humano hacia la posibilidad de lo venidero, en medio de la amenaza de la muerte y los desplazamientos, en medio de la discriminación, la marginación y la injusticia...

El niño que nace soy yo, sos vos, somos todos.

---

[75] Cf. Hans-Georg Gadamer. *Verdad y método I.* Salamanca: Sígueme, 2003; Paul Ricoeur. *Teoría de la Interpretación. Discurso y excedente de sentido.* México: Siglo XXI, 1999; José Severino Croatto. *Hermenéutica Bíblica. Para una teoría de la lectura como producción de sentido.* Buenos Aires: Lumen, 1994. Cuando se lee una obra como *El evangelio en Solentiname*, se hace comprensible la propuesta que durante un largo período realizó el biblista argentino Severino Croatto, al intentar dar una justificación filosófica a la manera cómo la gente pobre y marginada lee la Biblia en América Latina de cara a una lucha por su liberación. No sólo la importante fundamentación filosófica, sino también la práctica de lectura de la Biblia en muchos lugares y desde muchos contextos, dan a Croatto la razón.

4

El nacimiento del liberador, un sueño mesiánico: reflexión desde la hermenéutica del símbolo

Como se ha intentando demostrar en el capítulo 3, el nacimiento del héroe es un motivo literario que tiene una fuerte presencia en diferentes culturas. Lo que se busca en este capítulo es comprender por qué este motivo es tan importante para los seres humanos. Una investigación desde la hermenéutica simbólica, que recoja no sólo la fenomenología externa sino la reflexión interna –en torno al ser humano y sus motivaciones psicológico-existenciales, como en relación con también sociales y económicas-, permite encontrar en cada persona y en cada cultura la necesidad de recurrir a arquetipos de transformación del orden establecido, con el fin de destruir las situaciones injustas y difíciles, y construir un mundo diferente, tanto en lo personal como en lo colectivo.

El motivo del nacimiento del héroe tiene un trasfondo psicológico y antropológico, en el que el ser humano refleja sus propias experiencias y esperanzas de nuevo nacimiento y transformación de relaciones sociales. Freud aportó a la relación entre mitos y sueños la conexión con la cultura. Para el pensador austriaco[1], el sueño es la mitología privada del durmiente, mientras que el mito es el sueño despierto de los pueblos. En esta misma línea, el teólogo y psicólogo Eugen Drewermann[2] invita a interpretar los relatos bíblicos como si los hubiéramos soñado ayer. Según él, realidad simbólica es la clave para leer la Biblia. Ésta no es un libro de historia, sino una colección de narrativas simbólicas que nos informa sobre lo que afecta al ser humano en todos los tiempos y culturas. Los relatos que contienen las Escrituras deben ser vistos como creaciones poéticas, que otorgan valor a los sentimientos, y en las que subyacen las realidades humanas profundas, desde sus luchas y opresiones hasta sus esperanzas. Los personajes presentados en los textos bíblicos son dimensiones de la existencia humana, encarnados literariamente. No tienen existencia *en sí*, sino existencia *en mí*. "Los cuentos populares son reliquias del jardín de la infancia de la humanidad... su lenguaje es el lenguaje de los sueños..., por lo que se necesita una especie de sueño infantil, una nueva inmediatez de comprensión y vivencia para entender como adultos los cuentos populares"[3].

4.1 *Dimensión onírica*

La narración de Mateo 1,18-2,23 es un relato que está guiado por los sueños de José. En ellos, se dan las indicaciones sobre lo que se ha de hacer, y se revelan las interpretaciones de los acontecimientos cotidianos. Esto responde a la perspectiva que se tiene de los sueños tanto en Antiguo Oriente como en el Mundo Mediterráneo del siglo I, donde los sueños son considerados como revelaciones trascendentales para la vida, palabra de los dioses[4]. Para Carl G. Jung, los sueños no tienen

---

[1] Ricoeur, *Freud*, Op. Cit. p. 9

[2] Eugen Drewermann. *La Palabra de Salvación y Sanación*. Barcelona: Herder, 1996.

[3] Drewermann, *Das Mädchen ohne Hande*, Citado por: Lurker, Op. Cit., p. 51

[4] Según Janet Meyers ("Dreams in the NT and Greco-roman Literature".

la mera función de encubrir lo reprimido (como pensaba Freud), sino de recompensar las carencias y empoderar al soñador para tomar diferentes caminos, apropiados según la ocasión de la vida: "El sueño se entiende rectamente cuando el soñador puede comprender algo con su contenido, cuando puede aprovecharlo para su propia vida; o cuando, como en el caso de una vida psíquica perturbada por la neurosis, el sentido del sueño se incorpora al proceso terapéutico"[5].

El ser humano encuentra en el sueño a su "yo" más íntimo, con sus más profundos miedos y esperanzas. En él se proyecta no sólo lo que la persona reprime debido a su "peligrosidad" para la cultura, sino lo reprimido debido a las transformaciones positivas que pueden ser amenazantes para una sociedad que también es enfermiza. Como sucede con el sueño que tiene la madre de Buda, interpretado por los sabios como el anuncio del advenimiento de alguien que puede indicar un camino transformador para el ser humano:

La madre de Buda soñó que estaba recién bañada y cubierta de flores yaciendo sobre un lecho de plata en un palacio de oro; llegó entonces un elefante blanco con una flor de loto en la trompa, golpeó con ella su costado derecho y la depositó

En: Freedman, David Noel, (ed). *The Anchor Bible Dictionary*. Op. Cit.), la creencia en la realidad y significado de los sueños y visiones viene desde tiempos antiguos. La gente del mundo greco-romano creía que los sueños y las visiones eran formas de recibir mensajes divinos, profecía y sanidad. Como indica Janet Meyers. La creencia en el significado revelatorio de los sueños y las visiones proviene del AT, pero está enraizada no sólo en el judaísmo sino en todas las religiones comunes del Mediterráneo. En el AT, los sueños significantes y visiones provienen de Yahvé para comunicar un mensaje a los seres humanos. Los profetas son llamados "videntes", porque la palabra de Dios les viene a través de sueños y visiones. Generalmente, Dios da los sueños y también la interpretación de estos. Los sueños funcionan como modelos literarios, poéticos y narrativos, para comunicar un mensaje profético. Véase también Lurker, Op. Cit., pp. 52ss

[5] C.G. Jung. *Von Traum und Selbst-Erkenntnis*, citado por: Lurker, Op. Cit., p. 54

en su seno. Los interpretadores de sueños le predijeron en consecuencia a la mujer el nacimiento de un hijo, el cual en su condición de "iluminado" redimirá a la humanidad de su estado de ignorancia[6].

En el relato onírico narrado en el evangelio de Mateo, se describen lugares, con funciones narrativas que corresponden a la psicología de lo soñado. Los personajes también aparecen como arquetipos del inconsciente. José –que es a la vez el José de Egipto– sueña con el Faraón, con Moisés, con los magos, con María. Sueña con el peligro y la salvación, y escucha de un ángel que el niño que espera su prometida es obra del Espíritu Santo, promesa para la liberación del pueblo y la salvación de los pecados. En este relato, se muestra cómo el ser humano tiene contacto con sus miedos y esperanzas más hondos a través de los sueños. Ve en sus hijos a los salvadores de su pueblo, ve a su compañera, que se sale del margen de los tabúes culturales, como la princesa virgen seleccionada para portar la promesa, ve en los gobernantes injustos a los arquetipos del mal, tales como la personificación del Faraón y del Diablo. Se ve como el protector de la promesa, como Frodo es el portador del Anillo de salvación-destrucción en la obra *El Señor de los Anillos*, de Tolkien, quien sabe que sin su decidida acción, es difícil que se lleve a cabo la liberación de su pueblo. La liberación real, concreta y humana, en todas las dimensiones corresponde también a la fantasía, a la capacidad de soñar, de "evadirse", para que las personas retornen a lo concreto, cargadas de sueños y nuevos sentidos para la vida. Como cuando el indígena sueña constantemente con su animal totémico y se convierte en él, o como cuando el niño Alejandro de la Vega en un viaje extático, perdido en la selva de la baja California, sueña con un zorro que orienta su camino, y entonces decide su futuro: será el zorro, el liberador de su pueblo, como lo narra Isabel Allende en su novela[7].

---

[6] Lurker, Op. Cit., p. 54

[7] Isabel Allende. *El Zorro: comienza la leyenda*. Bogotá: Plaza y Janes, 2005

4.2 *Dimensión narrativa*

Lo narrado en el texto es una dimensión simbólica que tiene sus equivalentes en la conciencia. Lo sobrenatural allí narrado es la propia experiencia humana de interpretación de acontecimientos naturales, que son importantes y significativos para cada persona en particular, en determinados momentos. Es la capacidad de ver el mensaje divino en el acontecer del tiempo y el espacio. Una reflexión hermenéutica siempre debe pensar en lo que ocurre en el lector o la lectora al leer el texto -consciente o inconscientemente-, y la manera cómo el texto es símbolo religioso de sus experiencias vitales más profundas.

La trama que guía las escenas son los *sueños, las revelaciones íntimas y los fenómenos cósmicos*. Así se evidencia una trama milagrosa que se da en la psiquis humana, que reconoce el papel de lo subjetivo, las interpretaciones propias y hasta los miedos personales a la hora de transitar por la vida. Es la historia del nacimiento del niño, pero también de los sueños y temores del hombre y de la mujer, la historia de la inclusión de los extranjeros, y de las contradicciones humanas, donde el "yo" es capaz de sacrificar incluso a los infantes para mantenerse en el trono del poder.

El narrador se ubica en una atmósfera de milagro, una narrativa onírica, de revelaciones de lo profundo. Es un narrador intimista. Conoce secretos sobrenaturales revelados a sus personajes en lo secreto. Sabe que el embarazo de María es por obra del Espíritu Santo, y también reproduce lo que escuchó José en lo más hondo de sus sueños. Se ubica en interiores, tanto en la casa y alcoba de José, como dentro del palacio de Herodes. Viaja con los magos hasta la casa donde el niño está con su madre, y revela los regalos que le hicieron. Conoce también los sueños de los magos, aunque no reproduce exactamente lo que escucharon. Viaja con José, María y el niño hasta Egipto, y allí reproduce el sueño que tiene José.

El relato está cargado de intervenciones cortas, pero de carácter muy personalizado ambientado en lo sobrenatural. Está la voz angelical y esperanzadora, como la del ángel en los sueños, o monstruosa como es la voz política de Herodes, con todo su poder para quitar la vida. Hablan los personajes arquetípicos: el ángel, Herodes, los magos. Callan los personajes más concretos: José, María, el niño. Estos tan sólo actúan, obedeciendo a lo que reciben en sueños, dependiendo de las fuerzas superiores en el destino que les ha sido prometido y que se ve amenazado.

Las escenas se suceden una a una, a través de narraciones extraordinarias. La trama de la salvación del niño es la que recorre toda la narración. Lo sobrenatural, lo mágico, es lo que introduce cada escena, mientras que lo profético es lo que confirma cada una de ellas. El relato onírico manifiesta el siguiente esquema:

(a) Acontecimiento sobrenatural   (b) Cumplimiento de la profecía

El narrador quiere vincular a los personajes con arquetipos del Antiguo Testamento. Se trata de personajes que ya han trascendido lo histórico y concreto, incluso la dimensión literaria, para convertirse en sí mismos en una constelación simbólica cargada de significado.

4.2.1 *José, el soñador de sueños*

Este es el personaje por el que pasa toda la trama del relato. Su participación es fundamental en la narración. Detrás de este personaje está el modelo de José el soñador (Gen 37-50), por medio de quien se salva el pueblo de promesa y desciende a Egipto para después retornar a tomar la tierra prometida. El José mateano es una mezcla de miedo y obediencia, de silencio y sabiduría, en la que sus acciones salvarán a la generación venidera, y a la misma cultura para quien su actuación resultaría incomprensible.

La relación que hay entre este personaje y los sueños es la clave para entender el texto. Son los sueños los que le permiten a José interpretar lo que está viviendo de una manera diferente, como un mensaje divino, por lo que se va en contra de las convenciones sociales y las imposiciones políticas, y decide ayudar a la madre y al niño a sobrevivir en un mundo hostil.

Para Drewermann, "José es una figura simbólica de la conciencia"[8]. Sigue a sus sueños, comprendiendo que es Dios quien pone en su corazón el camino que conduce a la salvación, optando por ayudar en la dignificación de una mujer marginada, y en la protección de un niño no deseado. Por allí comienza el camino de la salvación, y en este sentido es obediente al amor, que es superior a la ley.

En José se encarna el "yo" que ciertamente no puede entenderse a sí mismo, y que es puesto en contradicción con la cultura. Mas toma la decisión de desobedecer los cánones y tabúes, y valorar a una mujer y un niño que han sido marginados desde antes del nacimiento del pequeño. El "yo" de José está en condiciones de aceptar el mensaje del ángel y optar por una nueva vida, la vida divina, a pesar de la vergüenza y escándalo. Así valora los secretos de las demás personas y sus propios aspectos que pudieran verse como "vergonzosos", redimiéndose a sí mismo y a los demás frente a las represiones culturales y religiosas.

4.2.2 María, la madre virgen que da a luz un niño

Hay pocas descripciones acerca de ella –a diferencia de lo que hace el evangelio de Lucas-, pero es la portadora de la promesa, receptora de la obra del Espíritu Santo, con el niño en su vientre. Es marginada, acusada por la cultura, pues

---

[8] "L'homme Joseph lui-meme est une figure symbolique de la conscience". Eugen Drewermann. *Psychanalyse et exégése. Tome 1. La Vérité des formes. Réves, mythes, contes, sagas et legendes*. Paris: Éditions du Seuil, 2000, p. 352 (Traducción nuestra).

ha quedado embarazada más allá de las normas y las leyes. Puede ser expulsada de la comunidad o apedreada. Pero es sujeto y objeto de la misericordia divina, y es acogida. Lo no deseado en ella se convierte en lo más deseado no sólo para la cultura sino también para otras culturas, en representación de la humanidad entera y diversa.

María es personificada a la luz del Antiguo Testamento, homónima de Myriam (María), la hermana de Moisés el liberador de Israel, y con la promesa hecha sobre la virgen –o joven- en Isaías 9, de tener un hijo que indicará la presencia de Dios con su pueblo. Una mezcla entre vulnerabilidad y fortaleza. Como señala Drewermann: "La madre del Redentor y niño divino es a la vez la humanidad indignificada, aplastada por el pecado y necesitada de salvación: ella representa a toda la humanidad que espera, en nosotros, manteniendo en secreto su propia persona"[9].

4.2.3 El niño, la persona frágil es la futura liberadora de su pueblo

El niño amenazado es el Mesías prometido, el salvador de su pueblo. Corre peligro, al igual que el niño de Éxodo 2 y otras tantas narraciones en que aparece el motivo literario. Sobrevive milagrosamente a una matanza de infantes. Completamente indefenso, no tendría nada que ofrecer al mundo, pero su salvación se logra debido a lo que otros esperan de él, a lo que otros ven en él en acontecimientos simbólicos. Es el símbolo del nuevo nacimiento en medio de una realidad personal adversa y una cultura y sociedad decadente y destructiva.

Todas las profecías contadas como cumplimiento en el relato giran alrededor de él. Él es el cumplimiento de las promesas y los oráculos, él es el salvador de su pueblo. Personifica, evidentemente, a Moisés, el liberador de Israel bajo la

---

[9] Ibíd., p. 352

opresión faraónica. Ahora es él quien se convierte en promesa de liberación bajo la opresión herodiana –no se menciona a Roma en ninguna parte, aunque se supone la liberación incluso del imperio romano, como ha hecho ver Carter[10]–.

El niño se llama Jesús, y también Emmanuel. Estos nombres toman sentido en el contexto narrado por Mateo, de persecución política y disputas religiosas. En una realidad socio-histórica y personal decadente, aparece el salvador, ayudante, redentor, liberador, presencia de Dios con nosotros. Desde la psicología profunda, Drewermann[11] considera el título de *Hijo de Dios*, como un símbolo arquetípico, cuya riqueza interior consiste por un lado en la práctica de Jesús, sanadora y liberadora, que mostraba la actividad de Dios en medio de la humanidad; y por el otro, en las experiencias de cada alma humana que recibe el llamado a un nuevo comienzo, y un nuevo encuentro vocacional, en el camino del seguimiento de Jesús.

4.2.4 Herodes, el arquetipo del mal, personificado en el rey de Jerusalén

Herodes es el antagonista por excelencia. Astuto y poderoso, con capacidad de convocar a todos los sumos sacerdotes y letrados del pueblo, y también de matar a todos los niños de Belén. Pretende adorar al niño, pero sus intenciones se revelan cuando se enfurece al verse burlado por los magos y manda matar a las criaturas. Finalmente muere, y es el tiempo indicado para que Jesús y su padre y madre retornen a vivir en Palestina.

---

[10] Carter (Op. Cit., p. 50ss) elabora un análisis sociológico que permite vislumbrar que el conflicto de fondo que hay en Mateo no es sólo frente a la sinagoga, sino también frente al imperio romano. Según Carter, el mensaje del Reinado de Dios que irrumpe frente a un imperio que es otorgado por Satanás, e incluso ofrecido a Jesús (Mt 4,4) presenta una realidad socio-histórica de tensión con el mundo romano. (Ver Apéndice).

[11] Drewermann, *Psychanalyse et exégése,* Op. Cit., p. 354

Herodes es el Faraón, el Amulio, es Hun Batz y Hun Choven, es Anastasio Somoza; en general, el arquetipo del personaje malvado; ubicado ahora en el corazón del pueblo de Dios, Jerusalén. Consulta a sus sabios y asesina a los niños de Belén, buscando acabar con el personaje de la promesa. Narrativamente, es un personaje *redondo*, inmerso en la contradicción de ser rey para su pueblo y matar a su pueblo y al futuro liberador. Aterrorizado por lo que pueda significar un niño para todo su reino, cargado de egoísmo y aferrado a su *Status quo* y el de la corte militar y religiosa que lo rodea.

Como anota Drewermann[12], en Herodes hay que reconocer psicológicamente a ese "yo" que se opone al José que sueña. Es la represión que elabora el "yo" frente a las palabras del corazón. Encarna los temores de perder el predominio, y se erige con el deseo de ser el único dueño, con control sobre el universo. Es la personificación de la ley absolutizada que niega todo nacimiento de la creatividad y la esperanza. La manifestación de los sistemas que pierden toda orientación por la dignidad humana, convirtiéndose ellos mismos en una falsa divinidad que atropella.

En José, se empodera el "yo" que deja vivir a las personas, y que valora las realidades y prácticas que han sido despreciadas por la cultura. Pero en Herodes brota un "yo" que no puede dejar su trono y debe luchar para imponerse. La diferencia entre Herodes y José debe ser comprendida como dos actitudes que puede tomar el ser humano frente a la vida. José y Herodes son esa realidad que habita en cada ser humano, el Dr. Jekyll y Mr. Hyde dentro de la misma persona; una contradicción que se evidencia incluso en realidades sociales donde el poder se erige para aplastar a los demás. Herodes es la imagen típica de los dictadores y dominadores, bien conocida en América Latina, tan propia de los humanos y a la vez tan deshumanizada. Es el rostro de aquellos que se erigen

---

[12] Ibídem.

a sí mismos como si fueran leyes divinas para destruir a los demás en nombre de tales leyes.

4.2.5 Los magos paganos, creadores que van contra las reglas establecidas

Los magos son personajes que comprenden las estrellas, y por ende la dimensión onírica del nacimiento del niño -pues los astros son reflejo del alma humana y lo que ésta proyecta en el cielo-. Se contraponen a los magos de Faraón en Egipto, quienes apoyaban a éste para combatir a Moisés; los del Nuevo Testamento, más bien, buscan salvar al niño que ha sido rechazado por la cultura. Son presentados por el narrador como niños grandes, que creen en viejas leyendas, inocentes y rebeldes ante Herodes y su corte, creadores y creativospara ver nuevas tablas de valores morales[13], sabios y obedientes ante la revelación que reciben.

Cumplen el prototipo de profetas, pero es interesante que sean paganos, generando una apertura a los demás pueblos en el encuentro con la salvación. Además, se contraponen a los magos de Egipto que se oponen a Moisés y por medio de sus artilugios sirven al Faraón. En este caso, se anteponen a Jerusalén, de la misma manera que Jerusalén se opone al Mesías, y su astucia y sabiduría ayudan a salvar al niño. Los magos no son reyes, como ha pensado la tradición, sino magos (μάγοι), que significa astrólogos y hombres sabios, los cuales desde su interpretación de las estrellas comprenden que ha nacido el salvador[14]. Esto da un toque aún más mágico

---

[13] Empleamos las palabras "creadores" y "creativos" para calificar a los magos, pensando en la acepción que da Nietzsche (*Así habló Zaratustra.* Op. Cit.) a los magos como creadores de nuevos valores: "Compañeros para su camino busca el creador y no cadáveres, ni tampoco rebaños ni creyentes. Compañeros en la creación, busca el creador, que escriban nuevos valores en nuevas tablas" (p. 45).

[14] Luz (Op. Cit.) señala que la historia efectual de los magos ha venido creciendo con el tiempo. Justino Mártir discutía sobre la procedencia de éstos, diciendo que eran de Arabia. Más tarde se impone que vienen

a la narración, como en los mejores cuentos de hadas, donde los reyes nacientes son empoderados no sólo por la religión oficial sino también por la religión pagana, para llevar a cabo su labor liberadora.

Desde la perspectiva literaria, los magos son la posibilidad humana de encontrar significados para la vida en medio del cielo oscuro, la posibilidad de soñar más allá de la realidad amenazante. Son visionarios, encuentran posibilidades en situaciones al parecer imposibles de transformar, y ven en las personas pequeñas e insignificantes, la posibilidad de lo mesiánico, de crear un mundo diferente. Como señala el mago Gandalf en *El Señor de los Anillos*, de Tolkien, respecto al destino de los Hobbits, esos personajes insignificantes y menospreciados que serán quienes transformen la historia de la Tierra Media: "Esta es la hora de quienes viven en la Comarca, de quienes dejan los campos tranquilos para estremecer las torres y los concilios de los grandes. ¿Quién de todos los Sabios pudo haberlo previsto?"[15]

Desde la perspectiva de los Arquetipos, la psicología ve en los magos esa otra parte del alma humana que rompe las reglas, y se acerca al niño para adorarlo como una nueva vida y una nueva esperanza. Para Drewermann[16], los magos son componentes

---

de Persia. En las iglesias de Siria se decía que eran doce magos, acompañados con un numeroso séquito; pero en la iglesia occidental se empezó a describirlo como tres magos, en la soledad de su búsqueda. Los nombres de los magos les fueron dados en el Siglo VI (Melchor, Gaspar y Baltasar). De esta manera, los magos son personajes muy importantes en la religiosidad popular, incluso fueron el tema más frecuente en la pintura de las catacumbas de los primeros siglos de la iglesia. En la Edad Media se les rindió homenaje por sus diversas funciones protectoras. En la actualidad, en América Latina, ocupan un papel muy importante en las fiestas de navidad y en el día de los "reyes-magos", el 6 de Enero.

[15] J.R.R. Tolkien. *El Señor de los Anillos I. La Comunidad del Anillo*. Barcelona, Ediciones Minotauro, 1991, p. 366

[16] Drewermann, *Psychanalyse et exégése*. Op. Cit., p. 355

que viven en el ser humano, reprimidos generalmente por la corte real herodiana, por el "yo" perturbado por aquello que considera extranjero a su propio origen. Los magos existen en el ser humano, y son más ancianos y más profundos que el orden herodiano. Por ello se atreven a violar las leyes y valorar en las personas y situaciones menospreciadas el sentido de la vida y la posibilidad de transformar la realidad.

4.2.6 El ángel, la voz liberadora de la conciencia

Esta es una figura fundamental en el texto. Aparece en los momentos indicados como la voz que orienta a José en medio de sus *sueños*, y le indica los caminos que debe tomar para defender la vida de las personas marginadas por la cultura. Es interesante que el ángel se relacione con los sueños, y sólo en ellos aparece, pues es la dimensión onírica, la fantasía de la conciencia, la que permite personificar los mejores deseos del ser humano cuando la cultura los reprime y los relega a la oscuridad. Es en los sueños donde se escucha esta voz liberadora, a la que cada ser humano debe aprender a escuchar y atender. Funciona como revelador de secretos, *alter ego*, conciencia interna, personificado no en un guerrero sino en un intimista oráculo.

En las historias antiguas, el ángel es la figura original de la persona, la forma de existencia que estaba destinada a la propia persona. Para Drewermann, el ángel es la conciencia del existir del *Dassein* (el Ser), la imagen personificada dentro del ser humano en la que Dios se ha formado una morada, a través de la que la Divinidad se revela. Se da a conocer sólo en las profundidades del alma, nunca en el estado de vigilia; pues es sólo en los sueños del inconsciente, cuando la conciencia no alcanza a pensar, que el ser humano tiene su encuentro con la voz divina que ha decidido habitar en su ser, para advertir, prevenir, protestar o proteger. Sólo en el sueño, cuando no hay ocultamientos ni represiones, es que se puede percibir el mensaje sagrado -un mensaje atrevido, por cierto- en las profundidades del alma.

Soñar significa volcarse hacia el interior y escuchar la propia conciencia, reprimida por la cultura. Según Drewermann, el sueño no es arbitrario. Es más bien la descripción de la realidad y la prescripción de nuevas rutas a emprender. El sueño es obediencia a la vida, expresión creativa, interpretación de la realidad, y explicación alternativa de lo que sigue siendo inaceptable en la cultura. Es una orden divina para reconocer la esencia del propio corazón, tan extraño en sí mismo, para hacerlo de forma abierta y los ojos de la sociedad y la cultura.

4.3 Dimensión simbólica de la geografía de la salvación

El texto de Mateo presenta una *geografía de salvación* a partir de lo marginal. Se bate entre imágenes familiares e imágenes políticas. Los contrastes marcan el relato. La amenaza es el ambiente general, pero la salvación es la palabra final. Una introducción estética e imaginativamente bien lograda para la historia del Mesías.

El escenario inicial no es descrito. La mención de los lugares viene a aparecer en 2,1 al mencionar que Jesús nació en Belén de Judea, dando una ubicación temporal de gran importancia: "en tiempos del rey Herodes" (2,1b). De manera que el escenario fundamental del relato es el no-espacio, el mundo de los símbolos, donde los sueños recobran tanta importancia que los lugares son descritos más bien como escenarios teológicos, patrias existenciales por las que van atravesando el lector y la lectora.

En los espacios narrados, hay una contraposición entre lo privado y lo público: el interior de una casa, una cama, en el interior de una persona, los sueños; pero también en la corte herodiana de Jerusalén, causando conmoción a toda la ciudad.

El texto presenta la contraposición entre Belén y Jerusalén. Belén obedece a la patria teológica del niño, por la lectura que se hace en 2,6 de Miqueas 5,1. Allí nació David, ancestro de Jesús (1,1.17) Esta patria se contrapone radicalmente a Jerusalén, donde viven Herodes y los sacerdotes y escribas (2,3), adversarios de Jesús. Estos últimos saben que el Mesías nacerá en Belén –y aquí se declara por segunda vez en el texto que Jesús es Mesías (cf. 1,1; 2,4)-. Así, lo pequeño se opone a lo grande, lo insignificante a lo pomposo. Y la casa del rey y los sacerdotes, en Jerusalén, ahora se interpreta como casa del Faraón y su corte de hechiceros, que quieren matar a los hijos de la promesa. Jerusalén atenta contra Belén matando a sus niños, y paradójicamente José y su familia (con el pequeño "Moisés") huyen a Egipto, el cual se convierte en un lugar de salvación.

Belén (Casa de pan) es la casa donde siempre hay refugio para Israel, donde hay un nuevo sustento de vida, como en el libro de Rut; y está relacionada con la casa de David. Jerusalén (Casa de paz) se ha convertido en casa de muerte. Belén es una aldea pequeña, Jerusalén es la ciudad capital. En Belén hay gente insignificante, pero que sueña y recibe actos milagrosos. En Jerusalén están los notables del pueblo, que para el relato son banales, pues su historia sólo puede recordarse como historia de matanzas y envidias. Los magos se equivocan al ir a Jerusalén al encontrar al Mesías; allí sólo está la muerte. El salvador del pueblo no está en el lugar del ruido y la pompa religiosa y política, sino en los márgenes, donde está la vida, donde nace la esperanza.

Además de esta evidente dimensión política, los lugares mencionados también corresponden a los paisajes internos del alma humana. Cada persona es la Jerusalén orgullosa y también la Belén insignificante, donde reside la esperanza no sólo de la transformación personal sino, a partir de ella, la transformación mesiánica del orden económico y social. Cada persona es el niño que nace, en cada persona está no sólo la presencia del Resucitado sino del Niño divino, como señala Drewermann: "Ante Dios, cada persona tiene la vocación de convertirse en hija de Dios, en hombre de Nazaret (Mt

2,23)"[17]. Cada persona tiene el derecho a salir de sus propias prisiones y derrocar sus propios dictadores –cuánto más tiene el derecho cada sociedad y cultura de rebelarse ante las leyes injustas y establecer un reinado de Dios-.

El relato se desplaza de Belén (en contraposición con Jerusalén) a Egipto, refugio para los migrantes. Allí pasan el suficiente tiempo exiliados José y su familia, para ser llamados a volver a su tierra: "Levántate, toma al niño y a su madre y regresa a Israel, pues han muerto los que atentaban contra la vida del niño" (2,20). La voz del ángel demuestra que el niño tiene derecho a vivir, y que se debe proteger su vida para que crezca y cumpla su cometido, aún en contra de todas las oposiciones y represiones. Egipto no es un lugar de permanencia, sino de paso, para volver a comenzar. Símbolo no sólo de las migraciones históricas, sino de las migraciones interiores del pueblo israelita.

La sagrada familia retorna a Palestina, la tierra de donde va a provenir Jesús en todas las tradiciones: Nazaret de Galilea, cumpliendo con lo dicho: "será llamado nazareno" (2,23), por lo que allí se reconoce el origen de Jesús de Nazaret y de su comunidad de seguidores y seguidoras, los nazarenos. El regreso se da cuando ha muerto Herodes, el arquetipo amenazante. Como señala Drewermann, la muerte del arquetipo amenazante y el regreso a la tierra del origen hace parte del proceso psíquico del nacimiento del niño divino, que es el nacimiento del alma humana, anunciado por la voz del ángel: "Todo ángel habla a la gente dentro de sí misma, y la muerte del tirano asesino de niños se da también, sin duda, en el interior"[18]. Sólo cuando es vencido el opositor a la libertad, cuando es superado, se abre paso al ser humano para que despierte su dimensión creadora y liberadora. El opositor tiene que ser superado no sólo en el exterior, sino

---

17   Ibíd., p. 362

18   Ibíd., p. 361

en el interior, para emprender el camino de la transformación que inicia en la persona y se desarrolla en la sociedad. La vida nace en tiempos de opresión y amenaza, y en medio de la muerte puede emerger la esperanza.

El paso del tiempo narrado toma importancia a medida que va creciendo el niño, como cuando los magos lo visitan con su madre (2,9), y cuando Herodes se da cuenta que los magos lo han burlado (2,16). Se nota mucho más cuando muere Herodes, pues ha pasado el tiempo –no se dice cuánto-, y entonces aparece la voz del ángel en el sueño para indicar a José que tiene que regresar a su tierra (2,19-20). Así se instalan en Nazaret, y es donde puede decirse que comienza la historia.

4.4 Dimensión simbólica del uso de las profecías antiguas y las señales cósmicas

Para la comprensión de los fenómenos cósmicos y las profecías antiguas, hay que remitirse de nuevo a la dimensión onírica, y reflexionar desde allí los símbolos narrados. Una discusión historiográfica que trata de ubicar dentro de la historia el astro descrito en el texto, o una interpretación meramente filológica sobre el uso que hace el narrador de las Escrituras hebreas son aspectos valiosos, pero no logran dar en el blanco del mensaje literario-existencial. Como dijera el poeta S.T. Coleridge frente a la interpretación historicista que hace el teólogo J.G. Eichhorn sobre la visión del carro que aparece en Ezequiel 1,15-21. Eichhorn dice que es "mera ficción poética". Coleridge anota frente a esto:

> Me cuesta trabajo entender cómo un hombre del juicio, saber y conocimiento de la psicología de Eichhorn pudo pergeñar, o dar en creer una hipótesis tan fría. Que en las visiones de Ezequiel se representen con símbolos visuales ideas o realidades espirituales, nunca lo he dudado; pero tampoco me cabe duda de que tales símbolos se le representaron a Ezequiel en visión, y por una ley estrechamente ligada, si no subordinada, a aquella

visión por la que las sensaciones se organizan en imágenes y
sonidos mentales en nuestro sueño ordinario[19].

4.4.1 El libro del Éxodo

Mateo retoma el libro del Éxodo, interpretado probablemente
a través de los Targumim judíos, para construir una teología
propia. El niño nacido es el nuevo Moisés. Su historia es la
historia de Israel, que va de la mano con José a Egipto, y es
librado de la muerte como Moisés. Pero no sólo es la historia
acerca de Jesús. Es la historia de la comunidad cristiana y de
la comunidad humana, tanto la que escribe como la que lee.
Es la historia del nacimiento de la vida en medio de la muerte,
de la defensa de la vida a través de los *sueños*, creyendo que
en el hijo nacido, aún sin padre conocido, hay esperanzas de
fe para transformar el futuro de su pueblo.

Desde el Antiguo Testamento, Egipto representa un lugar de
refugio en casos de desastre y de peligro, que ayuda siempre a
pensar que se puede comenzar de nuevo. Una historia de éxodo
se le atribuye a Abraham, en quien se personifica la historia
de Israel. Como señala José Enrique Ramírez, comparando
los éxodos de Abraham (Gen 12) y del pueblo de Israel (Ex
1-15): "Los paralelismos señalados no son casuales. No se
trata de una curiosidad lingüística sino de una intención de
fondo: en la experiencia de los ancestros se anticipaba la
vida de sus descendientes. Sus vidas no estaban a la deriva.
El Dios que intervino en tiempos de Abraham podría hacerlo
en tiempos de Moisés. En el momento oportuno Dios sabría
liberarlos como lo había hecho antes"[20].

Lo mismo sucede en el relato de Mateo sobre Jesús, con sus
propios matices. En Mateo, Egipto no representa peligro al-

---

[19] S.T. Coleridge, *Marginalia*, Citado por: David Jasper, "Lecturas
literarias de la Biblia". En: John Barton (Ed). *La interpretación bíblica,
hoy*. Santander: Sal Terrae, 2001, p. 41

[20] Ramírez, Op. Cit., p. 67

guno, ni hay faraón que amenace. Antes bien, el peligro reside en Jerusalén y el faraón amenazante es Herodes. Las migraciones a Egipto son símbolo no sólo de las múltiples migraciones históricas, sino de la experiencia humana de ir y venir, tanto fuera como dentro de su ser, por diferentes experiencias transformadoras, tanto positivas como negativas.

4.4.2 El símbolo de la virgen encinta (Is 7,14)

Mateo no deduce la idea de concepción virginal del texto isaiano, pero se apoya en él para expresar su idea de nacimiento virginal que, más que una comprobación histórica, tiene un alcance profundo en la hermenéutica, la psicología y la historia de las religiones. A esto, añade el significado del nombre de Jesús, relacionándolo con una salvación de toda la situación de pecado: "él salvará a su pueblo de sus pecados" (1,21 BNP).

La imagen de la virgen fecunda pone en contacto no sólo a las mujeres sino también a los hombres con sus propios sentimientos. Como señala Drewermann[21], la Gran Madre es el arquetipo de lo femenino que está en nosotros, que nos confiere la magia y la esperanza de una vida renovada y dispuesta para grandes transformaciones. A su vez, esta Gran Madre es acusada y señalada como prostituta, avergonzada, y descuidada, a merced de la ley y la moral social, que intentan abandonarla en lo secreto y remitirla al ámbito de lo privado, para que no florezca la vida que hay en ella. Tanto en el texto de Isaías como en el de Mateo, la idea de la virgen o joven encinta es la imagen del renacer de una nueva esperanza en un mundo decadente, la apertura desde la dimensión femenina que hay en todas las personas hacia el ámbito público.

---

[21] Drewermann, *Psychanalyse et exégése.* Op. Cit., p. 350

4.4.3 El mesías proviene de la aldea insignificante (Miq 5,1-3 y 2 Sam 5,2)

El lugar de nacimiento de Jesús está apoyado en la profecía tomada de Miqueas 5,1-3, donde se promete un rey que sobrepase las expectativas de los reyes davídicos nacionalistas, con una autoridad que se extenderá hasta los confines de la tierra. Se trata de la oportunidad de soñar con un mundo mejor, basado en las expectativas de los nuevos personajes que vienen a la historia.

El narrador usa la cita de Miqueas para referirse a una villa que no tenía salud ni significancia, en la que Dios legitima su derecho a la existencia. Como en los cuentos y los mitos populares, la figura redentora no viene del palacio real, ni de la capital, ni de las esferas de influencia, sino que viene precisamente de las áreas invisibles, aparentemente insignificantes. Estas son las regiones olvidadas de la vida, de donde puede venir la capacidad de creer y de crear, y de encarnar el ideal mesiánico.

4.4.4 Los sabios de las culturas encuentran en lo marginal el sentido de la vida Nm 22-24)

La visita y adoración de los magos da cumplimiento a los oráculos mesiánicos sobre el homenaje de las naciones al Dios de Israel. Son personajes marginados frente a la religión oficial de Israel. Ellos, a su vez, se entienden con el niño marginado y lo empoderan como salvador y Mesías. Como creadores de nuevas tablas de valores, ofrecen la posibilidad de soñar con un mundo de relaciones nuevas, donde no haya fronteras que dividan los pueblos.

Se trata de los sabios de las culturas, esos componentes que también viven en el ser humano, reprimidos generalmente por la corte real herodiana. Los magos existen en el ser humano, y son más ancianos y más profundos que el orden herodiano. Encuentran en lo marginal el sentido de la vida, y ven en las personas y lugares insignificantes la señal para una nueva transformación del mundo.

4.4.5 Dios llama "hija" a la persona rechazada por la sociedad (Os 11,1)

Jesús es hijo de Dios, tal como lo es Israel. En este caso, el niño es la personificación del pueblo de Dios. En la historia del niño está narrada la historia de Israel, y la historia de los lectores y lectoras. Un desafío hermenéutico para apropiarse de la narración y participar de esta generación *ad portas* de una transformación interna y externa.

Dios llama "mi hijo" y "bienaventurada" a dos personas rechazadas por la sociedad. Tal es la dimensión y la gracia, que inicia las transformaciones humanas y sociales a partir de la periferia. Seguirán siempre ubicados en el margen de la historia, pero la sabiduría divina les da el significado pleno para que sus vidas sean vividas con dignidad y seguridad liberadora.

4.4.6 Soñar en medio del dolor (Jer 31,15)

La capacidad de soñar con un mundo diferente no excluye el lamento y la congoja por nuestra realidad propia concreta. Mientras soñamos, también nos lamentamos y sufrimos nuestras propias muertes, enfermedades y despojos. Pero seguimos esperando en que nazca y se proteja la vida.

Las voces que se lamentan también protestan y esperan justicia. Es el dolor de la vida, que no se resigna. La realidad humana que se duele. El grito desgarrador que clama por justicia. El texto no se avergüenza de ello, ni tampoco pretende establecer una teodicea. Jesús es hermano de las víctimas, un sobreviviente de la masacre, y como hijo de Dios solidariza y levanta también a estas víctimas de la historia. Su resurrección es esperanza para estas madres que se lamentan y para estos niños muertos ante la injusticia tiránica. El niño no sólo será el primogénito de los vivos, sino "el primogénito de los muertos" (Ap 1,5).

4.4.7 Nace la raíz de la transformación (Is 11,1; Jue 16,17)

El origen de Jesús y de la comunidad mateana está identificado con el apelativo de los "nazarenos", como se conocía a los cristianos en el mundo greco-romano (Hch 11,26). Desde el comienzo, la comunidad se está viendo a sí misma como la elegida por Dios desde la marginalidad. Es en el lugar insignificante donde la vida toma significado, en los espacios catalogados como lugares de muerte donde brota la vida, y por ello se puede asegurar con la profecía de Isaías, un homenaje al Emmanuel que ilumina los lugares menos brillantes en la historia de Israel: "Si en otro tiempo humilló el país de Zabulón, y el país de Neftalí, en un futuro ensalzará el camino del mar, al otro lado del Jordán, la región de los paganos. El pueblo que caminaba a oscuras vio una luz intensa, los que habitaban un país de sombras se inundaron de luz" (Is 8,23-9,1 BNP).

4.4.8 El astro que ven los magos (Nm 22-24)

Muchas culturas milenarias se han dedicado a observar los astros. El ser humano participa en los ritmos cósmicos y está en conexión viva con todo el universo. Como señala Manfred Lurker, "En una imagen del mundo, que arranca de la totalidad del cosmos, los astros ocupan un lugar muy significativo, y los hombres están convencidos de que existe una conexión entre los poderes superiores y los inferiores, un cordón umbilical cósmico, un lazo del cielo y la tierra (*Dur-An-Ki*), como lo llamaron los babilonios"[22]. Y también anota, en diálogo con la psicología profunda, que los mitos asociados a los astros y las constelaciones no parten de las estrellas, sino

---

[22] Lurker, Op. Cit., p. 113

que surgen primero en el alma humana mediante sentimientos y pasiones, y luego se proyectan en el cielos astral: "En los distintos planetas se muestran las diferentes posibilidades de la vivencia y la conducta humana"[23]. Los astros son el reflejo de las fuerzas divinas y también demoníacas que habitan en nuestro interior.

Ver en un astro que aparece en el cielo el anuncio del nacimiento del liberador de un pueblo subyugado, es una imagen de esperanza, de las mejores que ha elaborado la literatura fantástica. Como señala Drewermann, es una visión del corazón, una metáfora de la conciencia: "una estrella que vela por un niño real no es un objeto en el espacio, es una visión del corazón. De la misma manera, el *nacimiento virginal* como un símbolo mítico, es un milagro del alma, no del cuerpo, una transformación el rejuvenecimiento de la conciencia, y por tanto no algo exterior"[24].

4.5 Dimensión metafórica de la concepción virginal

Los relatos paganos refieren varias historias de la boda sacra (*hieros gamo*s), en la que un ser divino desciende a la tierra y toma una mujer humana, generando una concepción milagrosa de una criatura que tendrá naturaleza humana y divina. Esta es la manera de explicar lo excepcional de ciertos personajes: Aquiles, Perseo, Faraón. Si bien Mateo habla del Espíritu Santo que viene sobre la virgen, también la historia de Perseo cuenta cómo partículas de oro de Zeus cayeron sobre la virgen Dánae, y nació el salvador. Mitos del nacimiento de héroes liberadores están enmarcados en la dimensión del sueño de los individuos y los pueblos. Como indica Drewermann[25], en el mito del nacimiento está el deseo de volver a comenzar, de

[23] Lurker, Op. Cit., p. 114

[24] Drewermann, *Psychanalyse et exégése*. Op. Cit., p. 350

[25] Ibíd., p. 348

la nueva vida. El mito del nacimiento del héroe es para cada cultura que lo narra un llamado a amar en la gratuidad, como se ama a los hijos y a las hijas por su mera existencia.

La metáfora del nacimiento es un llamado a ir en contra de las adversidades, tal como la resistencia física que implicaría el nacer a través del cuerpo de una madre virgen. Una invitación a volver a comenzar sin pretensiones de grandeza, pero con una esperanza liberadora, para empezar de nuevo a tomar una identidad con las personas pequeñas y sencillas, y saber que es desde allí desde donde parte la liberación de los pueblos.

En esta línea de pensamiento, el nacimiento virginal se emparenta con el nuevo nacimiento, metáfora presente en el Nuevo Testamento para hablar del encuentro con Dios y con la vida, como una manera de encaminarse hacia el sentido de la propia existencia. Este es el significado de no nacer de carne o sangre, sino de Dios (Jn 1,14). Jesús nació de una virgen y no de voluntad de varón, porque hizo la voluntad de Dios, hallando en el Espíritu el camino para su propia vida. Tal vez algún Nicodemo le preguntara por la "historicidad" de su propio nacimiento a Jesús, por la posibilidad de nacer virginalmente del vientre de la madre; entonces se escucharían estas irónicas palabras por parte del Maestro, según la narración de Juan: "De la carne nace carne, del Espíritu nace espíritu. No te extrañes si te he dicho que hay que nacer de nuevo. El viento sopla hacia donde quiere: oyes su rumor, pero no sabes de dónde viene ni adónde va. Así sucede con el que ha nacido del Espíritu" (Jn 3,6-8 BNP). Este es el sentido en el que Pablo habla cuando se refiere a la nueva creación: "De modo que si alguno está en Cristo, nueva criatura es: las cosas viejas pasaron; todas son hechas nuevas" (2 Cor 5,17 RV95), con lo que se refiere no a tener que entrar en el vientre de una madre y nacer literalmente de una virgen, sino precisamente a la experiencia de cambio de transformación, de orientación positiva hacia la vida.

El nacimiento virginal es metáfora de nuestro nuevo ingreso a la vida, después de frustrantes y amenazantes situaciones, o aún en medio de ellas y antes de ellas. El nacimiento virginal es una visión del corazón, una metáfora de la conciencia, un milagro del alma y no del cuerpo, una transformación el rejuvenecimiento de la conciencia.

4.6 Dimensión del éxodo: la migración humana

El texto relata la historia de un éxodo ya no por hambre sino por peligro de muerte. Tal como sucede con centenares de latinoamericanos que migran desde sus propias tierras a otro países paraa encontrar sustento, o a huir del peligro que representan sus propios países; o como sucede con millares de colombianos, desplazados del campo a las ciudades dentro de su propio país, con motivo de una guerra interna. Un éxodo que es destierro y que es desarraigo, pero también un éxodo necesario para crecer, para recobrar fuerzas y retornar a liberar a la propia comunidad en el momento necesario, en el momento indicado, cuando las fuerzas del mal hayan disminuido, y se pueda decir con el grupo chileno Illapu: "Vuelvo otra vez vuelvo a vivir en mi país"[26]

La migración humana está relacionada con la vida puesta en peligro. La huída a Egipto, con la masacre de los inocentes. La migración es interna y externa. Con ella, se protege la vida y se logran cambios personales, mientras cambian también el tiempo y la geografía. La existencia es comprendida como una peregrinación, al decir de Lurker: "En las diferentes religiones, aparece una y otra vez la imagen del camino, con lo que el hombre reconoce en él su propia vida, ligada al espacio y al tiempo, y que aspira a una meta misteriosa e invisible para él"[27].

El ser humano es un buscador, intenta construir caminos alternativos cuando la muerte avanza, y es un extranjero en

---

[26] Illapu. Canción "Vuelvo para vivir". Álbum: Memoria del cantar popular, 2003

[27] Lurker, Op. Cit., p. 234

diferentes patrias, para al final encontrarse a sí mismo. Tal es el caso de personajes literarios como el Parsifal medieval, el Don Quijote de comienzos de la modernidad, y el Ulises contemporáneo de James Joyce. El caminante es un símbolo de la existencia humana, que se desplaza en busca de sentido.

> Cada hombre es un buscador, y aunque la meta de su camino está oculta no deja de estar indefectiblemente fija. Todo retorna al origen sano y santo, de donde tomó principio. Así que todos somos peregrinos (del latín *peregrinus*, que propiamente significa "extranjero"), que estamos de camino hacia la verdadera patria. El viaje empieza, ya aquí y ahora, y para todos los peregrinos vale la palabra de Cervantes: "El camino es siempre mejor que la posada". Aunque el hombre funde una familia, aunque haga una carrera profesional y encuentre el reconocimiento social, en realidad no deja de ser alguien que persigue y busca, alguien a quien empujan; toda su vida está en camino entre la inseguridad y el riesgo. Quien tantea en la obscuridad no puede encontrar la meta; el peregrino necesita una luz, que le alumbre el camino (con la enseñanza y la práctica religiosa). El camino entendido como una ascensión o subida conduce siempre desde las tinieblas inferiores a la luz superior. En el reino de la luz celestial termina la peregrinación y en el extranjero sobre la tierra acaba encontrando su hogar[28] .

La recurrencia del relato mateano al motivo del éxodo es la manera de traducir las experiencias de migración en la simbólica oriental del texto. El éxodo desde y hacia Egipto en el Antiguo Testamento es la imagen por excelencia del alma humana que migra, como señala Ramírez:

> El relato del éxodo, más que la narración de lo sucedido durante una liberación concreta, es el relato de una *experiencia de encuentro* con un Dios que no ignora el dolor humano, y que se revela en medio de la vida, la libertad y la dignidad humanas... En cuanto símbolo, el éxodo tiene una función transformante, a saber: el llamado de una

---

[28] Ibíd. p. 237

libertad que es preciso conquistar, fuera y dentro de nosotros mismos y que es, al mismo tiempo, proyecto histórico y reto existencial. El éxodo es la lucha contra la incertidumbre, contra la comodidad de lo conocido, contra el miedo a la libertad y por ello, una tarea permanente que conlleva tensiones y ambigüedades a cada paso. El éxodo es parte de nuestra *geografía espiritual*, es el llamado a una existencia en transición, a un peregrinaje vital[29].

4.7 Dimensión político-mesiánica

El texto narra cómo los jefes de Jerusalén quieren matar a Jesús, la manera en que se confabulan el rey y los líderes religiosos, cuando la ciudad entera tiembla ante el presagio de un liberador para su pueblo. Varios especialistas señalan que este conflicto es la narración simbólica del conflicto del Jesús adulto con las autoridades políticas y religiosas que lo entregarán a la crucifixión. Como indica Bruce Malina:

> Dado que se trata de narraciones del nacimiento de Jesús y de los sucesos que lo rodearon, podemos asumir como algo cierto que los relatos de la infancia se deben al hecho de que Jesús fuera crucificado y luego resucitara de entre los muertos. En la antigüedad, la descripción y valoración del nacimiento y la infancia de personajes notables respondían al estatus que esa persona había tenido como adulto, a los roles que había desempeñado. Si Jesús de Nazaret había sido el Mesías que tenía que venir, si había sido resucitado de entre los muertos por el Dios de Israel, entonces era evidente que su nacimiento y su infancia sólo podían haber sido como los describían los sinópticos[30].

El niño encarna la propuesta mesiánica que ha venido creciendo a lo largo de los textos bíblicos, desde el Antiguo Testamento, en las expectativas judías de un personaje o una serie de

---

[29] Ramírez, Op. Cit., p. 82

[30] Bruce J. Malina. *El mundo social de Jesús y los evangelios. La antropología cultural mediterránea y el Nuevo* Testamento. Santander: Sal Terrae, 2002, p. 133

personajes de esta índole, en la literatura intertestamentaria. Como señala Juan José Tamayo, retomando la idea de Gelin, "el mesianismo es la espina dorsal de la Biblia"[31].

La dimensión mesiánica no se limita a un personaje pre-determinado según ciertos cánones. Históricamente hablando, es muy probable que Jesús no fuera de Belén –esta es más bien su patria teológica-, y que no cumpliera con los requisitos mesiánicos estrictamente hablando. Incluso es difícil documentar hasta dónde se identificó con el mesías davídico[32]. Sin embargo, Jesús creyó a Dios que él tenía un papel en la salvación de su comunidad, y se convirtió en Mesías, debido a sus acciones y palabras. En este sentido fue mesías, salvador y mensajero de Dios en favor de la vida. No importa que si su plan fracasaría, ni que al final hasta sus discípulos lo abandonaran. Su misión fue tan grande, y su mensaje tan creíble, que la resurrección se empezó a vivir en los corazones de sus amigos y seguidores[33]. Esta es la dimensión mesiánica de la comunidad cristiana (mesiánica), en la que las creencias y las prácticas invitan a no rendirse ante los poderes más grandes, sino a creer que es posible transformar el mundo, transformando la fe en el encuentro con un Dios cercano y amoroso, transfigurando las relaciones en un encuentro de amor con el prójimo, y cumpliendo un papel profético de denuncia ante los "Faraones" que pretenden

---

[31] Tamayo-Acosta, Op. Cit., p. 70

[32] Investigadores como Theissen y Merz (*El Jesús histórico*, Op. Cit.) señalan que Jesús nació y vivió en su aldea, Nazaret de Galilea, y que posteriormente los intereses teológicos y existenciales de las comunidades que relataron los evangelios ubicaron al personaje en un lugar un poco más privilegiado: Belén de Judea. Como no podían vincularlo directamente con Jerusalén, encontraron en relación con Belén la profecía de Miqueas y la cuna de David, dándole a Jesús la importancia necesaria dentro de las tradiciones israelitas.

[33] Cf. Antonio Piñero (Op. Cit.) concluye sobre este tema que Jesús fue descubriendo poco a poco su vocación mesiánica, al final de su vida, cuando se enfrenta con las autoridades en Jerusalén y es muerto por esto.

impedir la vida humana, dándose su papel de reyes. La misión mesiánica no es sólo de Jesús, sino de todos sus seguidores y seguidoras.

El mesianismo, entonces, no es una exclusividad de Jesús, sino una inclusividad para con sus seguidores. Como hace notar Maricel Mena, al leer el relato de infancia desde la perspectiva de los pueblos negros desplazados en Colombia:

> Hoy proclamamos el nacimiento mesiánico de nuestros niños y niñas negras que en las mismas condiciones de desplazamiento nacen constantemente en pesebres. Madres que dan a luz a sus hijos en las periferias, en el lugar de la no gente; en ese espacio viven muchas de las mujeres afrocolombianas víctimas de una guerra deshumana que ya lleva más de 50 años en Colombia. Decir que una niña o un niño afrocolombiano pueden convertirse en Mesías, para muchos de ustedes puede constituirse en un escándalo... Hablar de mesías significa hablar de una capacidad de ser uno para los otros y otras salvaciones. Cristo fue una persona capaz de ser para los otros y en su práctica invita a hombres y mujeres a desarrollar esa dimensión crística o mesiánica. La palabra ungido, al no ser una palabra religiosa estrictamente masculina, invita a hombres y mujeres a consolar, secar lágrimas, anunciar la justicia, salvar la vida; es pues una vocación, una vocación a las que son llamados también los niños y las niñas afrocolombianas y también sus madres[34].

En el capítulo 1 se ha señalado, siguiendo a Theissen[35], que los oráculos de reyes venideros, particularmente orientales, estaban prohibidos en Roma, y frente a esa prohibición Mateo se erige como un libro amenazador y peligroso, revolucionario. La pretensión mesiánica ya no es la guerra, pues el Mesías para Mateo ha de ser un maestro que a través de su enseñanza reorganice el *cosmos*, en su orden político-

---

[34] Maricel Mena López. "Lectura de Lucas 1-2 desde una perspectiva afro-feminista". En: RIBLA 53/1, 2006

[35] Theissen. *Redacción,* Op. Cit., p. 64

espiritual, y este Mesías se halla en Jesús, "quien salvará a su pueblo de sus pecados" (1,21). Sin embargo, sigue siendo un mensaje revolucionario, que comienza en los paisajes internos del ser humano y se extiende a una ética cotidiana, en contradicción con los valores del imperio. Esta opción ética no excluye la opción social, sino que la presupone, a través de la vía revolucionaria del amor, y en esto consiste el nacimiento mesiánico desde lo marginal, lejos de las esferas de poder.

La oposición entre Belén y Jerusalén, entre el soñador y el rey, entre el niño y el faraón, entre los magos paganos y los sacerdotes y escribas israelitas marca una dimensión esperanzadora para quienes enfrentan la vida con el crudo realismo de inferioridad frente a los grandes monstruos. Es el aspecto de la dimensión mesiánica donde se conjugan la fe y la resistencia. Con el rescate de los personajes pequeños, que vencen sobre los grandes, se rescata a las personas que luchan con grandes monstruos que parecen invencibles: enfermedades, incapacidades, impedimentos y sueños rotos. Se estructura la posibilidad de creer que Dios está con nosotros y nos acompaña en las misiones que emprendemos, a la vez que se es realista frente al mundo que se enfrenta. Es una invitación a creer que siempre se puede, aunque las adversidades sean muy grandes.

4.8 Recapitulación: una lectura simbólica

Siguiendo la perspectiva de Ricoeur[36], el texto literario es símbolo, es metáfora viva, donde el ser humano no sólo lee el pasado sino que se lee a sí mismo a la manera de un espejo. En la dimensión simbólica de las narrativas bíblicas hay dos tendencias: la *regresión* y la *progresión*. La *regresión* permite adentrarse en la arqueología del texto y de la persona que lee el texto, con sus experiencias, su historia, su pasado, y también

---

[36] Paul Ricoeur. *La Metáfora viva*. Madrid: Trotta, 2004

con sus opresiones, represiones, pulsiones, arquetipos e inconsciente. La *progresión* conecta al texto y al lector con el presente, la actualización, la praxis, y también con sus deseos, esperanzas y orientaciones futuras.

Este texto bíblico de Mateo 1,18-2,23 especialmente es símbolo de nuestra alma, del peregrinar humano. Como indica Drewermann:

> Para narrar el nacimiento y la infancia del Liberador, la Biblia describe la historia en una secuencia arquetípica, las etapas que necesariamente se debe recorrer en la vida de cada persona para, partiendo de Dios, volverse a encontrar a sí mismo en una verdadera vida, como se muestra en la psicología profunda. Todos los datos y las imágenes van más allá de los límites de sí mismos. Lo simbólico se apoya en un proceso que tiene lugar en todos aquellos que encuentran su salvación. En este sentido, María, José y los magos, Herodes y el ángel, la estrella, la ciudad de Jerusalén, Egipto, Nazaret y Belén son las imágenes y los paisajes internos de una sola persona, un paisaje de un alma. Toda persona que escucha a su propio ser, ha descubierto el milagro del nacimiento virginal. En el alma de cada persona reside la figura, despreciada y tratada como prostituta en un principio, de la madre, que al final, sin embargo, obedeciendo al anuncio del ángel, se revela como la Señora. Cada persona es José, dispuesta a soñar y a interpretar la realidad de maneras diferentes, y también los magos, que vienen del Oriente siguiendo a una estrella. Pero en cada persona también está Herodes, quien obra contra la expresa voluntad de Dios, lleno de miedo y de ira, inmerso en la contradicción que es la ley de la muerte, y por esto dispuesto a matar. Cada persona es la Jerusalén orgullosa y también la Belén insignificante, donde, según antiguas profecías, tienen que nacer la salvación del mundo; en toda alma humana hay lugares adonde se huye, y lugares adonde se es llamado[37].

---

[37] Drewermann, *Psychanalyse et exégése.* Op. Cit., p. 362

En síntesis, éste es un relato marginal, de personajes marginales, en los que reside la esperanza no sólo de la transformación personal sino, a partir de ella, la transformación mesiánica del orden social y político. Drewermann[38] señala que el lenguaje arquetípico está inserto en los individuos pero también en la cultura, particularmente en los mitos de los pueblos. Tanto en el individuo –en su dimensión onírica-, como en los mitos –que son los sueños de los pueblos, la imagen del niño recién nacido en un sueño debe ser obedecida, pues es un llamado, una oportunidad para una renovación de la vida. Se trata de la invitación que hace Dios al ser humano a que se permita la encarnación de la vida misma, de la opción por lo justo y lo liberador. La aceptación del niño como hijo de Dios en la vida propia es la aceptación del don de la vida, la vocación personal, la esperanza de la realización y la plenitud, en armonía propia y el mundo. El nacimiento de una nueva sociedad comienza por el nacimiento de nuevos sujetos. Cada persona es el niño que nace, en cada persona está no sólo la presencia del Resucitado sino del Niño divino, como señala Drewermann: "Ante Dios, cada persona tiene la vocación de convertirse en hija de Dios, en hombre de Nazaret (Mt 2,23)".

[38] Eugen Drewermann. *Dein Name ist wie der Geschmack des Lebens. Tyefenpsychologische Deutung der Kindheigeschichte nacht dem Lukasevangelium.* Freiburg-Basel-Wien: Herder, 1989, pp. 32ss

Conclusiones

En esta investigación se ha intentado hacer un movimiento reflexivo de manera concéntrica, desde afuera hacia adentro, yendo de lo textual a lo humano. Con ello se ha recorrido el camino planteado, poniendo en diálogo a las interpretaciones en conflicto, yendo de una lectura literaria y fenomenológica a una lectura intertextual y existencial, con sus respectivas consecuencias personales, sociales y culturales.

En el primer capítulo se ha tratado la textura literaria y social de Mateo 1,18-2,23. Su estrategia retórica consiste en presentar un relato biográfico del estilo greco-romano, con carácter popular, con influencias midrásicas judías. La tesis que intenta defender el narrador es que Jesús es Mesías, hijo de David, hijo de Abrahán (1,1), y también hijo de Dios (1,20; 2,14-15). No sólo se trata de una defensa del honor de Jesús sino del honor de la comunidad de sus seguidores y seguidoras, que es rechazada por parte de la comunidad judía de su época, de donde proviene la mayoría de sus miembros, alrededor del año 70 del siglo primero.

El relato de nacimiento de Jesús es literatura de autoafirmación de la identidad, en un contexto de negación por parte de otros. Se vale del testimonio de las profecías, el reconocimiento de los magos paganos, y el miedo que provoca en los malos gobernantes y las instituciones religiosas el hecho de que un niño mesiánico pueda traer un nuevo orden político y una renovación del orden cósmico. Intenta reivindicar de la comunidad, distanciándose de la religión de origen, y a la vez buscando las raíces de su identidad.

El narrador se vale de eventos que tenían cierta correlación histórica para presentar el nacimiento de Jesús, y también el nacimiento de la comunidad. La guerra judía proporciona un espacio para identificarse con las personas masacradas, y es en las víctimas de la invasión romana donde Mateo ve a los niños asesinados de su relato. En éste, cambian algunas circunstancias, pero la situación humana es la misma. Herodes es presentado como un faraón, no sólo por su parecido con el perseguidor de Moisés y los niños israelitas del Éxodo, sino también por su similitud con el emperador romano que condena a los judíos durante la guerra del 70 y ha perseguido a los cristianos durante los años 60.

Mateo presenta una doble lectura. Se identifica, por una parte, con el pueblo judío, con sus niños perseguidos y asesinados. Pero por la otra, se identifica con el pueblo cristiano, distanciado del judaísmo rabínico, y valorando a los paganos como parte del pueblo de Dios, pues sabe que la comunidad cristiana ha tomado un camino diferente. En la versión del narrador, Jesús es presentado como un tipo de mesías diferente a los judíos que se levantaron en la guerra del 70, pero igual de peligroso para el imperio romano, o tal vez más, por su estilo de vida y su proveniencia marginal.

En el segundo capítulo, se presentan los materiales bíblicos con los que se ha elaborado el texto, y el grupo de texturas a que pertenece. Es decir, se busca su relación con otros textos que tratan motivos similares a los que aparecen en la narración mateana, como el motivo del niño abandonado y salvado que aparece en la historia del patriarca José y la de Moisés, y los anuncios de nacimiento del héroe, que se dan en las historias de Isaac, Samuel y Sansón. En esta relación, no sólo se presentan las coincidencias textuales sino también las diferencias, pues es en la transformación del redactor donde está su mensaje literario.

Mateo 1,18-2,23 es una micro-narración que contiene en sí misma a la macro-narración de todo el evangelio, con miniaturas de lo que serán ampliaciones literarias. En este sentido, el relato no pretende ser historia, sino contar de forma concisa la interpretación teológica de la vida de Jesús. No presenta los recuerdos de la familia del Nazareno, sino que retrotrae aspectos de la vida del Jesús adulto, y también de la comunidad mateana, y los proyecta en el niño.

El evangelio de Lucas es un texto paralelo a la historia del nacimiento de Jesús que cuenta Mateo. Intercala la narración de dos nacimientos, el de Jesús y el de Juan el Bautista. Ambos nacimientos señalan una nueva intervención de Dios en la historia de Israel. Los temas en común reflejan esperanzas y realidades humanas muy profundas, como la creencia en un nuevo nacimiento que traerá una sociedad mesiánica, más justa. Para estas comunidades, el hecho de legitimarse a sí mismas en su personaje arquetípico, y de verlo como alguien engendrado por la divinidad permite entender la importancia de cada cultura y comunidad religiosa de buscar sus raíces y encontrar una identidad que le permita un horizonte de esperanza.

Una perspectiva paralela al relato de nacimiento se encuentra en Apocalipsis 12. Se trata de una interpretación mítico-simbólica de la tradición ya conocida. El último libro que aparece en la Biblia evoca el nacimiento en sus dimensiones más profundas, con una especie de surrealismo que refleja el interior humano, como una ebullición del inconsciente. La mujer evoca al mito de Madre originaria o Diosa primordial

–desplazada en este caso a la imagen de reina salvada pero no salvadora-. El texto refleja una lucha de la vida frente a la muerte, que deja entrever en el relato de Mateo algo más que el interés por contar una historia datada y comprobable. Lo que está al frente, es la historia del propio ser humano frente a las adversidades de la vida y los obstáculos de la cultura para desarrollar un camino de liberación. La Madre mítica es imagen de la mujer que no se deja vencer, por las adversidades; aún cuando la realidad y la muerte sean cargas tan pesadas de soportar, su resistencia es el nacimiento de una esperanza.

El tercer capítulo ubica al texto bíblico dentro de los estantes de una biblioteca universal, en la sección del motivo literario del nacimiento del niño-héroe, que es abandonado al peligro, pero salvado por la Divinidad para que cumpla su cometido de salvar a su pueblo y cultura.

Entre la diversidad de narraciones del nacimiento del niño-héroe se destaca la leyenda de Sargón, la *vita* de Augusto, y relatos talmúdicos correspondientes a los nacimientos Abram y Moisés. Historias que reflejan la importancia del nacimiento del héroe, personaje fundante del pueblo, epónimo muchas veces (Abra-'am, "padre de mi pueblo"), en quien se configuran las narraciones del ser de la comunidad, y en quien se personalizan diferentes experiencias e historias de vida para explicar y dar sentido a sus hijos. Cuando Jesucristo es el héroe de la comunidad, el pueblo *cristiano* refleja su propia historia a la luz del arquetipo existencial en torno al cual se configura. Jesús no es figura de ser humano sólo para la iglesia del siglo I, sino también para la civilización cristiana subsiguiente, que recurre constantemente a su imagen, ya sea para aceptarla o para rebelarse contra ella.

El texto de Mateo 1,18-2,23 encuentra eco en la literatura y el arte posterior, del cual se recogen algunas relaciones. Un ejemplo es el nacimiento del niño-Jesús en los evangelios antiguos y medievales. Esta influencia es considerada como la más inmediata de los relatos de infancia canónicos. Tales narraciones identifican plenamente a Jesús con Dios, y exaltan a María como símbolo universal de madre. Profundizan en la identidad y las creencias del pueblo cristiano del fin de la Antigüedad y los comienzos de la Edad Media, estableciendo ya no una pertenencia de Jesús a pueblo, sino más bien una separación ontológica, donde es el pueblo el que pertenece a Jesús, y ningún ser humano puede alcanzar la categoría divina del Señor.

También el arte plástico encuentra un espacio para el nacimiento del héroe, como es el caso del nacimiento y la infancia del niño-héroe en la pintura en las tradiciones coptas en Egipto. Para el cristianismo egipcio, la visita de Jesús y de María a Egipto no es un símbolo de muerte o esclavitud, sino de vida y supervivencia en el lugar de refugio por excelencia para los habitantes de Palestina. Con este viaje, Egipto se convierte en tierra de salvación, en tierra prometida y santa.

En las pinturas de occidente también sucede una lectura dialogante y contextualizada con la propia situación de los artistas y sus comunidades, como en la obra del católico Rubens y del protestante Rembrandt. En estas obras, diversos episodios reflejan aspectos no vistos por una lectura rápida del texto bíblico. Un ejemplo son las imágenes que presenta Rubens de la resistencia femenina ante la masacre de los inocentes. Rembrandt sacraliza la cotidianidad, donde los seres sagrados son de carne y hueso. Lo divino se hace humano, y es en su humanidad y cotidianidad donde se vive la experiencia de la fe. La sagrada familia descansa en el taller de carpintería de José, y migra vestida como las familias campesinas del siglo XVI, en medio de las persecuciones religiosas. Jesús, por lo tanto, es un migrante campesino, hijo de campesinos, perseguido por sus creencias, migrante que vive como marginal en tierra extranjera.

En la literatura universal, se destacan largas tradiciones que recogen el motivo del nacimiento del niño-héroe. Pasando por la Biblia, la literatura medieval y la inglesa, como también por las tradiciones indígenas de Abya-Yala y la literatura africana. El Popol Vuh se destaca como relato donde no prima tanto el poder militar o la imposición de la conquista, sino la inversión de destinos, la burla y la risa como elemento constitutivo del empoderamiento mesiánico.

La historia de la recepción del texto en la pintura y la literatura latinoamericanas llevan a observar al *Moisés*, de Frida Kahlo, que muestra imágenes del héroe como máscaras de la vida y la muerte, la esperanza humana que genera arquetipos para construir o destruir civilizaciones, para reformarlas o revolucionarlas. En *El evangelio en Solentiname* recoge testimonios que dan cuenta de lo que significa el nacimiento del mesías en experiencias de lucha por un mundo mejor, y en la creación de comunidades alternativas. Las palabras de Oscar son fundamentales: "este niño soy yo, sos vos, somos todos"[1]. También las de Natalia: "Pues yo veo que el nacimiento del niño Dios somos también todos nosotros"[2].

Los relatos bíblicos de la infancia de Jesús iluminan la gran telaraña en la que se encuentran enmarcados, tales como las narraciones previas y posteriores, como también las pinturas y Lectura Popular de la Biblia. Pero también la intertextualidad permite ver los textos bíblicos desde otros ángulos, y dan un giro a las re-lecturas que se hacen en generaciones posteriores. Cuando se lee un texto bíblico, se entra en diálogo con una tradición que ya ha hecho sus propias re-lecturas. Retomando las ideas de Croatto: "Toda lectura es la producción de un discurso, y por lo tanto de un sentido, a partir de un texto… La interpretación es un proceso en cadena, no repetitivo sino ascendente. Hay una reserva-de-sentido siempre explorada y nunca agotada… Interpretar es, en efecto, acumular sentido"[3].

---

[1] Cardenal, Op. Cit., p. 48

[2] Ibídem

[3] Croatto, Op. Cit., pp. 37, 52, 119

En el cuarto capítulo, se busca elaborar una reflexión interdisciplinaria sobre la aparición de este motivo en tan diversas y tantas culturas, para volver al texto de Mateo y verlo desde una perspectiva humana, en la que las personas se encuentran y se hermanan, esperando cada quien liberarse de sus propios "Herodes" y "Faraones", y darle vida a ese niño mesiánico que está listo para transformarse a sí mismo y transformar la cultura y la sociedad. Este relato crea la base para la vida social, religiosa y cultural de una comunidad. Es un acontecimiento interno, un paisaje del alma. Su trama milagrosa se da en lo profundo del ser humano. Es la historia del nacimiento de los sueños y temores del hombre y de la mujer. El nacimiento virginal es metáfora de nuestro nuevo ingreso a la vida, la que se ve constantemente amenazada.

Mateo 1,18-2,23 es un relato marginal. En sus personajes descritos reside la esperanza no sólo de la transformación personal sino, a partir de ella, la transformación mesiánica del orden social y político. Es invitación divina para el ser humano a que se permita la encarnación de la vida misma, de la opción por lo justo y lo liberador. La aceptación del niño como hijo de Dios en la vida propia es la aceptación del don de la vida, la vocación personal, la esperanza de la realización y la plenitud, en armonía propia y el mundo. El nacimiento de una nueva sociedad comienza por el nacimiento de nuevos sujetos.

Es importante destacar que, frente a todas estas relaciones de tejidos textuales, el texto mateano del nacimiento del Mesías, también tiene sus particularidades. María es una virgen, como Dánae la madre de Perseo; pero también es una campesina sencilla, y no pertenece a la dinastía real. José, aunque de línea davídica, no se distingue propiamente como un rey, y no se lo describe como un heredero al trono. Jesús, el Hijo de Dios, el niño prometido, es un personaje marginal, nace en Belén y no en Jerusalén –históricamente, es más probable que haya nacido en Nazaret-, es criado por unos padres pobres y sencillos, vive un largo tiempo como un migrante en Egipto, la finca de recreo de los emperadores romanos, y crece en una ciudad poco importante para la historia religiosa de su pueblo. De esta marginalidad es de donde viene la liberación de su pueblo y de las naciones.

El nacimiento del Mesías es un mito liberador, pues se trata de la historia de la humanización de Dios. La narración mateana da cuenta del sentido del nombre "Dios con nosotros" (1,23), y eso significa salvar y liberar al pueblo de sus pecados (1,21). Este relato tiene una significación antropológica, y es allí donde subyace su profundidad religiosa. Es un mito que fundamenta un modo de ser y transforma la cultura. Dios está con su pueblo, Dios libera a su pueblo, y lo hace a partir de personajes marginales. No para erigir un exclusivismo dogmático centralizado en Jesucristo, sino todo lo contrario, para hacerse un mensaje inclusivo, donde las personas de carne y hueso pueden participar de la humanidad divina, a partir de la divinización humana. Como señala Franz Hinkelammert, reflexionando el mito de la humanización de Dios que ocurre en la persona de Jesús:

> El mismo centro de Dios ahora es el ser humano y no al revés. El mismo Jesús dice "el Reino de Dios está entre ustedes". Ya no está en el cielo, sino que es ahora la interioridad de la inmanencia, su exigencia, la humanización del mundo y de cada uno... A partir de eso, toda la historia humana gira alrededor de este corte de la historia occidental: Dios se hizo hombre, por tanto ser humano. Hazlo como Dios, humanízate a ti, a las relaciones con los otros y con la misma naturaleza. Si Dios se hizo hombre, por tanto, ser humano, también el ser humano tiene que humanizarse[4].

Esta humanización de Dios en la persona de Jesús tiene significación existencial y social. El símbolo es la presencia de lo divino en lo humano, la sacralización de la vida y la dignificación de las personas marginadas por la cultura. José

---

[4] Franz Hinkelammert. *Hacia una crítica de la razón mítica. El laberinto de la modernidad.* San José: Arlekín, 2007, pp. 14-15

es un personaje para identificarse, pues en él subyacen los sentimientos más comunes y a la vez las decisiones más atrevidas. Son sus acciones las que salvarán a la generación venidera, y a la misma cultura para quien su actuación resulta incomprensible en principio. En el llamado a José hay una invitación a salir del miedo, a atreverse a desafiar a la cultura, a valorar la vida por encima de las instituciones. Una invitación a la esperanza y la transformación, que inicia rompiendo los tabúes que impone injustamente la cultura, cuando la voz divina habla en favor de la existencia menospreciada y en contra de la divinización de las leyes acusadoras.

Con la presencia de Dios con nosotros se dignifica a las personas. "Dios llega a ser la otra cara de la humanidad."[5]. Y como consecuencia, como resalta Hinkelammert, "se despierta la conciencia de la dimensión humana del sujeto frente a todas las limitaciones externas que rigen el ser humano"[6]. El ser humano tiene la posibilidad de levantar su propio destino y enfrentarse a sus propios monstruos. Debe vencer a Herodes, y permitir que el niño nazca. Debe escuchar la voz sagrada, y recorrer las etapas necesarias de la vida para volver a encontrarse a sí mismo en una verdadera existencia, y así descubrir el milagro del nacimiento virginal.

En este relato reside la esperanza de la transformación personal, y también la transformación mesiánica del orden social y político. El nacimiento de una nueva sociedad comienza por el nacimiento de nuevos sujetos. El nacimiento de lo mesiánico será siempre un mensaje amenazador y peligroso, revolucionario, que pone en cuestionamiento no sólo las estructuras sociales y económicas de injusticia, sino las situaciones internas, los propios faraones que se erigen para aplastar las relaciones justas y el compromiso con la vida.

---

[5] Ibíd., p. 27

[6] Ibídem

En situaciones de fragilidad humana, donde las personas están expuestas a las inclemencias del tiempo, la enfermedad o la violencia, y a las injusticias sociales y económicas, hay una llamada a confiar en el Dios de la vida. La esperanza nunca se conforma con lo presente. Incluso la muerte es comprendida como una puerta por la que hay que pasar hacia para llegar a la plenitud. Ante lo incomprensible de la realidad, está enfrente nuestro la opción estoica de enfrentar la vida-muerte trágicamente, con la cabeza en alto y con la resignación en la mano; o también está la opción de la confianza, de creer que hay posibilidades de soñar, de salir de lo más oscuro, sabiendo que detrás de el viernes santo de tinieblas, se erige la palabra de resurrección, la cual es el nuevo nacimiento.

Apéndice:
Anotaciones histórico-literarias
de Mateo 1,18-2,23

A continuación, se presentan algunas anotaciones que ayudan a ubicar el texto estudiado dentro un contexto literario e histórico. Estos datos buscan iluminar y servir como base para la pesquisa del texto de Mateo 1,18-2,23. Recurren a la investigación histórica y filológica, y tratan de encontrar la interacción entre el texto y su entorno social, cultural y religioso. Sirven como telón de fondo para comprender la manera en que el redactor conocido como Mateo reelaboró una tradición previa sobre el nacimiento de Jesús, y la manera en que construyó su argumento con el propósito de dar identidad y orientación a una comunidad marginada entre los años 80-90 d.C.

Ya que estas notas sirven para aclarar o complementar los temas tratados a lo largo del libro, se intenta no repetir lo antes dicho, sino resaltar algunos elementos que sustentan esta investigación. Se presenta una traducción minuciosa del texto, con observaciones gramaticales detenidas, y se fijan las versiones más probables del texto a partir de la crítica textual.

La crítica de la redacción queda sentada en el Capítulo 1, cuando se habla de la articulación de sentido por parte del autor. La crítica de las fuentes y de las formas aparece en el Capítulo 2, al usar la intratextualidad y las referencias al Antiguo Testamento y el Evangelio de Lucas para tratar de comprender el texto a partir de textos previos o contemporáneos –incluso posteriores, como el caso de Apocalipsis 12. La crítica histórica también aparece en el Primer Capítulo al hablar de la textura histórica, aunque en este capítulo se enfatizan algunos aspectos respecto al nacimiento de Jesús a partir de las investigaciones más recientes consultadas. También se destacan las discusiones más importantes en cuanto a autoría, fecha, lugar y destinatarios, que ya han sido mencionadas a lo largo del libro, pero se amplían para sentar una base sólida de la argumentación.

1. Traducción

1.1 Traducción y observaciones gramaticales

[18] Τοῦ δὲ Ἰησοῦ Χριστοῦ ἡ γένεσις οὕτως ἦν. μνηστευθείσης τῆς μητρὸς αὐτοῦ Μαρίας τῷ Ἰωσήφ, πρὶν ἢ συνελθεῖν αὐτοὺς εὑρέθη ἐν γαστρὶ ἔχουσα ἐκ πνεύματος ἁγίου.

Ahora bien[1], el nacimiento[2] de Jesús fue de esta manera:

---

[1] La conjunción δὲ funciona como conectora entre la genealogía y la siguiente narración. No puede traducirse como un "pero", ya que no se antepone a lo contrario, sino que busca explicitarlo. Se traduce mejor como *Ahora bien*, como partícula explicativa de la manera en que Jesús es hijo de Dios, que es de lo que se va a tratar la narración siguiente.

[2] La palabra que se usa para nacimiento es γένεσις (nacimiento), la cual tiene relación con γενέσεως (generación 1,1). Si ya se explicó el origen de Jesús, a manera de una declaración genral, ahora se pasa a explicar las particularidades de su nacimiento que lo insertan dentro de este origen. Como hace notar Brown (Birth, Op. Cit., p. 53), si en la genealogía hay una referencia al *quién* (1,1-17), ahora inicia una referencia al *cómo* (*Quomodo*) (1,28-25), luego al *cuándo* (*Ubi*) (2,1-12), y finalmente al *dónde* (*Unde*) (2,13-23).

Estando su madre María prometida en matrimonio a José, antes de venirse (a vivir) juntos[3], ella se encontró embarazada por (obra de) el Espíritu Santo[4].

[19] Ἰωσὴφ δὲ ὁ ἀνὴρ αὐτῆς, δίκαιος ὢν καὶ μὴ θέλων αὐτὴν δειγματίσαι, ἐβουλήθη λάθρᾳ ἀπολῦσαι αὐτήν.

Pero[5] José su prometido [6] era un hombre justo y no quería denunciarla[7], (y) determinó secretamente abandonarla.

---

[3] El verbo σινερςομαι traduce literalmente: venirse juntos, pero lo que implica es venirse a vivir juntos, o cumplir con la segunda faceta del matrimonio judío, que es irse a vivir juntos tiempo después del compromiso formal (Brown, Ibíd.). Carter explican la situación: "Se supone que el público del evangelio conoce la práctica del desposorio, la cual daba inicio al acuerdo matrimonial que contraían las familias de los novios. A partir de entonces, los novios pasaban a ser el 'esposo' y la 'esposa', aunque la boda no se celebraba hasta aproximadamente un año después. Durante este período, la mujer seguía con su familia, y la pareja no hacía vida en común ni tenía relaciones sexuales. Si ella llegaba a tenerlas con otro hombre, cometía adulterio. Para deshacer el desposorio haría falta un acta de divorcio" (Op. Cit., p. 119). La expresión "antes de vivir juntos" significa entonces que todavía no cohabitan y que no tienen relaciones sexuales. De ahí la sorpresa en medio del relato.

[4] La expresión para estar en embarazo traduce literalmente:" ella se encontró que tenía en el vientre del Espíritu Santo". Nótese que el genitivo πνεύματος ἀγίου implica la obra del Espíritu Santo, pero no se menciona la palabra "obra" como lo mantiene la tradición cristiana. Se trata de una concepción sin intervención del hombre, sino a través de la intervención de Dios. La preposición ἐκ tiene varias acepciones; en este caso, denota el origen, la causa o el motivo de una situación. En el contexto, se comprende como una explicación del estado de María, mientras que el personaje José aún no lo sabe.

[5] La partícula inicial δε puede comprenderse como adversativa.

[6] Esta frase (ὁ ἀνὴρ αὐτῆς) implicar que ya estaba casados o comprometidos. El narrador explicita que no habían vivido juntos y no habían tenido relaciones sexuales. Se trata del tipo de matrimonio en dos fases antes descrito. Los novios están en la primera fase.

[7] Las dos oraciones: "ser justo" y "no querer denunciarla" pueden entenderse de dos formas: (a) como adversativas, en la que el hombre es justo tenía que denunciarla, pero que no lo hace. (b) Se trata de

[20] ταῦτα δὲ αὐτοῦ ἐνθυμηθέντος ἰδοὺ ἄγγελος κυρίου κατ᾽ ὄναρ ἐφάνη αὐτῷ λέγων· Ἰωσὴφ υἱὸς Δαυίδ, μὴ φοβηθῇς παραλαβεῖν Μαρίαν τὴν γυναῖκά σου· τὸ γὰρ ἐν αὐτῇ γεννηθὲν ἐκ πνεύματός ἐστιν ἁγίου.

Esto ya lo tenía decidido, cuando un ángel del Señor se le apareció en sueños[8] diciendo: "José hijo de David, no temas[9] recibir a María la prometida[10] tuya, porque lo que en ella es concebido es por (obra de) el Espíritu Santo[11].

---

dos oraciones complementarias, entendiendo "justo" en el sentido de no denunciarla. En el primer caso, sería un calificativo de la opción cultural por la ley. En el segundo, un calificativo de defender a la persona en lugar de la ley, lo que encontramos más coherente con la justicia descrita a lo largo del evangelio (cf. Mt 5,7; 9,13; 12,7). Por lo tanto, la opción (b) es más plausible.

[8] El término ὄναρ aparece 6 veces en el Nuevo Testamento, 5 en la perícopa estudiada, y la otra en Mt 27,19, al referirse a los sueños que tiene la mujer de Pilato con respecto a Jesús. En nuestro relato, hay 5 sueños para comunicar la voluntad divina (cf. 2,12.13.19.22). En todas las apariciones, es José el que sueña. En todas ellas es un ángel el que le indica lo que ha de suceder o le explica lo que está sucediendo. Dentro del campo semántico de esta palabra, también se encuentra ἐνύπνιον, la cual es la palabra usada en los LXX para indicar los sueños que tiene José en los últimos capítulos de Génesis, y es traducción del hebreo חֲלוֹם , que puede comprenderse como el hecho ordinario de dormir, o tener sueños con significado profético (BBW 8.0).

[9] Alusión a los relatos de vocación en el AT, tal como aparecen en los LXX. Aquí se emparenta a José con David, con el propósito de emparentar al niño con David, como descendiente suyo a través de José. Y también se emparenta a José con los sueños, dando una doble dimensión al relato, que se introduce en este apartado: José es el que sueña, basado en el arquetipo del patriarca José en Génesis 37-50.

[10] Al igual que la palabra᾽ ἀνήρ, la palabra γυναῖκα implica, en este caso, el compromiso de María con José. El término ya se puede utilizar en la primera faceta del matrimonio, que es el compromiso.

[11] γεννηθὲν se traduce "concebido" en vez de "engendrado", ya que la acción de engendrar es eminentemente masculina. Mientras que en el caso de María es el Espíritu Santo (voz neutra en griego, y femenina en Hebreo) a quien se atribuye el milagro del hijo de María.

²¹ τέξεται δὲ υἱόν, καὶ καλέσεις τὸ ὄνομα αὐτοῦ Ἰησοῦν· αὐτὸς γὰρ σώσει τὸν λαὸν αὐτοῦ ἀπὸ τῶν ἁμαρτιῶν αὐτῶν.

Y dará a luz un hijo, y lo llamarás Jesús: porque salvará a su pueblo de sus pecados[12].

²² τοῦτο δὲ ὅλον γέγονεν ἵνα πληρωθῇ τὸ ῥηθὲν ὑπὸ κυρίου διὰ τοῦ προφήτου λέγοντος·

Y todo esto sucedió para que se cumpliera lo dicho por el Señor a través del profeta[13], diciendo:

²³ ἰδοὺ ἡ παρθένος ἐν γαστρὶ ἕξει καὶ τέξεται υἱόν, καὶ καλέσουσιν τὸ ὄνομα αὐτοῦ Ἐμμανουήλ, ὅ ἐστιν μεθερμηνευόμενον μεθ' ἡμῶν ὁ θεός.

Mira, la virgen[14] está embarazada y dará a luz un hijo, y

---

[12] Se anuncia, como en los relatos de nacimiento del AT, que el niño nacerá, se le da el nombre que tendrá, y se explica su nombre a partir de sus vocaciones futuras. Como señala Carter (Op. Cit.), "Las profecías de grandes hechos eran, como las concepciones milagrosas, elementos habituales en relatos sobre los orígenes y la juventud de los héroes en los mundos grecorromano y judeo-helenístico" (p. 122). Este nombre es la forma griega del nombre de Josué, tal como aparece en los LXX, refiriéndose al héroe que dio a los israelitas la tierra de los cananeos. La misión de Jesús es otra, y es salvar al pueblo de sus pecados. La noción de "su pueblo" es más amplia, como hará notar el evangelio, partiendo de los judíos y pasando a los paganos, como evidencia la presencia de los magos paganos en el relato.

[13] Aquí se introduce la fórmula de citación que acompañará todo el evangelio de Mateo, y que comprende que las acciones de Jesús son cumplimiento de promesas dadas por el mismo Dios (ὑπὸ κυρίου) en las Escrituras hebreas. El verbo subjuntivo πληρωθη indica la realización, el hacerse verdad algo esperado de la lectura de la Escritura, que era comprendido como una profecía abierta dada por el mismo Yahvé, y que ahora se cumple, encuentra su plenitud en acciones reales de la vida, particularmente en la vida de Jesús .

[14] Mateo usa παρθένος para referirse a la joven (עַלְמָה del TM y παρθένος de la LXX) que aparece en Is 7,14. La palabra puede traducirse como muchacha no casada, o viuda, que está a punto de casarse. Ello no

llamarán[15] su nombre[16] Emmanuel, lo que es traducido: Dios (está) con nosotros[17]

24 ἐγερθεὶς δὲ ὁ Ἰωσὴφ ἀπὸ τοῦ ὕπνου ἐποίησεν ὡς προσέταξεν αὐτῷ ὁ ἄγγελος κυρίου καὶ παρέλαβεν τὴν γυναῖκα αὐτοῦ,

Se levantó José de su sueño[18], hizo lo que le ordenó el ángel del Señor, y recibió a su prometida[19].

---

implica su virginidad, por lo menos en este versículo, y mucho menos la implican los textos del AT citados por Mateo. En el mundo romano también había leyendas donde sus personajes fundantes eran descritos con nacimiento virginal, como en el caso de Rómulo, siguiendo a Plutarco 2.3-6; 3,1-5 (Cf. Carter, Op. Cit., p. 126). Probablemente del entorno mediterráneo es de donde proviene la interpretación de la joven como "virgen".

[15] Este futuro del verbo καλέω está en tercera persona plural, en contraposición con la tercera persona singular de 1,21. En 1,21, se trata del nombre que darán los padres al niño, y por ello se llama Jesús. En 1,23, se trata de cómo la gente lo llamará o lo comprenderá, y se refiere a la presencia de Dios con su pueblo, en referencia al texto de Isaías 7,14: καὶ καλέσεις τὸ ὄνομα αὐτου Ἐμμανουήλ. Es interesante que Mateo combine el texto de Isaías con su propio texto de 1,2; al parecer, en Isaías, el niño sí se llama Ἐμμανουήλ, pero en Mateo se llama Ἰησοῦς. Ἐμμανουήλ es título teológico post-pascual, una calificación reflexiva del accionar de Jesús a lo largo de su vida, y posterior a ésta.

[16] Esta expresión es paralela con el versículo 20-21 en lo siguiente: (a) está embarazada (εὑρέθη ἐν γαστρὶ ἔχουσα 18), (b) dará a luz un hijo (τέξεται δὲ υἱόν) (c) le pondrás por nombre... (καλέσεις τὸ ὄνομα αὐτου). Por lo que el narrador vio aquí un cumplimiento exacto de lo que para él era un texto mesiánico. Por esto traduce el singular καλέσεις de Is 7,14, por un plural (καλέσουσιν), pues se refiere a cómo lo llama la gente.

[17] Siguiendo la literalidad del texto griego: μεθ' ἡμῶν ὁ θεός, se observa que no se enfatiza tanto que sea "Dios el que está con nosotros", sino que "es con nosotros que está Dios", por lo que se traduce siguiendo este mensaje.

[18] Ahora se usa el término ὕπνος para referirse a sueño, el cual simplemente indica dormir y no tanto recibir una visión. Aquí radica la diferencia con ὄναρ.

[19] Se resuelve la primera tensión dramática, en la que María y el niño

[25] καὶ οὐκ ἐγίνωσκεν αὐτὴν ἕως οὗ ἔτεκεν υἱόν· καὶ ἐκάλεσεν τὸ ὄνομα αὐτοῦ Ἰησοῦν.

Y sin haber conocido a su prometida[20], ella dio a luz un hijo[21]. Y llamó le puso por nombre Jesús[22].

[2,1] Τοῦ δὲ Ἰησοῦ γεννηθέντος ἐν Βηθλέεμ τῆς Ἰουδαίας ἐν ἡμέραις Ἡρῴδου τοῦ βασιλέως, ἰδοὺ μάγοι ἀπὸ ἀνατολῶν παρεγένοντο εἰς Ἱεροσόλυμα

---

peligraban a causa de la justicia social. Pero la justicia de José va más allá de la ley y la cultura, y escucha al ángel del Señor, salvando a la mujer y al niño. De esta manera hay una primera salvación del salvador, en manos de su padre, pues su madre hubiera podido ser lapidada con la criatura adentro (Dt 22,13ss), pero son salvados mediante el cobijo matrimonial.

[20] El uso de este indicativo enfatiza que el matrimonio no se ha consumado hasta el momento mediante un acto sexual, lo cual indica que la intención de Mateo no es informar si José y María nunca tuvieron relaciones sexuales, sino que hasta ese momento no las habían tenido. El verbo γινώσκω (conocer) en los LXX, en determinados contextos, implica tener relaciones sexuales (Cf. Gen 4,1.17.25).

[21] La crítica textual mostrará porqué se elige esta variante corta "un hijo" en lugar de la variante larga "su hijo primogénito", que aparece en otros manuscritos.

[22] En el mismo nombre del niño se halla la dimensión del salvador. El nombre es determinado por una orden celestial al padre (Mt) o a la madre (Lc). En Mateo hay una interpretación del nombre: "porque él salvará a su pueblo de sus pecados" (1,21b). Esta interpretación enlaza con el sentido del nombre Yehoshua, que procede del nombre de Dios y del verbo hebreo *Shua*: "pedir auxilio", y que perdura en el griego *Iesous:* "Yahvé es auxilio" o "Yahvé es el que auxilia". Filón de Alejandría corrobora el significado del nombre en uno de sus escritos: "Jesús es salvación por medio de Dios" (*Iesous sotería Kiriou*) (*Mut. No.* 121). Mateo atribuye entonces al niño una función salvadora, como agente de Dios, salvador de su pueblo, redentor de sus pecados (Cf. R.H. Rengstorf. "Jesús". En: Lothar: *Diccionario Teológico del Nuevo Testamento. Vol. I.* Salamanca: Sígueme, 1998, p. 767)

Jesús nació en Belén de Judea, en tiempos de Herodes el rey. Sucedió[23] que unos magos del oriente arribaron a Jerusalén[24]

2 λέγοντες· ποῦ ἐστιν ὁ τεχθεὶς βασιλεὺς τῶν Ἰουδαίων; εἴδομεν γὰρ αὐτοῦ τὸν ἀστέρα ἐν τῇ ἀνατολῇ καὶ ἤλθομεν προσκυνῆσαι αὐτῷ.

Diciendo: "¿dónde está el que ha nacido, el rey de los judíos? Porque vimos su estrella en el oriente y vinimos a adorarle"[25].

3 ἀκούσας δὲ ὁ βασιλεὺς Ἡρῴδης ἐταράχθη καὶ πᾶσα Ἰεροσόλυμα μετ' αὐτοῦ,

---

[23] La palabra puede traducirse como "he aquí", y es usada por el evangelista para llamar la atención a una significación narrativa importante, sorpresiva, y con fuerte carga teológica, como esta que viene a continuación.

[24] Este versículo da un giro en el relato, tanto a nivel narrativo como a nivel redaccional. El narrador introduce la dimensión temporal hasta ahora. Con esto introduce unos nuevos personajes, como el antagonista Herodes, los magos de oriente, y el lugar clave Belén.

[25] Literalmente dice: "¿dónde está el que ha nacido rey de los judíos?", dando importancia primero al hecho del nacimiento, y segundo a su condición monárquica. Por esto se sigue a la traducción literal. Ello da un matiz especial al hecho del nacimiento, que es el interés de los magos. El interés de Herodes se centrará en que sea rey. Aunque en muchas tradiciones judías, el conocimiento a partir de las estrellas era visto de forma negativa (Ex 7-9; Is 42,12-15), en esta narración se les ve positivamente, interpretando un hecho fundamental para la fe del narrador y su audiencia. Carter (Op. Cit. p. 133) señala que la adoración o *proskynesis* representa adhesión a Dios (Ex 20,5), pero también es un término político que designa la postración exigida, sobre todo en Oriente, desde Alejandro Magno, al saludar a un gobernante.

Y oyendo el rey[26] Herodes se aterrorizó[27], y con él toda Jerusalén.

[4] καὶ συναγαγὼν πάντας τοὺς ἀρχιερεῖς καὶ γραμματεῖς τοῦ λαοῦ ἐπυνθάνετο παρ᾽ αὐτῶν ποῦ ὁ χριστὸς γεννᾶ ται.

Y reuniendo[28] a todos los sumos sacerdotes y escribas del pueblo, les preguntó en dónde nace[29] el Mesías[30].

[5] οἱ δὲ εἶπαν αὐτῷ· ἐν Βηθλέεμ τῆς Ἰουδαίας· οὕτως γὰρ γέγραπται διὰ τοῦ προφήτου·

---

[26] Con el término rey (βασιλεὺς) hay una marcada contraposición entre los dos reyes, el que acaba de nacer y el rey de Jerusalén. También hay contraposición de actitudes entre la actitud de los magos hacia el niño, de adoración; y la actitud de Jerusalén, de temblor. El participio aoristo ἀκούσας indica la inmediatez de la reacción del rey, sin reflexión, de temer ante el anuncio.

[27] El diccionario de Barclay/Newman (BBW 8.0) traduce como *trouble, disturb, upset; terrify, frighten; stir up (of water)*, lo cual implica más que temblar como mera sensación física, es aterrorizarse, en su dimensión psicológica.

[28] El término συνάγω acude como una alusión indirecta a la sinagoga (συναγωγή), como opositora de Jesús, si se tiene en cuenta la época de la redacción del texto, en fuertes tensiones con una sinagoga en Siria. Esta posibilidad se visibiliza más al relacionar que el objeto directo del verbo συνάγω son los sacerdotes y escribas (οὺς ἀρχιερεῖς καὶ γραμματεῖς), los que culturalmente estaban más relacionados con la sinagoga.

[29] Este indicativo presente pasivo se traduce por "nace", ya que así está indicado en el griego, con la intención en la pregunta de Herodes de un presente como una posible realidad y no como una suposición con la que se traduce "nacería".

[30] La introducción de la palabra Mesías (χριστὸς) en el relato da muestra de la manera en que se leían en la comunidad los textos que seguidamente van a ser citados y que funcionan como sustento escriturístico del relato. La narración identifica al "rey de los judíos" de 2,2 con el Mesías en este versículo. Además, para Mateo, el niño hay una identidad entre estos dos títulos con el niño que nace (2,1). Para los magos paganos, también existe la relación, y por ello vienen a adorarle. Para el rey, el templo y la sinagoga también lo es, pero por el contrario tiemblan aterrorizados.

Y ellos le respondieron: "en Belén de Judea, como está escrito por el profeta[31]:

6 καὶ σὺ Βηθλέεμ, γῆ Ἰούδα, οὐδαμῶς ἐλαχίστη εἶ ἐν τοῖς ἡγεμόσιν Ἰούδα· ἐκ σοῦ γὰρ ἐξελεύσεται ἡγούμενος, ὅστις ποιμανεῖ τὸν λαόν μου τὸν Ἰσραήλ.

Y tú Belén, territorio de Judá[32], de ninguna manera eres inferior en los gobiernos de Judá[33], porque de ti saldrá un jefe, que pastoreará a mi pueblo Israel"[34].

7 Τότε Ἡρῴδης λάθρα καλέσας τοὺς μάγους ἠκρίβωσεν παρ᾽ αὐτῶν τὸν χρόνον τοῦ φαινομένου ἀστέρος,

---

[31] Se repite la fórmula de 1,22, pero se cuenta de otra manera. Ahora se dice "lo escrito por el profeta", implicando lo dicho anteriormente, que lo escrito por el profeta es palabra del Señor. La información de los personajes religiosos no procede de las estrellas -como sucede con los magos- sino de las Escrituras.

[32] El genitivo aquí es un genitivo de pertenencia, en el que Judá hace parte de Judá, por lo que implica que Belén es un territorio que está en Judá, y se opta por esta traducción.

[33] Las palabras inferior (ἐλαχίστη) y gobiernos (ἡγεμόσιν) implican una dimensión política, la cual se reitera con la mención del rey y de Jerusalén. Por lo que el texto mantiene una carga político-religiosa, en la que el territorio pequeño, con el niño pequeño, se antepone a la gran ciudad y su rey, y los desafía desde su pequeñez.

[34] El participio ἡγούμενος implica uno que está siendo jefe, lo cual indica que el que nace ya está siendo jefe, y da un matiz a su nacimiento desde una perspectiva distinta. Esta perspectiva se corrobora con la calificación de su gobierno: pastoreará (ποιμανει), lo cual era la expectativa profética sobre un rey justo que realmente gobernara a su pueblo como mediador mesiánico. Es una mezcla de dos textos bíblicos del AT, donde se inserta al texto de Miqueas 5,1-3 una frase de la versión de los LXX de 2 Samuel 5,2. La traducción de este texto Mateo difiere bastante de los LXX, que califican al rey como ἄρχων, (autoridad oficial, regente), y dicen que su éxodo es desde el principio hasta la eternidad. (αἱ αἱ ἔξοδοι αὐτοῦ ἀπ᾽ ἀρχῆς ἐξ ἡμερῶν αἰῶνος). También difiere del TM que se refiere al personaje descrito como מֹשֵׁל, alguien que regirá, tendrá dominio y reino. Lo que pretende Mateo es dar un toque propio, adecuado a la personalidad de Jesús y a la interpretación teológica que se hace de él, no como regente sino como pastor.

Entonces[35] Herodes, silenciosamente, llamando a los magos, les preguntó por el tiempo en que había aparecido la estrella[36].

8 καὶ πέμψας αὐτοὺς εἰς Βηθλέεμ εἶπεν· πορευθέντες ἐξετάσατε ἀκριβῶς περὶ τοῦ παιδίου· ἐπὰν δὲ εὕρητε, ἀπαγγείλατέ μοι, ὅπως κἀγὼ ἐλθὼν προσκυνήσω αὐτῷ.

Y los envió a Belén diciendo: "al ir, investiguen cuidadosamente acerca del niño[37]. Y cuando lo encuentren, anúncienmelo, de manera que yo vaya a adorarle"[38].

9 οἱ δὲ ἀκούσαντες τοῦ βασιλέως ἐπορεύθησαν καὶ ἰδοὺ ὁ ἀστήρ, ὃν εἶδον ἐν τῇ ἀνατολῇ, προῆγεν αὐτούς, ἕως ἐλθὼν ἐστάθη ἐπάνω οὗ ἦν τὸ παιδίον.

Y habiendo escuchado al rey, partieron. Y de pronto la estrella, la que vieron en el oriente[39], iba delante de ellos hasta detenerse sobre (el lugar) donde estaba el niño[40].

---

[35] Las acciones y las respuestas de Herodes son inmediatas, como indica el adverbio Τότε. Va a actuar en silencio, pero astutamente, buscando la forma de destruir al niño.

[36] El verbo principal es el indicativo aoristo averiguar (ἀκριβόω), mientras que el hecho de llamar (καλέω) subordina a este, ya que está en participio y funciona como auxiliar del primero.

[37] Los verbos y el adjetivo del encargo de Herodes son específicos en la atención que se debe prestar a su misión: ir (πορεύομαι), hacer una búsqueda detenida (ἐξετάζω), cuidadosamente (ἀκριβῶς). Aunque ya se conoce que el niño se llama Jesús, se le sigue llamando παιδίον ("el niño") a lo largo de la narración.

[38] Es interesante el marcado contraste que hay entre Herodes y los magos con la actitud hacia Jesús: estos van a adorarle, mientras que aquel tiembla; luego, el quiere adorarlo, pero los magos le ocultan dónde está para que no lo mate. Con esto se evidencia el contraste del pueblo de Israel y los gobernantes frente los paganos, siendo los paganos mejores receptores que su propio pueblo. Una perspectiva mateana que también se refleja en la parábola del banquete de bodas (Mt 22,1-14).

[39] La descripción de la estrella es reiterativa, se trata de la que vieron en oriente, por ello se traduce manteniendo el énfasis.

[40] Es interesante observar que Mateo no describe el lugar donde estaba el niño, no siquiera al niño, ni a su madre, sino la actitud de los magos.

¹⁰ ἰδόντες δὲ τὸν ἀστέρα ἐχάρησαν χαρὰν μεγάλην σφόδρα.

Y viendo la estrella, se alegraron con un profundo y excesivo deleite[41].

¹¹ καὶ ἐλθόντες εἰς τὴν οἰκίαν εἶδον τὸ παιδίον μετὰ Μαρίας τῆς μητρὸς αὐτοῦ, καὶ πεσόντες προσεκύνησαν αὐτῷ καὶ ἀνοίξαντες τοὺς θησαυροὺς αὐτῶν προσήνεγκαν αὐτῷ δῶρα, χρυσὸν καὶ λίβανον καὶ σμύρναν.

Y entrando en la casa[42], vieron al niño con María su madre, y postrándose lo adoraron[43]; y abriendo sus tesoros le

---

Puede compararse al énfasis que pone la cámara de un director de cine en la manera cómo los personajes de su obra están percibiendo un suceso, y no en el hecho por sí solo.

[41] La reiteración de la alegría, uniendo el verbo χαίρω y el sustantivo χαρά, y añadiendo el adjetivo μεγάλην, y seguidamente el adverbio σφόδρα, indica un profundo y excesivo deleite, un maravillarse ante el lugar –todavía no han visto al niño-, por un tiempo duradero y con un gran sentimiento y su expresión evidente. Una traducción cargada de todas estas palabras del griego sonaría extraña en castellano, por lo que se procura recoger la gran alegría, sabiendo que no es suficiente la traducción.

[42] Mateo ubica al niño en una casa (οἰκία,). Nada sabe de una tradición acerca de un pesebre o una sala de estar (φάτνη) donde se tuvo al niño, como sí lo hace Lucas (2,7). La palabra es importante a lo largo del evangelio, donde se difunde el mensaje de salvación y hay celebraciones con personas marginales a la institucionalidad religiosa judía (Mt 8,13; 9,10.23.28; 17,25; 26,6).

[43] Gran relación hay entre los verbos postrarse (πίπτω) y adorar (προσκυνέω), que caben dentro del campo semántico del versículo anterior, que demuestra tanta alegría. Además, el verbo προσκυνέω acompaña toda la narración, prestando gran atención a la actitud que se tome hacia el niño, con un énfasis religiosa y política, aspectos eran inseparables en la época.

ofrendaron[44] regalos: oro, incienso y mirra[45].

[12] καὶ χρηματισθέντες κατ' ὄναρ μὴ ἀνακάμψαι πρὸς Ἡρῴδην, δι' ἄλλης ὁδοῦ ἀνεχώρησαν εἰς τὴν χώραν αὐτῶν.

Entonces, instruidos a través de sueños de que no volvieran a Herodes, partieron por otro camino hacia el país de ellos[46].

[13] Ἀναχωρησάντων δὲ αὐτῶν ἰδοὺ ἄγγελος κυρίου φαίνεται κατ' ὄναρ τῷ Ἰωσὴφ λέγων· ἐγερθεὶς παράλαβε τὸ παιδίον καὶ τὴν μητέρα αὐτοῦ καὶ φεῦγε εἰς Αἴγυπτον καὶ ἴσθι ἐκεῖ ἕως ἂν εἴπω σοι· μέλλει γὰρ Ἡρῴδης ζητεῖν τὸ παιδίον τοῦ ἀπολέσαι αὐτό.

Y cuando partieron, sucedió que un ángel del Señor se apareció en sueños a José[47] diciendo: "levántate, toma al niño

---

[44] La terminología destaca la realeza del niño. Aunque Mateo habla del Mesías como un personaje diferente al rey herodiano y a Jerusalén, no descarta nunca la posibilidad de que sea rey, ni que su reinado haga parte de la casa davídica. Por lo que no se puede decir que Mateo esté pensando en un rey no-davídico, o en un mesías meramente profético. De hecho, la narración está construida para demostrar que Jesús sí es descendiente de David.

[45] La traducción de el contenido de los tesoros es problemática. Pues usa palabras referentes a lugares y no tanto a objetos: χρυσὸν καὶ λίβανον καὶ σμύρναν. Por lo tanto, se sigue el criterio de la Biblia del Peregrino, que trata de identificar los tesoros con sus lugares, y el posible producto. Estas ofrendas y peregrinaje recuerdan los textos del AT en que los gentiles viajan a Jerusalén y llevan regalos exóticos para adorar al rey como representante divino (Sal 72,10-11; Is 60).

[46] El estilo gramatical de Mateo es repetitivo pero enriquecedor: un verbo en participio, y seguidamente un verbo en aoristo, adornado la acción principal con acciones secundarias. Se anteponen los propósitos, y los magos toman un camino diferente al de Herodes.

[47] Cada escena se enlaza con un acontecimiento sobrenatural. La anterior inicia con una estrella y termina con un sueño (ὄναρ). Esta ha de iniciar con un sueño (ὄναρ). Egipto, como en el AT, es lugar de asilo para quienes huyen frente a las amenazas políticas o naturales en Palestina (Gen 37-50; 1 Re 11,40s).

y a su madre y escapa a Egipto[48], y quédate allá hasta que te diga. Porque Herodes está buscando al niño para matarlo"[49].

[14] ὁ δὲ ἐγερθεὶς παρέλαβεν τὸ παιδίον καὶ τὴν μητέρα αὐτοῦ νυκτὸς καὶ ἀνεχώρησεν εἰς Αἴγυπτον,

Entonces él, tomando al niño y a su madre en la noche, partió hacia Egipto[50],

[15] καὶ ἦν ἐκεῖ ἕως τῆς τελευτῆς Ἡρῴδου· ἵνα πληρωθῇ τὸ ῥηθὲν ὑπὸ κυρίου διὰ τοῦ προφήτου λέγοντος· ἐξ Αἰγύπτου ἐκάλεσα τὸν υἱόν μου.

Y estuvo allí hasta la muerte de Herodes, para que se cumpliera lo dicho por el Señor a través de su profeta diciendo: "de Egipto llamé a mi hijo"[51].

[16] Τότε Ἡρῴδης ἰδὼν ὅτι ἐνεπαίχθη ὑπὸ τῶν μάγων ἐθυμώθη λίαν, καὶ ἀποστείλας ἀνεῖλεν πάντας τοὺς παῖ

---

[48] El término aparece en los LXX con referencia al escape de Moisés y los israelitas de manos del Faraón y los egipcios: "¿Cómo hemos hecho esto? Hemos dejado ir (πέφευγεν) a Israel, para que no nos sirva'" (Ex 14,5b RV-95). En este sentido, se usa con la misma intencionalidad, donde el nuevo Moisés, con María y José, escapan del nuevo Faraón, ya no desde Egipto, sino hacia Egipto.

[49] La combinación de los verbos μέλλω y ζητέω, destacan la intencionalidad de Herodes de acabar con el niño a como dé lugar. El verbo ἀπολέσαι (matar) es usado en Mateo 12,14 y Mateo 27,20 para indicar la intención de los dirigentes religiosos de matar al Jesús adulto.

[50] La imagen de la noche relacionada con Egipto también es fundamental, pues es el momento en que acontece el éxodo *desde* Egipto: "E hizo llamar a Moisés y a Aarón de noche (νυκτός), y les dijo: "Salid de en medio de mi pueblo vosotros y los hijos de Israel, e id a servir a Jehová, como habéis dicho" (Ex 12,31 RV-95). Ahora se trata de un éxodo *hacia* Egipto. El regreso desde Egipto ocurrirá más tarde, en 2,20s.

[51] Mateo usa el término "mi hijo" (τὸν υἱόν μου) en singular, siguiendo al TM (לִבְנִי), en vez del singular "mis hijos" (τὰ τέκνα αὐτοῦ) que aparece en Os 11,1 según la LXX. Aquí, realiza una transformación de estilo deráshico para apropiarse del texto bíblico en una nueva circunstancia, y aplicarlo a Jesús.

δας τοὺς ἐν Βηθλέεμ καὶ ἐν πᾶσι τοῖς ὁρίοις αὐτῆς ἀπὸ διετοῦς καὶ κατωτέρω, κατὰ τὸν χρόνον ὃν ἠκρίβωσεν παρὰ τῶν μάγων.

Entonces Herodes, al verse ridiculizado[52] por los magos, se enfureció muchísimo, y envió a matar a todos los niños de dos años para abajo que estaban en Belén y la región, según el tiempo que había averiguado por los magos.

[17] τότε ἐπληρώθη τὸ ῥηθὲν διὰ Ἰερεμίου τοῦ προφήτου λέγοντος·

Entonces se cumplió lo dicho por Jeremías el profeta diciendo[53]:

[18] φωνὴ ἐν Ῥαμὰ ἠκούσθη, κλαυθμὸς καὶ ὀδυρμὸς πολύς· Ῥαχὴλ κλαίουσα τὰ τέκνα αὐτῆς, καὶ οὐκ ἤθελεν παρακληθῆναι, ὅτι οὐκ εἰσίν.

"Se oye una voz en Ramá[54], muchos llantos y lamentos. Raquel llora a sus niños[55], y no desea ser consolada, porque

---

[52] Se traduce el verbo pasivo aoristo' νεπαίχθη por "ridiculizado", ya que indica una burla, un truco, un chiste, que genera decepción. Como señala el diccionario Barclay/Newman (BBW 8.0). Carter (Op. Cit., p. 146) enfatiza que el término tiene la connotación "tomar del pelo".

[53] Se continúa la típica fórmula, y se introduce el nombre específico del profeta, probablemente para ubicarlo y conectarlo con el exilio. Así hay un vínculo entre la muerte de los niños y el exilio, introduciendo en la vida de Jesús la historia de Israel, que pasa por la esclavitud en Egipto, el éxodo, el exilio y el retorno. Sin embargo, hay un cambio introducido por el narrador. No se escribe ἵνα πληρωθη ("para que se cumpliera", como en 2,15) sino τότε ἐπληρώθη (entonces se cumplió), pues es un cumplimiento que se da como re-aparición de una situación, pero no como un propósito divino. Con ello, se cuida al texto de pensar que es Dios el que planeó la masacre de los inocentes.

[54] El verbo aparece en aoristo, por lo que se podría traducir en pasado. Pero la intención esa voz del pasado se vuelve a escuchar. Por ello el sentido más de una acción global que pretérita, por lo que se traduce como un presente.

[55] El uso de "niños" en vez de "hijos" enfatiza la edad de los muertos,

ya no están"[56].

[19] Τελευτήσαντος δὲ τοῦ Ἡρῴδου ἰδοὺ ἄγγελος κυρίου φαίνεται κατ' ὄναρ τῷ Ἰωσὴφ ἐν Αἰγύπτῳ

Cuando murió Herodes[57], el ángel del Señor apareció en sueños a José en Egipto,

[20] λέγων· ἐγερθεὶς παράλαβε τὸ παιδίον καὶ τὴν μητέρα αὐτοῦ καὶ πορεύου εἰς γῆν Ἰσραήλ· τεθνήκασιν γὰρ οἱ ζητοῦντες τὴν ψυχὴν τοῦ παιδίου.

Diciendo: "levántate, toma al niño y a su madre, y ve a la tierra de Israel, pues han muerto los que buscaban la vida del niño[58].

[21] ὁ δὲ ἐγερθεὶς παρέλαβεν τὸ παιδίον καὶ τὴν μητέρα αὐτοῦ καὶ εἰσῆλθεν εἰς γῆν Ἰσραήλ.

Así que él tomó al niño y a su madre y entró en la tierra de Israel[59].

---

y destaca lo absurdo de la muerte infantil. Es el mismo título para Jesús en esta perícopa. Con ello, se identifica a Jesús como un niño que sobrevivió a tal masacre, pero es parte de esta generación.

[56] La profundidad del lamento se oye en la causa de éste: el hecho de que ya no existan, de que nunca más sean.

[57] El verbo τελευτάω implica el cumplimiento de una espera, estar al punto de la muerte, y no meramente el hecho intempestivo de la muerte. Es algo que se viene esperando, como señala el v. 14

[58] Cita que retoma la experiencia de Moisés cuando vive en el desierto, donde se le anuncia que Faraón ha muerto, y ahora debe retornar a Egipto a liberar a su pueblo: γὰρ πάντες οἱ ζητοῦντές σου τὴν ψυχήν (Ex 4,19b LXX). En este caso, se anuncia a José que vuelva a su tierra. Aquí se evidencia un texto cargado de sarcasmo contra Jerusalén por parte del Narrador, llamando Egipto a esta ciudad, y a su rey Faraón.

[59] Mateo es el único en todo el NT que usa la expresión γῆ Ἰσραήλ a la manera del AT para referirse a la tierra israelita, lo cual destaca influencias judías, o una narración arcaizante del texto.

²² Ἀκούσας δὲ ὅτι Ἀρχέλαος βασιλεύει τῆς Ἰουδαίας ἀντὶ τοῦ πατρὸς αὐτοῦ Ἡρῴδου ἐφοβήθη ἐκεῖ ἀπελθεῖν· χρηματισθεὶς δὲ κατ' ὄναρ ἀνεχώρησεν εἰς τὰ μέρη τῆς Γαλιλαίας,

Y oyendo que Arquelao⁶⁰ reinaba en Judea, en lugar de su padre Herodes, tuvo miedo de ir allí. E instruido de acuerdo a sueños, partió hacia la provincia de Galilea⁶¹,

²³ καὶ ἐλθὼν κατῴκησεν εἰς πόλιν λεγομένην Ναζαρέτ· ὅπως πληρωθῇ τὸ ῥηθὲν διὰ τῶν προφητῶν ὅτι Ναζωραῖος κληθήσεται.

Y llegaron a vivir en una ciudad llamada Nazaret, para que se cumpliera lo escrito por el profeta: "será llamado nazareo"⁶².

---

⁶⁰ El verbo en tercera persona singular "reina" (βασιλεύει) está en presente, pero para efectos de una mejor comprensión narrativa, se sigue la traducción en pasado, de acuerdo con los aoristos que guían toda la narración.

⁶¹ Es interesante notar que no se habla de los sentimientos de José, ni de María. Se describe esta precaución para explicar porqué Jesús vivía en Nazaret, y el anuncio en sueños, por parte de su padre para desplazarse a otro lugar que no sea Judea. Con esto se pretende explicar la anomalía de que el Mesías no venga de Judea y su origen no esté claramente relacionado con Judá, un hecho que los evangelistas no pudieron borrar de la vida pública de Jesús. Esto se debe a que los narradores bíblicos no se concentran en muchos aspectos internos de sus personajes, sino en los aspectos externos, que pueden ser símbolo de los internos.

⁶² La expresión completa no aparece en el AT. Lo que aparece es la expresión κληθήσεται en los LXX como atribución a dados por Dios a patriarcas o matriarcas: Abraham (Gen 17,5), Sara (Gen 17,15), Israel (Gen 32,28), con el fin de cambiarles el nombre antiguo por uno nuevo. Pero la expresión en sí es una alusión combinada de diferentes textos, con la intención de dar cuenta de porqué Jesús es de Nazaret, una ciudad tan insignificante un asunto problemático de explicar para los cristianos del primer siglo, en su diálogo con el mundo judío en Antioquía.

2. Crítica textual

2.1 *Delimitación crítico-textual*

El evangelio de Mateo inicia con una introducción que va de 1,1-2,23. Esta introducción está dividida en dos sub-unidades.

a. La primera sub-unidad inicia en 1,1 con la frase Βίβλος γενέσεως Ἰησοῦ Χριστοῦ (libro de la generación de Jesucristo), que presenta la genealogía mesiánica que va de 1,2 a 1,17. La segunda sub-unidad inicia en 1,18 con la frase Τοῦ δὲ Ἰησοῦ Χριστοῦ ἡ γένεσις οὕτως ἦν (el nacimiento de Jesús fue así).

b. La segunda sub-unidad, a su vez, acoge dos momentos fundamentales: la narración de la anunciación (1,18-25), y las circunstancias del nacimiento y la infancia de Jesús (2,1ss). En este segundo momento se usa el término γεννηθέντος, que pertenece al mismo campo semántico de nacimiento/origen/genealogía (1,1).

A diferencia de Lucas, Mateo no menciona los cantos de María e Isabel, y asume que el niño nace en una casa (οἰκία, 2,11). Se trata de una recopilación de relatos de infancia, pulidos y editados por Mateo, hasta el punto que se constituyen en una unidad textual, con un fin pedagógico-teológico, en un contexto de controversia y separación con el judaísmo.

2.2 *Ordenación crítico-textual*

El relato se constituye como un relato unitario. El redactor del evangelio edita y da coherencia final a las diferentes narrativas sobre el nacimiento de Jesús. Según Brown[63], el uso de las citas del Antiguo Testamento son propias del narrador, pero las tradiciones sobre las que se construyen hacen parte de la construcción de teológica de las iglesias. Por lo que Pierre

---

[63] Brown, *Nacimiento*, Op. Cit.

Bonnard[64] va a decir que Mateo elabora un texto comunitario, pues recoge la perspectiva de la comunidad cristiana, y a la vez personal, porque evidencia la pluma de un redactor final.

En cuanto a los fragmentos que pudieran ser de origen distinto a la pluma del autor, se discuten los siguientes:

- 1,18: La mayoría de manuscritos y unciales leen Ιησοῦ Χριστοῦ (de Jesucristo), apoyados especialmente en el códice Sinaítico (א), pero la frase falta en el alejandrino (A) y el Vaticano (B). En el códice Vaticano (B) aparece la variante Χριστου Ιησοῦ (de Cristo Jesús), apoyada por las citas de Orígenes y Jerónimo. Otra posibilidad más remota es simplemente Χριστοῦ (de Cristo), apoyada por Ireneo y Agustín, pero no aparece en los manuscritos más antiguos. Por lo tanto, el Nuevo Testamento Griego (GNT) evalúa la variante con una certeza tipo B, lo que indica que el texto es casi cierto, pero con cierto debate. En realidad, el cambio de nombre es algo común dentro de la copia de manuscritos, teniendo todos el mismo referente, la persona de Jesucristo.

- 1,18: Los códices más importantes –א B C P W Z Δ Θ Σ- leen γένεσις (nacimiento). Mientras que L y algunos fragmentos leen γεννησις (generación). El GNT califica la primera variante como tipo B. Esto constituye un término ambiguo, ya que se habla del nacimiento de Jesús, pero se va a contar más bien la generación o el engendramiento del niño, antes de que nazca. El nacimiento como tal será mencionado en 2,1.

- 1,25: La lectura υἱόν (un hijo) es la más corta, testificada por א B Z y otros fragmentos. Otros códices, como C D W Δ leen τον υἱόν αυτης τον πρωτοτοκον,

---

[64] Pierre Bonnard. Op. Cit., p.. 12ss

los cuales son seguidos por la versión Reina-Valera 95 al traducir: "a su hijo primogénito". La Biblia de las Américas y la Biblia de Jerusalén traducen sencillamente "un hijo", retomando la versión más probable, que el GNT califica como A.

- 2,18: Los códices א B Z leen κλαυθμὸς, testificados por varios papiros, además de Justino, Macario, Hesiquio, Hilario, Jerónimo y Agustín. Mientras que C D L W D retoman la versión de la LXX y leen θρήνου καὶ κλαυθμοῦ (llanto y lloro amargo) (LXX Jer 38,15; cf. Jer 31,15). Al parecer, esta segunda opción busca complementar la cita con una lectura de la LXX. El GNT evalúa la primera variante como B, y es más probable que la versión larga[65].

3. Diagrama estructural del texto en griego

A continuación se presenta diagrama estructural del texto, con el fin de evidenciar la sintaxis, y hacer anotaciones de la construcción retórica del narrador. Los resultados más importantes del análisis del diagrama aparecen en el capítulo 1 bajo el título *Análisis sintáctico de la construcción retórica*.

---

[65] Esto demuestra que no todas las citas que hace el NT corresponden a la versión de los LXX, sino a traducciones propias, a otras versiones judías escritas en griego, o a los Targumim arameos, o incluso directamente al hebreo (Cf. Julio Trebolle Barrera. *La Biblia judía y la Biblia cristiana*. Madrid: Trotta, 1998).

Mateo 1,18-25

18

Τοῦ δὲ
Ἰησοῦ Χριστοῦ ἡ γένεσις
   οὕτως ἦν.
μνηστευθείσης
τῆς μητρὸς αὐτοῦ Μαρίας
   τῷ Ἰωσήφ,
πρὶν ἢ συνελθεῖν αὐτοὺς εὑρέθη ἐν γαστρὶ ἔχουσα
ἐκ πνεύματος ἁγίου.

19

Ἰωσὴφ
   δὲ
ὁ ἀνὴρ αὐτῆς,
   δίκαιος ὢν
      καὶ
   μὴ θέλων αὐτὴν δειγματίσαι,
   ἐβουλήθη λάθρα ἀπολῦσαι αὐτήν.

20

ταῦτα δὲ αὐτοῦ ἐνθυμηθέντος
   ἰδοὺ
ἄγγελος κυρίου
   κατ᾽ ὄναρ
   ἐφάνη αὐτῷ λέγων·
      Ἰωσὴφ υἱὸς Δαυίδ,
         μὴ φοβηθῇς παραλαβεῖν Μαρίαν
         τὴν γυναῖκά σου·

τὸ γὰρ ἐν αὐτῇ γεννηθὲν

ἐκ πνεύματός ἐστιν ἁγίου.

21

τέξεται δὲ υἱόν,

καὶ

καλέσεις τὸ ὄνομα αὐτοῦ Ἰησοῦν·

γὰρ

αὐτὸς σώσει τὸν λαὸν αὐτοῦ

ἀπὸ τῶν ἁμαρτιῶν αὐτῶν.

22

τοῦτο δὲ ὅλον

γέγονεν

ἵνα

πληρωθῇ τὸ ῥηθὲν

ὑπὸ κυρίου

διὰ τοῦ προφήτου λέγοντος·

23

ἰδοὺ ἡ παρθένος ἐν γαστρὶ ἕξει

καὶ

τέξεται υἱόν,

καὶ

καλέσουσιν τὸ ὄνομα αὐτοῦ Ἐμμανουήλ,

ὅ ἐστιν μεθερμηνευόμενον μεθ' ἡμῶν ὁ θεός.

24

ἐγερθεὶς

δὲ

ὁ Ἰωσὴφ

ἀπὸ τοῦ ὕπνου

ἐποίησεν ὡς προσέταξεν αὐτῷ ὁ ἄγγελος κυρίου

καὶ

παρέλαβεν τὴν γυναῖκα αὐτοῦ,

25

καὶ

οὐκ ἐγίνωσκεν αὐτὴν

ἕως

οὗ ἔτεκεν υἱόν·

καὶ

ἐκάλεσεν τὸ ὄνομα αὐτοῦ

Ἰησοῦν.

Mateo 2,1-12

1

Τοῦ δὲ

Ἰησοῦ γεννηθέντος

ἐν Βηθλέεμ τῆς Ἰουδαίας

ἐν ἡμέραις Ἡρῴδου τοῦ βασιλέως,

ἰδοὺ

μάγοι

ἀπὸ ἀνατολῶν

παρεγένοντο εἰς Ἰεροσόλυμα

2

λέγοντες·

ποῦ ἐστιν

ὁ τεχθεὶς βασιλεὺς τῶν Ἰουδαίων;

257

εἴδομεν

γὰρ

αὐτοῦ τὸν ἀστέρα ἐν τῇ ἀνατολῇ

καὶ

ἤλθομεν προσκυνῆσαι αὐτῷ.

3

ἀκούσας

δὲ

ὁ βασιλεὺς Ἡρῴδης

ἐταράχθη

καὶ

πᾶσα Ἱεροσόλυμα

μετ' αὐτοῦ,

4

καὶ

συναγαγὼν

πάντας τοὺς ἀρχιερεῖς

καὶ

γραμματεῖς

τοῦ λαοῦ

ἐπυνθάνετο

παρ' αὐτῶν

ποῦ

ὁ χριστὸς γεννᾶται.

5

δε

οἱ εἶπαν αὐτῷ·

ἐν Βηθλέεμ τῆς Ἰουδαίας·

οὕτως γὰρ
γέγραπται διὰ τοῦ προφήτου·

6

   καὶ σὺ
Βηθλέεμ,
γῆ Ἰούδα,
   οὐδαμῶς
ἐλαχίστη εἶ
ἐν τοῖς ἡγεμόσιν Ἰούδα·
γὰρ
ἐκ σοῦ ἐξελεύσεται ἡγούμενος,
   ὅστις ποιμανεῖ τὸν λαόν μου τὸν Ἰσραήλ.

7

Τότε
Ἡρῴδης
   λάθρᾳ
καλέσας τοὺς μάγους
ἠκρίβωσεν παρ' αὐτῶν
   τὸν χρόνον
     τοῦ φαινομένου ἀστέρος,

8

καὶ
πέμψας αὐτοὺς
   εἰς Βηθλέεμ
εἶπεν·
   πορευθέντες ἐξετάσατε ἀκριβῶς
    περὶ τοῦ παιδίου·
   ἐπὰν δὲ εὕρητε,

ἀπαγγείλατέ μοι,

ὅπως κἀγὼ ἐλθὼν προσκυνήσω αὐτῷ.

9

δε

οἱ ἀκούσαντες τοῦ βασιλέως

ἐπορεύθησαν

καὶ

ἰδοὺ

ὁ ἀστήρ,

ὃν εἶδον ἐν τῇ ἀνατολῇ,

προῆγεν αὐτούς,

ἕως ἐλθὼν ἐστάθη ἐπάνω

οὗ ἦν τὸ παιδίον.

10

δε

ἰδόντες

τὸν ἀστέρα

ἐχάρησαν

χαρὰν μεγάλην

σφόδρα.

11

καὶ

ἐλθόντες

εἰς τὴν οἰκίαν

εἶδον

τὸ παιδίον

μετὰ Μαρίας

τῆς μητρὸς αὐτοῦ,

καὶ

πεσόντες

προσεκύνησαν

αὐτῷ

καὶ

ἀνοίξαντες τοὺς θησαυροὺς

αὐτῶν

προσήνεγκαν δῶρα,

αὐτῷ

χρυσὸν

καὶ

λίβανον

καὶ

σμύρναν.

12

καὶ

χρηματισθέντες

κατ᾽

ὄναρ

μὴ ἀνακάμψαι πρὸς Ἡρῴδην,

δι᾽

ἄλλης ὁδοῦ ἀνεχώρησαν

εἰς τὴν χώραν αὐτῶν.

2,13-18

13

   δὲ

Ἀναχωρησάντων αὐτῶν

  ἰδοὺ

ἄγγελος κυρίου

  φαίνεται

    κατ' ὄναρ

     τῷ Ἰωσὴφ

      λέγων·

       ἐγερθεὶς

       παράλαβε τὸ παιδίον

        καὶ

       τὴν μητέρα αὐτοῦ

        καὶ

       φεῦγε εἰς Αἴγυπτον

        καὶ

       ἴσθι ἐκεῖ

        ἕως ἂν εἴπω σοι·

        γὰρ

       μέλλει Ἡρῴδης ζητεῖν

       τὸ παιδίον

        τοῦ ἀπολέσαι αὐτό.

14

   δὲ

ὁ ἐγερθεὶς

  παρέλαβεν

   τὸ παιδίον

καὶ
  τὴν μητέρα αὐτοῦ
  νυκτὸς
καὶ
ἀνεχώρησεν
  εἰς Αἴγυπτον,

15
  καὶ
ἦν
  ἐκεῖ
  ἕως τῆς τελευτῆς Ἡρῴδου·
    ἵνα πληρωθῇ
    τὸ ῥηθὲν
    ὑπὸ κυρίου διὰ τοῦ προφήτου λέγοντος·
      ἐξ Αἰγύπτου ἐκάλεσα τὸν υἱόν μου.

16
  Τότε
Ἡρῴδης ἰδὼν ὅτι ἐνεπαίχθη
  ὑπὸ τῶν μάγων
ἐθυμώθη λίαν,
  καὶ
ἀποστείλας ἀνεῖλεν
  πάντας τοὺς παῖδας
    τοὺς ἐν Βηθλέεμ
      καὶ
    ἐν πᾶσι τοῖς ὁρίοις αὐτῆς
    ἀπὸ διετοῦς καὶ κατωτέρω,
      κατὰ τὸν χρόνον ὃν ἠκρίβωσεν παρὰ τῶν μάγων.

17
  τότε
ἐπληρώθη
  τὸ ῥηθὲν
    διὰ Ἰερεμίου τοῦ προφήτου
      λέγοντος·
18
φωνὴ
  ἐν Ῥαμὰ
ἠκούσθη,
κλαυθμὸς
  καὶ
ὀδυρμὸς
  πολύς·
    Ῥαχὴλ κλαίουσα τὰ τέκνα αὐτῆς,
      καὶ
    οὐκ ἤθελεν παρακληθῆναι,
      ὅτι οὐκ εἰσίν.

Mateo 2,19-23

19
  δε
Τελευτήσαντος τοῦ Ἡρῴδου
  ἰδοὺ
ἄγγελος κυρίου
  φαίνεται

264

κατ᾽ ὄναρ

τῷ Ἰωσὴφ

ἐν Αἰγύπτῳ

20

λέγων·

ἐγερθεὶς

παράλαβε

τὸ παιδίον

καὶ

τὴν μητέρα αὐτοῦ

καὶ

πορεύου

εἰς γῆν Ἰσραήλ·

γὰρ

τεθνήκασιν οἱ ζητοῦντες τὴν ψυχὴν τοῦ παιδίου.

21

δὲ

ὁ ἐγερθεὶς

παρέλαβεν

τὸ παιδίον

καὶ

τὴν μητέρα αὐτοῦ

καὶ

εἰσῆλθεν

εἰς γῆν Ἰσραήλ.

22

δὲ

Ἀκούσας

ὅτι Ἀρχέλαος βασιλεύει τῆς Ἰουδαίας

ἀντὶ τοῦ πατρὸς αὐτοῦ Ἡρῴδου

ἐφοβήθη ἐκεῖ ἀπελθεῖν·

δε

χρηματισθεὶς

κατ᾽ ὄναρ

ἀνεχώρησεν εἰς τὰ μέρη τῆς Γαλιλαίας,

23

καὶ

ἐλθὼν κατῴκησεν

εἰς πόλιν λεγομένην Ναζαρέτ·

ὅπως πληρωθῇ

τὸ ῥηθὲν διὰ τῶν προφητῶν

ὅτι Ναζωραῖος κληθήσεται.

4. Crítica histórica

Brown[66] compara la narrativa bíblica con las fuentes históricas, y permite pensar que el relato debe comprenderse como literatura, más que como historia, para hallar en él una interpretación significativa. Señala que, históricamente hablando, el relato de los magos orientales en Jerusalén no está documentado en ningún archivo antiguo; lo cual es extraño, teniendo en cuenta el revuelo que hubiera causado tanto exotismo, unido a la señal divina de la aparición de una estrella; por lo tanto, se trata de una narración improbable.

Semejante a esto, el censo de Herodes en tiempos de Augusto, mencionado por Lucas, es inexacto. Y mucho menos histórica es la matanza de los niños, la cual es una creación narrativa a la luz del Antiguo Testamento. Este acontecimiento no ha sido documentado por historiadores de la época, como Flavio Josefo, quien dio cuenta en su obra de la vida de Herodes y nada mencionó sobre el asunto. Por lo tanto, el relato de Mateo 1,18-2,23 se trata de una interpretación literaria del Antiguo Testamento con el fin de presentar un encomio de la personas de Jesús de Nazaret como alguien honorable.

Sin embargo, para elaborar una investigación literaria, es fundamental tomar como punto de partida los datos históricos para la comprensión de la obra, comenzando por Herodes y su situación histórica, la cual es retomada por Mateo para construir su relato. Los datos fundamentales para comprender el texto sobre las acciones de Herodes han sido presentados en el capítulo 1. Aquí se amplian las coordenadas del transfondo sobre el que se escribe el texto, y se discute la situación histórica narrada en nuestro relato de infancia.

4.1 Situación histórica que la narración recoge

Como se ha visto, la narración mateana es la presentación de un encomio, elaborada a partir de fuentes judías y de un estilo

---

[66] Brown, *Nacimiento*, Op. Cit., p. 31

literario de la biografía greco-romana. Sin embargo, no parte de la nada. Algunos datos históricos sirven de fundamento para la construcción o re-construcción de esta narrativa, donde se introduce a un personaje marginal, para cargar de significado la historia oficial, y llenarla de sentido para una comunidad judeocristiana marginal.

4.1.1 Discusión histórica sobre el origen de Jesús

Según Gerd Theissen y Annette Merz[67], la investigación histórica actual asevera que Jesús nació durante el reinado de Augusto (37 a.C.-14 d.C.) (cf. Lc 2,1), aunque no hay ninguna referencia al año exacto. Mateo y Lucas coinciden en afirmar que Jesús nació en vida de Herodes el grande (Mt 2,1ss; Lc 1,5), cuya muerte ha sido datada cronológicamente por Josefo durante la primavera del año 4 a.C. (*Ant* 17,167. *Bell* 2,10). El nacimiento se puede datar probablemente en el 4 a.C., a más tardar. El monje Dionisio el Exiguo -quien en el siglo VI propuso no contar los años a partir del año de la fundación de Roma, sino desde el nacimiento del Señor- escogió un año equivocado al seleccionar el año 754 romano; pues Herodes murió en el 750, y el nacimiento de Jesús se retrasa por lo menos cuatro años[68].

Lucas hace coincidir el nacimiento de Jesús durante el reinado de Herodes (Lc 1,5) con el censo de Quirino (Lc 2,1s). La dificultad reside en que no hay ninguna referencia en la historia romana a un censo universal bajo Augusto, que era emperador en la época[69]. Quirino fue gobernador en Siria en el año 6 d.C. Y aunque hay datos que indican que Quirino realizó un censo local en el año 6/7 d.C., este se realizó cuando Jesús ya había nacido. Por lo tanto, se comprende que Lucas ha armonizado erróneamente algunos acontecimientos

---

[67] Theissen y Merz, Op. Cit., p. 179

[68] Cf. Brown, *Introducción* 1, Op. Cit., p. 112

[69] Theissen y Merz, Op. Cit., p. 180

en la historia del pueblo, para dar cohesión y consistencia a su construcción narrativa.

Theissen y Merz observan que el valor cronológico de la prehistoria mateana tiene elementos muy dispares. Las razones son las siguientes[70]:

- *La historia de las formas* ha demostrado que los relatos de la matanza de los inocentes y la aparición de los magos son leyendas que no pueden utilizarse en el sentido histórico directo. Son relatos del pueblo, y no datos comprobables de la historia.

- *La historia de las religiones* ha sacado a la luz los motivos literarios en conexión con las distintas culturas y religiones, como la aparición de una estrella para anunciar el nacimiento de un rey, la persecución del niño-héroe que se salva ante los gobernantes usurpadores, y su nacimiento de una madre virgen. Por ello "muchos exégetas consideran absurdo buscar un núcleo histórico detrás de Mateo 2"[71].

- *La crítica histórica* ha señalado que el relato de Mateo 2 "podría ser la figuración popular de un hecho astronómico: un fenómeno astral extraordinario habría coincidido aproximadamente con el nacimiento de Jesús"[72].

Por razones similares, concluye Ulrich Luz que "nuestro relato es una leyenda escueta y sobria que no sigue las leyes de la verosimilitud histórica"[73]. Luz se pregunta, por ejemplo, ¿por qué Herodes no envió espías a seguir a los magos? ¿Cómo pudo el pueblo judío de Jerusalén -que odiaba a Herodes y

---

[70] Ibíd., p. 181

[71] Ibíd., p. 181

[72] Ibídem.

[73] Luz, Op. Cit., p.159

esperaba al Mesías- temblar junto con Herodes ante la venida del Mesías? Destaca que Lucas no menciona ninguna estrella en el cielo, y que por lo tanto el astro es un símbolo literario. Marcos y Q no saben nada de acontecimientos prodigiosos en el nacimiento de Jesús (cf. Mc 3,31-35). Por esto dice Luz que "No se detecta, en suma, un núcleo histórico; en cambio, las numerosas tradiciones paralelas en la historia de las religiones hacen más comprensible la elaboración del relato"[74].

En cuanto al lugar de nacimiento, la crítica histórica ha llegado a la alta probabilidad de que Jesús no nació en Belén sino en Nazaret. La ubicación del nacimiento en Belén se debe más a un recurso teológico-literario que a un dato histórico. El evangelio de Marcos aplica a Jesús el sobrenombre de "Nazareno" (Ναζαρηνός; Mc 1,24; 10,47M 14,67; 16,6), y se refiere a Nazaret como el pueblo o "patria" de Jesús (πατρίς αὐτοῦ Mc 6,1). El evangelio de Juan presupone que Jesús ha nacido en Nazaret, y no oculta la sorpresa de los discípulos ante la condición del dato, pues en su mentalidad, el Mesías no podría venir de un lugar tan insignificante: "¿De Nazaret puede salir algo bueno?" (Juan 1,46). La objeción de muchos judíos que lo conocían presupone que el origen de Jesús era galileo y no betlemita: "¿De Galilea ha de venir el Cristo? ¿No dice la Escritura que del linaje de David, y de la aldea de Belén, de donde era David, ha de venir el Cristo? (Jn 7,41-42)".

Un tercer dato es que Mateo y Lucas elaboran sus relatos de infancia con temas de la tradición davídica. Mateo liga la estrella que ven los magos con la estrella mesiánica interpretada de Números 24,17 y la emparenta intertextualmente con Miqueas 5,1, señalando el nacimiento de la estrella davídica en la ciudad de David. Mateo menciona que sus padres vivían en Belén, mientras que Lucas los presenta viviendo en Nazaret, y sólo por el censo imperial se trasladan a Belén. Mateo

[74] Ibíd., p. 160

menciona un viaje a Egipto, que Lucas desconoce. Por lo que se concluye que elaboraron sus relatos de maneras distintas e inconciliables, con la intención teológica de emparentar a Jesús con David una vez que la creencia de que él era el Mesías fue firme y se enfrentó a esta objeción por parte de los judíos.

Los evangelios de Marcos y Juan presuponen un nacimiento normal de Jesús, al igual que el de sus hermanos y hermanas, hasta el punto que los fenómenos que acompañan ahora su predicación son causa de escándalo: "¿No es éste el carpintero, hijo de María, hermano de Jacobo, de José, de Judas y de Simón? ¿No están también aquí con nosotros sus hermanas? Y se escandalizaban de él" (Mc 6,3 BP). El origen del nacimiento virginal nació entre sus seguidores posteriores como una reinterpretación de Isaías 7,14 en clave mesiánica, un texto que originalmente no tenía que ver con esta expectativa. Y, como señala Antonio Piñero[75], sólo a partir del siglo II surgió el mito de la virginidad perpetua de María, por lo cual San Jerónimo trató de matizar el asunto de los hermanos, y decir que en hebreo, "hermanos" puede significar "primos". Pero los textos fueron escritos en griego y no en hebreo.

Al respecto, resalta Antonio Piñero:

En conclusión: lo más probable es que Jesús fuera oriundo de Nazaret y sólo luego se plasmara la historia de que nació en Belén para dar plena justificación a sus pretensiones mesiánicas, de acuerdo con las Escrituras. No hay por qué negar el dato de Mt y Lc de que Jesús naciera en época de Herodes el Grande, poco antes de la muerte de éste, ocurrida en el año 4 a.C. Jesús, pues, nació antes de la era cristiana, cuyo inicio erróneo se estableció unos seis años más tarde. Nada se sabe del día de su nacimiento: el 25 de diciembre es una fecha convencional, establecido por la Iglesia para hacer

---

[75] Antonio Piñero. *Guía para entender el Nuevo Testamento*. Madrid: Trotta, 2006

coincidir la fecha del nacimiento de Jesús con la de la Mitra o la del Sol invicto. No es posible, como afirma Lc 2,2, que Jesús naciera en los momentos del censo de Quirino, pues éste se celebró en el 6/7 d.C.[76].

4.1.2 Aspectos históricos que influyen en el relato

En su *Introducción al Nuevo Testamento*, Raymond Brown destaca aspectos del reinado de Herodes que traen luz sobre la composición del relato mateano. Da cuenta de las impresiones que quedaron grabadas en la tradición del pueblo judío acerca del carácter de Herodes. Herodes era hijo de Antípatro II, un aventurero idumeo que se hizo dueño de Palestina por medio del crimen y el matrimonio. Y hace una síntesis de sus logros políticos más importantes de Herodes, destacando también el asesinato de su esposa e hijos:

> En el año 37 a.C., actuando brutalmente y por medio de un casamiento expedito con Mariamme, de la familia de los asmoneos, se convirtió en rey indiscutible de Judea. Su reino fue luego aprobado y engrandecido por Octaviano en el 31/30 a.C. Las simpatías de Herodes, considerado despectivamente por muchos de sus súbditos como sólo un judío a medias, estaban claramente con la cultura grecorromana. Su reinado se caracterizó por grandes proyectos arquitectónicos, entre los cuales hay que enumerar: la reconstrucción de la antigua capital del reino del norte, Samaría, redenominada como Sebaste; la fundación de Cesarea marítima como ciudad portuaria; la construcción de la Torre Antonia y de un palacio real en Jerusalén y la reconstrucción a fondo del Templo. Su desconfianza hacia posibles rivales le llevó a edificar fortalezas inaccesibles (como la de Maqueronte, en Transjordania, donde años más tarde habría de morir degollado Juan Bautista) y a asesinar a algunos de sus propios hijos. La crueldad brutal, o mejor la virtual insania de los últimos años del rey, dio origen al relato mateano del

---

[76] Piñero, *Guía*, Op. Cit., p. 174

propósito de Herodes de degollar a todos los niños varones de Belén hasta los dos años como parte de su deseo de acabar con Jesús[77].

A partir de esta imagen y fama que se tenía de Herodes, se construyó el relato que aparece en Mateo. Un hombre que es capaz de asesinar a sus propios hijos, es también capaz de asesinar a los niños de Belén. Además, como se ha mencionado en el Capítulo I, la muerte de los infantes encuentra un transfondo en la guerra judía del 65 al 70 d.C.

La imagen de la estrella, como se ha señalado, se refiere probablemente a un fenómeno cósmico que quedó en la memoria del pueblo. Se trata de la figuración popular de un fenómeno astral extraordinario que pudo haber coincidido con el nacimiento de Jesús. Desde este punto de vista, según Theissen y Merz[78], se trataría de una conjunción de tres astros, observada en ella año 7 a.C. Entre Júpiter y Saturno en el signo piscis; o de un cometa visible durante bastante tiempo, según los registros de los astrónomos chinos, que fue visto entre los años 5 a.C. y 4 d.C.

En cuanto al lugar originario de Jesús, Nazaret, Theissen y Merz elaboran un cuadro importante para comprender el lugar del nacimiento de Jesús -aún más marginal que Belén-, su ubicación geográfica y demografía, lo cual da una dimensión aún más sanadora y liberadora al texto, desde la perspectiva que lo hemos abordado:

> Nazaret era en el siglo I d.C. Un poblado judío que se alzaba, lejos de las vías comerciales, sobre una ladera en la zona montañosa meridional; el poblado era de tan escasa relevancia política y económica que nunca aparece mencionado en las fuentes antiguas (antiguo testamento, Josefo, Talmud). No obstante, excavaciones arqueológicas han descubierto allí un asentamiento que se remonta al

---

[77] Brown, *Introducción* 1, Op. Cit., p. 111

[78] Theissen y Merz, Op. Cit.

año 2000 a.C. aproximadamente. En tiempo de Jesús los habitantes, ocupados generalmente en la agricultura (se estiman entre los 50 y los 2000) vivían en cuevas, unas veces naturales y otras excavadas en piedra de cal, algunas ampliadas con un salidizo cubierto. No hay hasta ahora vestigios arqueológicos de la sinagoga mencionada en los evangelios (Mc 6,1; Mt 13,54; Lc 4,16).

Nazaret dista sólo 6 km de Séforis, una ciudad que fue destruida totalmente el año 4 a.C. por el legado en Siria, Quintilio Varo. Herodes Antipas (4 a.C-39 d.C.) la construyó como capital, hasta que el año 19 d.C. Aproximadamente edificó Tiberíades como nueva capital de Galilea. Las excavaciones muestran que Séforis fue una ciudad próspera, inmersa en la cultura helenístico-judía. Se discute si su gran teatro, con capacidad para 5000 personas, surgió durante el reinado de Antipas. En cualquier caso, Jesús creció en el ámbito de influencia de una ciudad helenística. Siendo él (como su padre) τέκτων, artesano, trabajó posiblemente en la construcción de Séforis; pero se trata de una conjetura[79].

4.2 Situación histórica del autor y la comunidad que elabora la narración

4.2.1 Fecha

El evangelio de Mateo es un texto escrito entre los años 80 y 90 d.C, probablemente en Siria. Especialistas como Brown, Luz, Bonnard, Carter, Theissen y Merz lo ubican en este período debido a que es citado por Ignacio y la Didajé, en la primera mitad del Siglo II d.C. Mateo utiliza como fuentes para su composición al el evangelio de Marcos -escrito entre el 65 y el 70 d.C.- y a la Fuente de los dichos de Jesús (Q). En la Parábola del banquete (22,1-14) presupone la destrucción de Jerusalén por parte de tropas militares, interpretando la toma roma a la Ciudad Santa como un castigo de parte de Dios por no haber aceptado a Jesús como Mesías. Bonnard

---

[79] Ibíd., pp. 192-193

señala que en el evangelio, el autor comunica ciertos tesoros tradicionales palestinos y arcaicos, pero en especial refleja el fin de la edad apostólica y transmite el eco de una larga discusión con el rabinato judío de Siria[80].

4.2.2 Lugar

El lugar de redacción es más discutido que la fecha. Se han sugerido lugares como Jerusalén o Palestina, Cesarea, Séforis y Pela. Pero las razones de más peso entre los eruditos la ubican en Antioquía de Siria[81]. Las citas más antiguas para este evangelio se encuentran en Siria, con Ignacio de Antioquía y la Didajé[82]. Además, Siria es un lugar teológico importante dentro de la narración del evangelio: "Su fama se difundió por toda Siria, de modo que le traían todos los que padecían diversas enfermedades o sufrían achaques: endemoniados, lunáticos, paralíticos y él los sanaba" (Mt 4,24 BNP). En la obra, resalta la figura de Pedro, quien es el primer discípulo en ser llamado (4,18-20), el que camina sobre las aguas siguiendo al maestro (14,28-32), el que lo reconoce públicamente como Mesías e hijo de Dios, y al que Jesús lo constituye como fundamento para construir su iglesia (16,16-18). La carta de Pablo a los Gálatas revela la importancia de Pedro dentro de la comunidad de Antioquía, a partir de su llegada, datada por el apóstol de los gentiles cuando estalla la controversia frente al tema de la discriminación en la mesa del Señor (Ga 2,11-14). Brown[83] añade a estos argumentos la importancia de Mateo para la redacción del Evangelio de los Nazarenos, la cual se realizó en Siria.

---

[80] Bonnard, Op. Cit., p. 20

[81] En esto coinciden también Brown, Luz y Carter.

[82] Carter, Op. Cit., p. 48; Bonnard, Op. Cit., p. 20s

[83] Brown, *Introducción*, Op. Cit., p. 297

4.2.3 *Autor*

Del autor se sabe poco. No hay probabilidad de que haya sido el Mateo mencionado en 9,9. Este personaje carece en el evangelio de importancia, y no evidencia ninguna relación privilegiada con Jesús, como sucede en el caso del Discípulo Amado en el Cuarto Evangelio, de quien se proclama que es el autor del testimonio que allí se recoge, aunque su identidad queda velada (Jn 21,24). Es además un texto que está en dependencia de Marcos y Q, por lo que es improbable que un testigo presencial usara fuentes de testigos no presenciales. Al respecto, señala Brown que Marcos es la fuente principal de Mateo[84]; le sirve como marco narrativo para incorporar los dichos de Q; Mateo modifica a Marcos, pule el griego, refleja mayor sensibilidad cristológica, retoca las narraciones milagrosas, y presenta mayor respeto a la familia de Jesús que Marcos.

Señala Brown[85] que el título conocido "Evangelio Según Mateo" fue unido al texto en la segunda mitad del Siglo II. Se trata de un texto originalmente escrito en griego, y no en un idioma semítico, como se pensó durante un tiempo. Hay indicios de que el autor es un judeo-cristiano. Las razones para atribuir el relato a un autor judeocristiano son el uso del Antiguo Testamento y citas de estilo midrásico, usadas en la sinagoga; el relato de infancia y la genealogía incorpora relatos haggádicos, evidentes en los paralelismos entre Jesús y Moisés y Jesús y José (2,1-23); el Sermón de la Montaña con su interés por la interpretación y aplicación de la Ley judía (5,17s); los fuertes debates con los fariseos (cap. 23); la orden de obedecer a los que se sientan en la Cátedra de Moisés (23,2-3); la preocupación por la huída en sábado (24,20); y el relato de la pasión a modo de Midrash de pasajes del Antiguo Testamento (caps. 26-27).

---

[84] Ibíd., p. 286

[85] Ibíd., p. 294

En síntesis, se trata de un judeocristiano con educación de la diáspora, como Pablo. Su postura teológica es abierta, pues admite gentiles en la sinagoga (Mt 28,19), pero no tan liberal frente a la Ley como Pablo, pues da un valor muy especial a la Ley judía (Mt 5,17-18). Su intención es presentar a la comunidad una pedagogía cristiana, con la propuesta de ser discípulos de Jesús en un contexto de oposición de la sinagoga y de encuentro con el mundo pagano[86]. En el aspecto literario, el autor busca educar a su audiencia por medio de un escrito claro. En el aspecto ético, enseña a vivir, según la memoria y tradiciones que ha recibido de Jesús.

4.2.4 Comunidad destinataria

La comunidad Mateana, según Carter, era pequeña en número -siguiendo las indicaciones de Mt 10,42 que habla de los discípulos como "pequeños" (τῶν μικρῶν)-. No era una comunidad sólo de la gente más pobre de la ciudad de Antioquía de Siria, sino que tenía una muestra representativa de la sociedad, con personas muy pobres, personas relativamente pobres en su mayoría, algunos acomodados, y unos pocos de la clase alta[87].

Mateo refleja dos conflictos sociales de parte del autor y la comunidad frente a dos grupos de los que pretende distanciarse, la sinagoga y el Imperio Romano. La tensión con la sinagoga se dio en el período posterior al 70, cuando los maestros rabínicos, reunidos en asamblea en Yamnia, se separan radicalmente del movimiento cristiano. Esto significaba separación para los judeo-cristianos del propio pueblo y comunidad. Y ello tiene dimensiones políticas, sociales, económicas y familiares[88].

---

[86] Bonnard, Op. Cit., p. 21

[87] Ibíd., p. 65

[88] Carter, p. 71

A esto debe añadirse la constante tensión de la comunidad mateana con la presencia imperial romana. El mensaje del Reinado de Dios que irrumpe frente a un imperio que es otorgado por Satanás, e incluso ofrecido a Jesús (Mt 4,4) presenta una realidad socio-histórica de tensión con el mundo romano. Mateo hace un llamado a una conversión ética, una transformación personal y comunitaria, que propone un estilo de vida marginal frente a la forma de vida del poder romano. De allí la importancia del Sermón de la montaña (Mt 5-7). Los cristianos no deben actuar con violencia frente a Roma (Mt 5,38-42), pero sí con una ética que los pone en contradicción con sus valores y forma de vida. Mateo propone una práctica de vida que expresa ese reinado, e indica que poco a poco se entrará en conflicto con ese mundo, al que se irá en misión y del que no habrá retirada.

La estrategia que Mateo plantea es un estilo de vida al margen de los valores romanos y también de la interpretación judía de las Escrituras.

Desde una perspectiva sociológica, Carter destaca las dimensiones que dan lugar a la identidad de la comunidad mateana desde una configuración marginal, es decir, alternativa, diferente a las propuestas sociales y religiosas de la gran urbe de Antioquía. Esta es la agenda que establece el evangelio para la comunidad mateana:

a. En vez de buscar en Abraham, Henoc, Moisés, Baruc, Esdras y Salomón, o en los dirigentes de la sinagoga, o en la ideología imperial, orientaciones sobre enseñanzas y praxis aceptables, la comunidad mateana busca a Jesús como guía para hacer la voluntad de Dios.

b. En vez de prestar su adhesión al emperador como cabeza del imperio, sigue a Jesús, al que el imperio ha crucificado.

c. En vez de abrazar la *Pax Romana*, ruega por el reinado de Dios, al que la comunidad mateana percibe y anuncia (4,17; 6,10).

d. En vez de concebir al emperador como manifestación de la voluntad de los dioses, encuentra la presencia salvífica y la voluntad de Dios manifiesta en Jesús, el Emmanuel (1,23).

e. En vez de aceptar sin reservas el poder imperial como el mantenedor del orden, la comunidad sigue la tradición profética de pedirle cuentas, al modo de Juan el Bautista.

f. En vez de imitar a los gentiles y a sus gobernantes con la opresión de otros, la comunidad opta por vivir como una comunidad de servidores de unos con otros (20,20s).

g. En vez de mantener hogares jerárquicos y patriarcales, esta comunidad se aferra a una estructura de un hogar en relaciones justas (19-20).

h. En vez de pagar impuestos como un acto de sumisión al imperio, se paga como un acto de reconocimiento a la soberanía de Dios sobre la tierra (17,24.27).

i. En vez de responder violentamente a las persecuciones, esta comunidad se compromete con una resistencia activa no violenta (5,43s).

j. En vez de pretender que el imperio haya curado los males de este mundo, la comunidad se abre a la gente necesitada, y pone en práctica las enseñanzas de Jesús frente a los excluidos (caps. 8-9; 9,13; 12,7).

k. En vez de buscar riquezas y posiciones, la comunidad debe buscar el reinado de Dios y compartir las riquezas intracomunitariamente (5,42; 6,19).

Todo esto lleva a concebir una comunidad que se propone al margen y da prioridad a los aspectos marginales antes que a las voces oficiales. La comunidad es marginal, y centraliza su identidad en un personaje marginal. A éste se le atribuye un nacimiento heroico, pues su vida será considerada heroica. Y en la medida que su personaje fundante sea honorable, también las personas de la comunidad sentirán hacia sí mismas honor y dignidad.

Bibliografía

Biblias

Biblia de Jerusalén. Edición española. Dirección: José Ángel Urrieta López. Bilbao: Desclée de Brouwer, 1998 (Abreviada como BJ)

La Biblia del Peregrino. Edición de estudio. Texto y dirección: Luis Alonso Schökel. Bilbao / Navarra: EGA / Ediciones Mensajero / Verbo Divino, 1996 (Abreviada como BP)

La Biblia de Nuestro Pueblo. Biblia del Peregrino América Latina. Texto: Luis Alonso Schökel. Adaptación del texto y comentarios: Equipo internacional. Bilbao: EGA/ Ediciones Mensajero, 2006 (Abreviada como BNP)

Biblia de estudio Reina Valera 1995. Miami: Sociedades Bíblicas Unidas, 1995 (Abreviada como RV-95)

The Greek New Testament (Nestle-Aland). Fourth Revised Edition by Barbara y Kurt Aland (Eds.). Con Introducción y Diccionario en castellano. Stuttgart: Deutsche Bibelgesellschaft, 1998 (Abreviado como GNT) •

Obras de referencia

Botterweck, Johannes (Ed.). *Theological Dictionary of the Old Testament. Volume IX.* Grand Rapids, Michigan, Eerdmans Publishing, 1998

Brown, Raymond E; Fitzmyer, Joseph A; y Murphy, Roland E. (Eds.). *Nuevo Comentario Bíblico San Jerónimo. Antiguo Testamento*. Estella (Navarra): Verbo Divino, 2005 (Abreviado como NCBSJ)

Díez Macho, Alejandro (Ed.). *Apócrifos del Antiguo Testamento II*. Madrid: Cristiandad, 1983

Eliade, Mircea (Ed.). *The Encyclopedia of Religion*. New York, MACMILLAN PUBLISHING COMPANY, 1987

Fabris, R. *Diccionario teológico interdisciplinar III*. Salamanca: Sígueme, 1986

Ferrater Mora, José. *Diccionario de Filosofía*. Retórica. Madrid: Alianza, 1983.

Freedman, David Noel (Ed.). *The Anchor Bible Dictionary*. New York: Doubleday, 1997

Green, Joel B. & McKnight, Scott (Eds.). *Dictionary of Jesus and the Gospels*. Illinois: Intervarsity Press, 1992

Guirao, Pedro (Ed.). *Narraciones del Talmud*. Bacaraldo (Vizcaya): Grafite / Monte Carmelo, 1998

Josephus. *Antiquities of the Jews*. En: *Complete Works*. Grand Rapids, Michigan: Kregel Publications, 1960

Lothar, Coenen; Beyreuther, Erich; y Bietenhard, Hans (Eds.). *Diccionario Teológico del Nuevo Testamento*. Vol. I. Salamanca, Ediciones Sígueme, 1998

Loyrette, Henri (Pres.). *La guía del Louvre*. París: Musée du Louvre Editions, 2005

Matthews, Victor H. y Don C. Benjamin (Eds.). *Paralelos del Antiguo Testamento*. Santander, Sal Terrae, 2004

Popol Vuh. Fray Francisco Ximénez (Recopilador). Versión actualizada de Agustín Estrada Monroy. México: Editores Mexicanos Unidos S.A., 2008

Pritchard, James. *La sabiduría del Antiguo Oriente*. Barcelona: Garriga, 1966

Santos Otero, Aurelio de (Ed.). *Los evangelios apócrifos*. Madrid: Biblioteca de Autores Cristianos, 2004

Seigneuret, Jean-Charles (Ed.). *Dictionary of literary Themes and Motifs. A-J.* New York, Greenwood Press, 1988

Libros

Agua Pérez, Agustín del. *El método derásico y la exégesis del Nuevo Testamento*. Valencia: Biblioteca Midrásica, 1985

Allan Powell, Mark (Ed.). *Methods for Matthew*. Cambridge: Cambridge University Press, 2009

Allende, Isabel. *El Zorro: comienza la leyenda*. Bogotá: Plaza y Janes, 2005

Aristóteles. *Retórica*. Madrid: Gredos, 1994

Aune, David. *El Nuevo Testamento en su entorno literario*. Bilbao: DESCLEE DE BROUWER, 1993

Bailey, Kenneth E. *Jesus through Middle Eastern Eyes. Cultural Studies in the Gospels*. London: SPCK, 2008

Barton, John (Ed). *La interpretación bíblica, hoy*. Santander: Sal Terrae, 2001

Bonnard, Pierre. *El evangelio según San Mateo*. Madrid: Cristiandad, 1983

Bovon, François. *El evangelio según San Lucas. Lc 1-9. Vol. I.* Salamanca: Sígueme, 1995

Brown, Raymond. *The Birth of the Messiah. A commentary on the Infancy Narratives in the Gospels of Matthew and Luke*. New updated Edition. New York: Doubleday, 1999

Brown, Raymond E. *El nacimiento del Mesías: comentario a los relatos de la infancia*. Madrid: Cristiandad, 1982

Brown, Raymond. *Introducción al Nuevo Testamento I. Cuestiones preliminares, evangelios y obras conexas*. Madrid: Trotta, 2006

Brown, Raymond. *Introducción al Nuevo Testamento II. Cartas y otros escritos*. Madrid: Trotta, 2006

Bultmann, Rudolf. *Historia de la tradición sinóptica*. Salamanca: Sígueme, 2000

Bultmann, Rudolf. *Teología del Nuevo Testamento*. Salamanca: Sígueme, 1987

Cardenal, Ernesto. *El evangelio en Solentiname*. San José: DEI, s.f.

Carter, Warren. *Mateo y los márgenes*. Estella (Navarra): Verbo Divino, 2006

Childs, Brevard S. *El libro del Éxodo*. Estella (Navarra): Verbo Divino, 2000

Croatto, José Severino. *Hermenéutica Bíblica. Para una teoría de la lectura como producción de sentido*. Buenos Aires: Lumen, 1994

Dewitt, Lloid. *Rembrandt and the face of Jesus*. New Haven: Philadelphia Museum of Art / Yale University Press, 2011

Drewermann, Eugen. *Dein Name ist wie der Geschmack des Lebens. Tyefenpsychologische Deutung der Kindheigeschichte nacht dem Lukasevangelium*. Freiburg-Basel-Wien: Herder, 1989

Drewermann, Eugen. *La Palabra de Salvación y Sanación*. Editorial Herder. Barcelona. 1996.

Drewermann, Eugen. *Psychanalyse et exégése. Tome 1. La Vérité des formes. Réves, mythes, contes, sagas et legendes*. Paris: Éditions du Seuil, 2000

Duch, Lluis. *Mito, interpretación y cultura*. Barcelona: Herder, 2002

Gadamer, Hans-Georg. *Verdad y método I*. Salamanca: Sígueme, 2003

García Márquez, Gabriel. *El General en su Laberinto*. Bogotá: Oveja Negra, 1989

Guevara Llaguno, M. Junkal. *Esplendor en la diáspora: la historia de José (Gn 37-50) y sus relecturas en la literatura bíblica y parabíblica*. Biblioteca Midrásica. Estella (Navarra): Verbo Divino, 2006

Gunkel, Hermann. *The Folktale in the Old Testament*. Sheffield (Eng.): Sheffield Academic Press, 1987

Hinkelammert, Franz. *Hacia una crítica de la razón mítica. El laberinto de la modernidad*. San José: Arlekín, 2007

Horsley, Richard. *Liberating the Christmas*. New York: The Crossroad, 1989

Hurtado, Larry. *Señor Jesucristo: la devoción a Jesús en el cristianismo primitivo*. Salamanca: Sígueme, 2008

Kennedy, George A. *Retórica y Nuevo Testamento*. Madrid: Cristiandad, 2003

Kettenmann, Andrea. *Frida Kahlo (1907-1954). Dolor y pasión*. Colonia: Taschen, 1999

Klauck, Hans-Joseph. *Los evangelios apócrifos. Una introducción*. Santander: Sal Terrae, 2006

Küng, Hans. *Credo*. Madrid: Trotta, 2004

Lewis, C.S. *Dios en el banquillo*. Madrid: Rialp, 2002

Lewis, C.S. *Sorprendido por la alegría*. Santiago de Chile: Andrés Bello, 1994

Lurker, Manfred. *El mensaje de los símbolos. Mitos, culturas y religiones*. Barcelona: Herder, 1999

Luz, Ulrich. *El evangelio según san Mateo I (Mt 1-7)*. Salamanca: Sígueme, 2001

Malina, Bruce J. *El mundo social de Jesús y los evangelios. La antropología cultural mediterránea y el Nuevo Testamento*. Santander: Sal Terrae, 2002

Malina, Bruce J. y Rohrbaugh, Richard. *Los evangelios sinópticos y la cultura mediterránea del Siglo I: Comentario desde las ciencias sociales*. Estella: Verbo Divino, 1996

Neyrey, Jerome H. *Honor y vergüenza: lectura cultural del evangelio de Mateo*. Salamanca: Sígueme, 2005

Neusner, Jacob. *Introduction to rabbinic Literature*. New York: Doubleday, 1994

Nietzsche, Friedrich. *Así habló Zaratustra* .Madrid: Alianza, 1992

Nietzsche, Friedrich. *El anticristo*. Madrid: Alianza, 1996

Perrot, Charles. *Los relatos de la infancia de Jesús*. Cuadernos bíblicos. 4ª edición. Estella: Verbo Divino, 1985

Pikaza, Xabier. *Apocalipsis*. Estella (Navarra): Verbo Divino, 2001

Pikaza, Xabier. *Los orígenes de Jesús: ensayos de cristología bíblica*. Salamanca: Sígueme, 1976

Pineda Botero, Álvaro. *El reto de la crítica. Teoría y canon literario*. Bogotá: Planeta, 1995

Piñero, Antonio. *Guía para entender el Nuevo Testamento*. Madrid: Trotta, 2006

Plutarco. *Vidas paralelas. Tomo II*. Madrid: LIBRERÍA Y CASA EDITORIAL HERNANDO (S.A.), 1926

Rad, Gerhard von. *El libro del Génesis*. Salamanca: Sígueme, 1988

Rad, Gerhard von. *Estudios sobre el Antiguo Testamento*. Salamanca: Sígueme, 1976

Radford Ruether, Rosemary. "El sexismo y el discurso sobre dios: imágenes masculinas y femeninas de lo divino". En: *Del cielo a la tierra: una antología de teología feminista*. Santiago de Chile: Ediciones Sello Azul, 1994

Ramírez-Kidd, José Enrique. *Para comprender el Antiguo Testamento*. San José: SEBILA, 2009

Ricoeur, Paul. *Freud: una interpretación de la cultura*. México: Siglo XXI, 1973

Ricoeur, Paul. *Finitud y culpabilidad*. Madrid: Trotta, 2004

Ricoeur, Paul. *La Metáfora viva*. Madrid: Trotta, 2004

Ricoeur, Paul. *Teoría de la Interpretación. Discurso y excedente de sentido*. México: Siglo XXI, 1999

Robbins, Vernon K. *Exploring the Texture of Texts: A Guide to socio-rhetorical interpretation*. Valley Forge, Pennsylvania: Trinity Press International, 1996

Saramago, José. *El evangelio según Jesucristo*. Madrid Alfaguara 2005

Sarna, Nahum H. *Exploring Exodus: The Heritage of biblical Israel*. New York: Schocken Books, 1986

Schaberg, Jane. *The illegitimacy of Jesus. A feminist theological interpretation of the Infancy Narratives*. San Francisco: Harper & Row, 1987

Schüssler-Fiorenza, Elisabeth. *Apocalipsis. Visión de un mundo justo*. Estella (Navarra): Verbo Divino, 1997

Suetonio. *Los Doce Césares*. México: Porrúa, 2007

Stam, Juan. *Apocalipsis. Tomo III*. Buenos Aires: Kairós, 2009

Strack, H.L. y Stemberger, G. *Introducción a la literatura talmúdica y midrásica*. Edición española preparada por Miguel Pérez Fernández. Estella (Navarra): Verbo Divino. Biblioteca Midrásica, 1996

Tamayo-Acosta, Juan José. *Para comprender la escatología cristiana*. Estella (Navarra): Verbo Divino, 1993

Theissen, Gerd. *La redacción de los evangelios y la política eclesial: un enfoque socio-retórico*. Estella (Navarra): Verbo Divino, 2002

Theissen, Gerd y Merz, Annette. *El Jesús histórico*. Salamanca: Sígueme, 2000

Trebolle Barrera, Julio. *La Biblia judía y la Biblia cristiana*. Madrid, Trotta, 1998

Tolkien, J.R.R. *El Señor de los Anillos I. La Comunidad del Anillo*. Barcelona, Ediciones Minotauro, 1991

Werem, Wim. *Métodos de exégesis de los evangelios.* Estella (Navarra): Verbo Divino, 2003

Zapata Olivella, Manuel. *Changó el gran putas.* Bogotá: Oveja Negra, 1983

Artículos de revistas

Anderson, Janice Capel "Matthew: Gender and Reading". In: *Semeia* 28, 1983, pp. 3–27

Andinach, Pablo. "La leyenda acádica de Sargón". En: *Revista Bíblica Argentina.* Año 55. N° 50, 1993/2 , pp. 103-114

Brown, Raymond E. "Gospel infancy narrative research from 1976 to 1986: part I (Matthew)". *Catholic Biblical Quarterly* 48, No. 3 Jl. 1986, pp 468-483.

Cardona Zuluaga, Patricia. "Del héroe mítico al mediático. Las categorías heroicas: héroe, tiempo y acción". En: *Revista EAFIT*, Vol. 42, No. 144. Medellín, 2006, p. 51-68

Childs, Brevard. "Birth of Moses". *Journal of Biblical Literature,* 84 no 2 Je 1965, pp. 109-122.

Dodson, Derek S. "Dreams, the Ancient Novels, and the Gospel of Matthew: An Intertextual Study". En: *Perspectives in Religious Studies*, 2002, pp. 39-52

Ericsson, Richard J. "Divine Injustice? Matthew's Narrative Strategy and the Slaughter of the Innocents (Matthew 2:13-23)". *Journal for the Study of the New Testament* no 64 D 1996, pp. 5-27

France, Richard T. "Herod and the children of Bethlehem". En: *Novum Testamentum*, Vol. XXI, fase. 2, pp. 98-120

Mena López, Maricel. "Lectura de Lucas 1-2 desde una perspectiva afro-feminista". En: RIBLA 53. No.1, 2006

Redford, Donald B. "Literary motif of the exposed child : Ex 2:1-10". *Numen,* 14 no 3 N, 1967, pp. 209-228

Tesis

Londoño, Juan Esteban. *La construcción simbólica de una resistencia. Exégesis de Apocalipsis 15 y 16. Tesis de Licenciatura en Ciencias Bíblicas.* San José: Universidad Bíblica Latinoamericana, 2009

Miranda García, Gabriela. *Las figuras femeninas del Apocalipsis de Juan y su relación con el proceso de silenciamiento de las mujeres en la Iglesia primitiva.* Tesis de Licenciatura en Teología. San José: Universidad Bíblica Latinoamericana, 2005

Materiales electrónicos y electromagnéticos

Álbum musical: Illapu. Canción "Vuelvo para vivir". Álbum: Memoria del cantar popular, 2003

Bibleworks 6.0. Software for Biblical Exegesis &Research. . Copyright (c) Bibleworks, 2003

Bibleworks 8.0. Software for Biblical Exegesis &Research. Copyright (c) Bibleworks 2009 (Abreviada como BBW 8.0)

Documental en video: *La Sagrada Familia en Egipto. Taba Group: Nsr City, Cairo, 2006*

Vera, Luis Roberto *Octavio Paz y Frida Kahlo: La herencia precolombina.* En: http://www.uam.mx/difusion/casadeltiempo/02_iv_dic_ene_2008/casa_del_tiempo_eIV_num02_41_56.pdf

Quintiliano, Marco Fabio. *Instituciones oratorias.* Traducción directa del latín por Ignacio Rodríguez y Pedro Sandier. Disponible en Internet: http://www.cervantesvirtual.com/servlet/SirveObras/24616141101038942754491/index.htm

Fuentes de las imágenes

La Sagrada familia en Egipto, arte Copto antiguo: Dunn, Jimmy. *Egypt Feature Story. An Introduction to the Flight of the Holy Family in Egypt.* En: http://www.touregypt.net/featurestories/flight.htm

La Sagrada familia en Egipto, arte Copto moderno: Dunn, Jimmy. *Egypt Feature Story. An Introduction to the Flight of the Holy Family in Egypt.* En: http://www.touregypt.net/featurestories/flight.htm

La sagrada familia atravesando el Nilo, imagen copta antigua: Dunn, Jimmy. *Egypt Feature Story. An Introduction to the Flight of the Holy Family in Egypt.* En: http://www.touregypt.net/featurestories/flight.htm

Masacre de los inocentes, de Rubens (1611): Rubens ,Peter Paul. Massacre of the innocents (1611-1612). Art Gallery of Ontario. En: http://en.wikipedia.org/wiki/File:Peter_Paul_Rubens_Massacre_of_the_Innocents.jpg

Masacre de los inocentes, de Rubens (1638 y 1639): Rubens, Peter Paul. *Kindermord in Bethlehem.* Bayerische Staatsgemäldesammlungen, Alte Pinakothek, Munich. Disponible en Internet: http://en.wikipedia.org/wiki/File:Rubens_kindermord.png

La sagrada familia, de Rembrandt (1634/1645): Rembrandt van Rijn. *The holy family (1645).* Bayerische Staatsgemäldesammlungen, Alte Pinakothek, Munich. Disponible en Internet: http://www.rembrandtpainting.net/rmbrndt_1620-35/holy_family_bis.htm

La huida de Egipto, de Rembrandt (1625): Rembrandt van Rijn (Algunos atribuyen esta obra a un discípulo o seguidor del artista). The flight into Egypt (1925-1927). Musée des Beux-Arts, Tours (France). Disponible en Internet: http://staff.science.uva.nl/~fjseins/RembrandtCatalogue/r_1624_1631.html

Descanso en la huida a Egipto, de Rembrandt (1647): Rembrandt van Rijn. *Landscape with the Rest on the Flight into Egypt* (1647). National Gallery of Ireland. Disponible en Internet: http://www.nationalgallery.ie/en/Collection/Selected%20Highlights/selectedhighlights/Rembrandt.aspx

Moisés, de Frida Kahlo (1945): Frida Kahlo. *Moisés, o el Nacimiento del Héroe* (1945).Private Collection: on loan to the Museum of Fine Arts Houston, TX. Disponible en Internet: http://www.fridakahlofans.com/c0490.html